I N V E S T I G A Ç Ã O

IMPRENSA DA UNIVERSIDADE DE COIMBRA
COIMBRA UNIVERSITY PRESS

EDIÇÃO
Imprensa da Universidade de Coimbra
Email: imprensa@uc.pt
URL: http//www.uc.pt/imprensa_uc
Vendas online: http://livrariadaimprensa.uc.pt

COORDENAÇÃO EDITORIAL
Imprensa da Universidade de Coimbra

CONCEÇÃO GRÁFICA
António Barros

INFOGRAFIA
Bookpaper

INFOGRAFIA DA CAPA
Mickael Silva

PRINT BY
CreateSpace

ISBN
978-989-26-1067-2

ISBN DIGITAL
978-989-26-1068-9

DOI
http://dx.doi.org/10.14195/978-989-26-1068-9

DEPÓSITO LEGAL
401325/15

© NOVEMBRO 2015, IMPRENSA DA UNIVERSIDADE DE COIMBRA

ENTRE A PERIFERIA E O CENTRO

Percursos de emigrantes
portugueses qualificados

RUI MACHADO GOMES COORDENADOR
JOÃO TEIXEIRA LOPES
HENRIQUE VAZ
LUÍSA CERDEIRA
PAULO PEIXOTO
RAFAELA GANGA
SÍLVIA SILVA
MARIA DE LOURDES MACHADO
JOSÉ PEDRO SILVA
RUI BRITES
DULCE MAGALHÃES
TOMÁS PATROCÍNIO
BELMIRO CABRITO

IMPRENSA DA
UNIVERSIDADE
DE COIMBRA
COIMBRA
UNIVERSITY
PRESS

SUMÁRIO

Entre a Periferia e o Centro: Percursos de emigrantes
portugueses qualificados 9

EMIGRAR PARA UM PAÍS EUROPEU
EM BUSCA DE UMA CARREIRA NA CIÊNCIA 17

«Eu desde miúdo que quero emigrar»
Duarte Pinto 19

«Sinto-me uma privilegiada, porque tive a oportunidade
de emigrar e estou bem»
Ana da Costa 37

«Aprendi a não fazer planos a longo prazo, incomoda-me»
Ana Taborda 49

Do ser português nos afetos ao estar no mercado de trabalho
em França
Sara Lopes 61

«Já se começa a sentir que [voltar a Portugal]... *it's now or never*»
Pedro Alves 69

EMIGRAR PARA TRABALHAR NOUTRO PAÍS EUROPEU 81

Berlim: diversidade e energia – o ambiente ideal
para uma carreira na música
João Pais 83

Da psicologia em Portugal para a dança na Alemanha
Raquel Antunes 93

«Estava no sítio certo na altura certa e aproveitei»
Amílcar Guedes 107

«Se o meu país não me dava oportunidade, eu tinha ali uma»
Carina Faustino 117

Portugal e Noruega, as grandes diferenças
de duas periferias europeias
Firmino 133

«Se não tivesse saído para Londres teria saído para outro país»
Adriana Pereira 143

A MOBILIDADE ACADÉMICA, PRECURSORA
DA EMIGRAÇÃO PROFISSIONAL 161

«De um Erasmus para uma multinacional na Bélgica»
Rui C. Gomes 163

«Não mudei de país, simplesmente vim para a cidade grande»
João Sousa 179

Emigrar «em busca de melhor vida»
Elsa Razborsek 191

Viver como emigrante na bolha europeia
Sofia Maia.. 201

Emigrar em busca da promoção da excelência profissional
Nuno Saraiva 215

«Não sou uma emigrante, sou uma viajante»
Sandra Antunes 229

De Portugal para a Holanda, da Holanda para o mundo
Diana Lourenço 241

«Tinha mais a perder em ficar lá [Portugal]
do que em vir para cá [Holanda]»
Ana Ribeiro 259

CIRCULANDO POR VÁRIOS PAÍSES EUROPEUS 273

«Tenho em mim a vontade de ir para fora, conhecer outras coisas,
ver outras formas de trabalhar e de viver»
Ana Almeida 275

«Emigrar, sim! Mas para longe não!»
Cristina Nunes 289

Circular pelo mundo em busca de estabilidade
Eleonora Rodrigues 299

Emigrante sem fronteiras
Hugo Meneses 313

Emigrar por vocação
Susana Vieira 323

Emigrar depois dos 40 anos, sem vontade de voltar
Pedro Barros 335

Empurrada a emigrar... mas desejando regressar a Lisboa
Mafalda Costa 345

ENTRE A PERIFERIA E O CENTRO: PERCURSOS DE EMIGRANTES PORTUGUESES QUALIFICADOS

O presente *ebook* integra um conjunto de 26 retratos sociológicos de portugueses qualificados que optaram por emigrar para outros países europeus. Os textos aqui apresentados englobam uma grande diversidade de percursos migratórios, que refletem os diferentes projetos de vida dos seus protagonistas, os múltiplos pontos de partida e de chegada sociais e geográficos, com pontos de passagem intermédios igualmente diversificados, os diferentes níveis de sucesso ou insucesso e vários graus de satisfação ou insatisfação com a situação pessoal e profissional vivida durante a mobilidade. Ao aglutinar 26 percursos biográficos numa única obra, convidamos o leitor a considerar a emigração qualificada para lá da crise económica, demonstrando que as razões que levam os portugueses a emigrar são múltiplas e heterogéneas.

Os casos aqui revelados constituem apenas parte de um conjunto mais vasto de 52 retratos sociológicos recolhidos no âmbito de um projeto de investigação alargado sobre a emigração qualificada portuguesa, denominado "Brain Drain and Academic Mobility from Portugal to Europe" (BRADRAMO)[1]. Numa outra obra produzida no

---

[1] O projeto "Brain Drain and Academic Mobility from Portugal to Europe" – BRADRAMO (PTDC/IVC-PEC/5049/2012) é financiado por fundos nacionais através da Fundação para a Ciência e a Tecnologia (FCT/MEC) e cofinanciado pelo Fundo Europeu

âmbito do mesmo projeto, intitulada *Fuga de Cérebros – Retratos da Emigração Portuguesa Qualificada* (Gomes, et al., 2015), encontram-se outros vinte retratos sociológicos que, tal como aqueles incluídos neste *ebook*, dão conta da realidade plural dos portugueses qualificados que emigraram para outros países europeus. Neste livro, o leitor pode ter ainda acesso a uma interpretação mais detalhada e desenvolvida das conclusões de cada um dos casos e das tipologias de emigração estudadas.

Recentemente, a emigração de portugueses qualificados tem conseguido captar a atenção dos *media*, até pela sua presença no discurso dos atores políticos. De acordo com estudos internacionais publicados nos últimos anos, Portugal é, a par da Irlanda, um dos países europeus em que a "fuga de cérebros" mais se acentuou na última década. Docquier e Marfouk (2007) referem que Portugal já perdeu, desde a década de 1990, cerca de um quinto dos seus trabalhadores mais qualificados. Segundo os dados disponibilizados pelo Observatório da Emigração (2014), a emigração qualificada portuguesa teve um crescimento de 87,5% entre 2000/2001 e 2010/2011. Se o peso relativo dos trabalhadores qualificados relativamente a todos os emigrantes que deixam o país era de 6,2% no início do século, esse valor aumentou para 9,9% em 2010/2011, atingindo atualmente 11% da totalidade da emigração. A partir destes dados, estima-se que o fluxo de emigração qualificada tenha atingido um valor próximo de 40 000 sujeitos no período 2011-2013. Esta tendência ascendente vem reforçar a importância do conhecimento sobre a emigração de portugueses qualificados em geral e sobre os motivos que estiveram na origem da decisão de emigrar.

Assim, mediante o projeto de investigação BRADRAMO, pretende-se compreender e analisar a emigração qualificada de Portugal para

---

de Desenvolvimento Regional (FEDER) através do COMPETE – Programa Operacional Fatores de Competitividade (POFC). http://www.bradramo.pt/?page_id=13

a Europa, frequentemente apelidada de *fuga de cérebros*. A expressão remete para a saída de capital humano com elevados níveis de educação[2] e competências de países mais ou menos desenvolvidos rumo a países mais prósperos. Ora, este movimento migratório acentua a distribuição assimétrica de recursos nos processos de globalização educativa, cultural e económica. Dito de outra forma, a emigração de sujeitos altamente qualificados dos países periféricos para os países centrais reforça as posições prévias de uns e outros, uma vez que os primeiros perdem mão de obra qualificada, na qual investiram, e os segundos ganham capital humano, sem terem de investir na sua formação.

O objetivo central deste projeto consiste em observar e analisar a emigração qualificada em função de cinco modelos conceptuais contrastantes apresentados na literatura internacional especializada no fenómeno da emigração qualificada, designadamente: i) modelo do *brain drain* (fuga de cérebros); ii) modelo do *beneficial brain drain*; iii) modelo da circulação fertilizante das elites; iv) modelo *brain circulation*; v) hipótese do *brain drain* latente devido à mobilidade estudantil. Embora estes modelos não sejam plenamente discutidos na presente obra, a sua descrição é essencial para a compreensão do enquadramento e complexidade do fenómeno observado.

De acordo com o primeiro dos modelos enunciados, pressupõe-se uma perda do capital investido na formação dos indivíduos que emigram, já que não é rentabilizado no país de origem, o que acarreta consequências negativas no que diz respeito ao crescimento económico e à formação de capital humano (Miyagiwa, 1991; Haque e Kim, 1995). O segundo modelo parte da premissa de que, pelo investimento na educação, a emigração de pessoas qualificadas resulta num maior rendimento individual. Consequentemente, mais pessoas estarão dispostas a investir na sua educação e na dos seus

---

[2] Considera-se elevados níveis de educação o grau de licenciatura ou superior.

filhos, o que acabará por aumentar a taxa de retorno da educação nos países em desenvolvimento (Mountford, 1997). No terceiro modelo, presume-se que a mobilidade internacional de pessoas qualificadas é geralmente temporária e assume características de troca de conhecimentos, competências e projetos, beneficiando quer os países de origem dos emigrantes, quer os países que os acolhem. O quarto modelo postula que o aumento da circulação do conhecimento, no contexto de um mundo globalizado, é inevitável e está associado à criação de redes, na área científica ou na empresarial, de transferência de tecnologia e conhecimento dos países de acolhimento para os países de origem. Finalmente, o quinto modelo admite que as saídas para estudar no exterior, com ou sem bolsa, tanto originalmente planeadas como temporárias, podem resultar na inserção no mercado de trabalho dos países de destino, tendencialmente mais desenvolvidos ou menos afetados pelo desemprego jovem, tornando-se, deste modo, permanentes (Pizarro, 2005). No entanto, não se ignora que, nos casos em que se verifica o regresso após um período de estudos seguido de uma experiência de trabalho no estrangeiro, o país de origem terá benefícios a médio prazo (Johnson & Regets, 1998).

Para alcançar os objetivos propostos no âmbito desta pesquisa, recorreu-se a uma estratégia metodológica mista, que convoca um conjunto alargado de técnicas de pesquisa: *focus group*, inquérito por questionário e retratos sociológicos. Esta estratégia metodológica plural permitiu a comparação das práticas vividas, experienciadas, narradas e declaradas dos participantes nestes fluxos migratórios, triangulando a visão dos percursos individuais com uma visão estrutural dos fatores que atraem e repelem os profissionais qualificados dos países de destino e dos países de origem. Por conseguinte, uma vez que a emigração qualificada é um fenómeno multifacetado, a estrutura metodológica do projeto segue as características relacionais do objeto de estudo. Neste sentido, a interpretação da informação qualitativa deste livro deve ser vista em conjunto com a informação recolhida no questionário que foi publicada num outro volume.

Pela sua natureza intersubjetiva e compartilhada (Krueger, 1998), o *focus group* foi utilizado antes do questionário, permitindo identificar fatores de «push» e «pull» e de «deskilling» e «reskilling», aprimorando deste modo as dimensões e os indicadores da pesquisa.

Devido à falta de estudos sistematizados sobre os fluxos migratórios associados à mobilidade académica, optou-se pela construção de uma amostra não probabilística intencional, ajudando a entender não apenas a extensão do fenómeno, mas também as suas características intrínsecas.

Para construir uma visão mais extensiva, recorreu-se ao inquérito por questionário, deliberadamente aplicado a um público com altas habilitações académicas. Foram abordadas as muitas situações expressas nos *focus groups*, determinando uma categorização prévia para assegurar a comparabilidade deste instrumento, comparabilidade que nos permite discriminar e determinar traços na caracterização do fenómeno. O questionário foi administrado *on-line*, após a realização de um pré-teste junto de uma amostra intencional de cidadãos portugueses que estavam ou tinham estado em mobilidade ou emigrados num país europeu nos últimos seis anos, com habilitações académicas ao nível do ensino superior, ou que tivessem exercido alguma atividade profissional correspondente a esse nível académico.

As conclusões provisórias, bem como as falhas/insuficiências, por um lado, e as pistas resultantes da análise estatística, por outro, proporcionaram diretrizes para a preparação do guião dos retratos sociológicos (Lahire, 2002). Estes surgem, então, como uma forma de explorar questões levantadas pela utilização das técnicas anteriores, reforçando assim a complementaridade metodológica do projeto.

Os retratos sociológicos partem do pressuposto de que os indivíduos são agentes plurais, multissocializados ao longo dos seus percursos de vida, adquirindo um património de predisposições, muitas vezes contrastantes e até mesmo contraditórias. Permitem-nos, precisamente, captar esse conjunto díspar e socialmente produzido de disposições para a ação dos emigrantes qualificados. A partir daí, torna-se possível compreender a génese e a ativação da disposição para emigrar, percebendo o modo como, em cada caso, os constrangimentos sociais que cada sujeito conhece, os pontos de partida diversificados e os projetos de vida individuais se traduzem em histórias migratórias variadas, cada uma contendo as suas idiossincrasias, mas todas resultantes dos intrincados nós do tecido social. Assim, e sem negar a especificidade de cada um dos retratos, antes convivendo com ela, é possível encontrar aspetos que revelam a ação das estruturas sociais sobre os indivíduos, condicionando as suas escolhas e os caminhos percorridos.

As entrevistas foram feitas em 2014 e 2015 com 52 emigrantes portugueses qualificados que deixaram o país depois de 2008. A amostra de conveniência usou a técnica de *snowball* e quatro critérios de seleção que permitiram garantir o seu equilíbrio final, obtendo-se um número final de 13 sujeitos[3] por cada um dos seguintes perfis-tipos:

1) O primeiro integra indivíduos que saíram de Portugal para trabalhar em profissões científicas noutros países (ver capítulo intitulado "Emigrar para um país europeu em busca de uma carreira na ciência").
2) O segundo refere-se a indivíduos que deixaram o país de origem para se inserirem diretamente no mercado de trabalho de outro país europeu, independentemente de terem conse-

---

[3] Todos os retratos publicados obtiveram a autorização prévia de publicação dos respetivos entrevistados. Um pequeno número de retratados optou por apenas contribuir com os seus retratos sociológicos para a componente analítica do projeto, não tendo autorizado a sua publicação.

guido uma ocupação compatível com as suas qualificações e expetativas ou de estarem a desempenhar trabalhos menos qualificados (ver capítulo intitulado "Emigrar para trabalhar noutro país europeu").

3) No terceiro perfil agrupamos os casos em que o percurso internacional dos sujeitos se inicia com experiências de mobilidade estudantil europeia, seguindo os mapas traçados pelos programas de fomento da mobilidade internacional dentro da União Europeia (ver capítulo intitulado "A mobilidade académica, precursora da emigração profissional").

4) Por último, apresentam-se os retratos de indivíduos que revelam percursos de elevada mobilidade, pontuados por estadas de duração variável em cidades e países diferentes (ver capítulo intitulado "Circulando por vários países europeus".

Todos os retratos sociológicos realizados no âmbito deste projeto foram organizados a partir destes quatro perfis-tipo de emigrante qualificado, construídos de acordo com quatro vetores: i) características temporais da mobilidade: permanente ou temporária; de longo prazo ou transitória; ii) posição social no sistema de emprego: segmento primário ou secundário do mercado de trabalho; iii) perfil funcional no sistema de emprego: académicos e cientistas; outras profissões altamente qualificadas; iv) tipo de mobilidade: direta (depois de ter entrado no sistema de emprego do país de origem), indireta ou latente (após um período de estudo no país de acolhimento). Existiu ainda a preocupação de manter em todos os perfis um equilíbrio na escolha de sujeitos do sexo masculino e feminino.

Os retratos sociológicos oferecem múltiplas possibilidades de leitura, mais rápidas ou mais demoradas. O leitor poderá, em primeiro lugar, ler apenas os títulos, construindo assim uma ideia geral da diversidade de percursos e percebendo desde logo que se cruzam em cada indivíduo, de forma única e irrepetível, múltiplos processos e dinâmicas sociais. Ou então poderá decidir ler os parágrafos destacados a negrito, o que lhe dará uma ideia genérica do percurso e da caracterização sociodemográfica de cada um dos retratados. Por fim, poderá optar por ler os retratos na íntegra, numa análise mais demorada, ou ainda dividir a leitura dos retratos pelos perfis-tipo apresentados, entendendo assim a coerência e, ao mesmo tempo, a diversidade de cada um deles.

EMIGRAR PARA UM PAÍS EUROPEU EM BUSCA DE UMA CARREIRA NA CIÊNCIA

Duarte Pinto:
«Eu desde miúdo que quero emigrar»

Duarte Pinto, 28 anos, é licenciado em geografia e planeamento regional pela Faculdade de Ciências Sociais e Humanas da Universidade de Lisboa (2003-2007) e mestre em estudos do espaço e do território em arquitetura, pela Faculdade de Arquitetura da Universidade de Lisboa (2007-2011). Originário de Lisboa, emigrou em 2011 para fazer o doutoramento em urbanismo na Université Paris-Est. A mobilidade geográfica e a emigração estão presentes ao longo da sua vida pessoal, académica e profissional. Tendo iniciado o percurso profissional enquanto bolseiro de investigação científica, em Aveiro, emigrou para Paris no final do mestrado e pondera fazer da mobilidade o seu projeto de vida («acho improvável que vá ficar aqui a minha vida toda»).

Isto leva-o a caracterizar-se como uma pessoa desapegada, não obstante ter construído uma rede vasta e significativa de relações pessoais, muitas vezes alicerçadas na própria mobilidade intrínseca ao trabalho de investigação científica. Duarte, afirmando-se «absolutamente mimado, de classe média alta», tem um percurso académico e profissional longo e de sucesso, além de interesses culturais ativos, que parecem ser influenciados pelas elevadas qualificações dos seus pais, assim como pelas suas práticas culturais e o acesso privilegiado à educação escolar e não escolar de excelência que proporcionaram ao filho. Assim, cumprindo o sonho de criança de ser emigrante, Duarte Pinto parece não mover-se pelo «emprego de sonho», mas pela carreira enquanto projeto de vida profissional e pessoal que pode potenciar a vivência de múltiplos territórios. Por outro lado, a condição de bolseiro de investigação científica despertou nele um ativismo cívico associado à luta pelo reconhecimento do trabalho científico, potenciando simultaneamente o exercício de uma cidadania europeia ativa.

Duarte Pinto, 28 anos, é licenciado em geografia e planeamento regional. Emigrou em 2011 para fazer o doutoramento em Urbanismo na Université Paris-Est ("Nunca parti com a ideia de que ia ser emigrante"). Num percurso longo de formação avançada, necessária à prossecução de uma carreia na ciência, o processo de circulação e fertilização de ideias, senão intrínseco à carreira, é pelo menos importante, e Duarte tem consciência disso:

> «Parti com a ideia: "Vou fazer o doutoramento em Paris e vou para Paris porque quero ir para Paris." Portanto, não era um problema de não poder fazer isto em Portugal. Porque eu sou pago pelo governo português, portanto, poderia perfeitamente ter ficado cá.»

Depois de alguma indecisão no final do ensino secundário entre teatro, ciências da comunicação e publicidade, e geografia e planeamento, Duarte Pinto frequenta e conclui a licenciatura de geografia e planeamento regional, entre 2003 e 2007, na Faculdade de Ciências Sociais e Humanas da Universidade de Lisboa. Esta opção de área académica acontece motivada por vários fatores. Primeiro, porque é apoiada pelos pais, «sobretudo pelo meu pai», que considerou que ele devia «estudar uma coisa que seja relativamente universal, sobre a qual (...) possa construir coisas». Em segundo lugar, Duarte encara a área como «abrangente» e «pluridisciplinar» e, como tal, aquela que lhe oferecia «menos resistência». Em terceiro lugar, considerava que lhe permitiria manter outros interesses além dos académicos e lhe «deixaria mais liberdade para escolher outras coisas fora do horário das aulas». Assim, a opção pelo curso de formação de base parece igualmente motivada por outras prioridades e não só pelo curso em si, uma vez que Duarte parece interessado em aplicar o seu tempo na esfera não académica e cultivar outros interesses, tais como a valorização do tempo livre, das práticas culturais e do lazer.

«Trabalhador e certinho», Duarte Pinto faz um percurso académico de sucesso, chegando a obter uma bolsa de mérito graças ao seu excelente desempenho como aluno («No meu ano, fui o melhor aluno aqui do departamento, com bolsas de mérito, daquelas das médias»). Contudo, sente alguma dificuldade no momento da transição da formação de base para uma formação avançada, que implica outras competências além daquelas que faziam dele um aluno «trabalhador e certinho» («sabia o que fazer para ter a melhor nota possível»).

Em outubro de 2007, ao mesmo tempo que mantém o seu primeiro emprego em Aveiro, inicia o mestrado pré-Bolonha em estudos do espaço e do habitar em arquitetura, na Faculdade de Arquitetura da Universidade Técnica de Lisboa. Por ser bom aluno, conclui a componente curricular do mestrado num ano, mas apenas entrega a tese em 2010, que defende depois em julho de 2011:

> «No mestrado, na parte curricular, fui muito certinho também, com muito boas notas. Depois, na parte da tese, da dissertação de mestrado, engonhei um bocado e agora se calhar sou um bocadinho menos certinho na investigação, na dissertação. Sei jogar menos bem o jogo.»

Filho de um economista e de uma tradutora/administrativa, atualmente gerente comercial na empresa familiar («Somos uma família muito pequena. Somos só nós os quatro»), Duarte reconhece-se como «absolutamente mimado, de classe média», na medida em que teve acesso privilegiado a educação escolar privada, escolas de línguas, incluindo cursos de verão de inglês numa escola marista em Dublin, entre o 7.º e o 9.º ano, a atividades físicas e culturais extracurriculares, além de múltiplos consumos culturais e materiais («Tinha todos os bens de consumo que na altura podíamos ter, os computadores, os videojogos, tínhamos isso tudo, os leitores de CD, os *walkmans* e depois o *discman*»). Todavia, trabalhou nos verões do ensino secundário como livreiro, de forma a «arranjar algum dinheiro (...) e não ter de ir os três meses de verão para a aldeia». Efetivamente, estudos de sociologia da educação e das classes sociais indicam que são os filhos da burguesia aqueles que têm tendencialmente mais oportunidades de percursos académicos longos e bem-sucedidos, já que o elevado capital cultural de origem facilita a aquisição de capital cultural institucionalizado, ou seja, um grau académico:

> «Eu nasci em 1986 e nessa fase acho que as coisas correram muito bem. Eu o meu irmão estudámos quase toda a nossa vida em escolas privadas, a ter as aulas de inglês na escola de línguas. Portanto, a vida da classe média-alta, da nova classe média-alta lisboeta, a viver ali na zona de Carnide, [passava por] escolas de inglês, ir para a música, para a natação. Nesse sentido, foi absolutamente mais do que confortável. Nunca me faltou nada.»

O trajeto de Duarte Pinto, ainda que influenciado pelo pai, é contrário ao deste último, que traçou um percurso de mobilidade social ascendente alicerçado na educação escolar («O meu pai é a figura do *self-made man*»). Oriundo de uma família de parcos capitais económicos e culturais institucionalizados («O pai dele era sapateiro e a mãe era operária têxtil"), o pai de Duarte Pinto parece ter aproveitado as possibilidades de mobilidade social proporcionadas pela escola de massas:

> «Na escola primária, destacou-se como muito bom aluno e então (...) conseguiu ir para o liceu em Leiria (...) e a minha avó trabalhava o dia todo e depois ainda trabalhava em casa a cerzir coisas, para poder mandar algum dinheiro para o meu pai. Ele fez o liceu todo em Leiria e depois foi estudar para Lisboa (...) Na altura, tinha uma bolsa da Gulbenkian por ser bom aluno, mas trabalhava a tempo inteiro na fábrica.»

Exercendo uma influência significativa no percurso académico («Além da influência do meu pai no meu percurso académico, acho que não houve mais ninguém») e nos interesses culturais do filho («Sempre fui muito ávido de música, também. Não sou de todo um melómano. O meu pai é mais melómano do que qualquer outra pessoa na família»), o pai de Duarte é licenciado em economia pelo Instituto Superior de Economia e Gestão, enquanto a mãe, «grande referência (...) do ponto de vista afetivo», frequentou três anos da licenciatura em germânicas na Universidade de Lisboa, obtendo o grau de bacharel. Aparentemente, abandonou a formação por ter começado a trabalhar a tempo inteiro, coincidindo esta decisão com o 25 de abril de 1974, que veio interromper o funcionamento habitual da universidade. Ambos os progenitores fizeram a sua formação académica superior enquanto trabalhavam a tempo inteiro, ela na fase final do percurso académico, ele desde o início. A mãe de Duarte Pinto fez todo o seu trajeto profissional como secretária e tradutora na administração do Aeroporto de Lisboa. Em 1992, opta por se dedicar a tempo inteiro à gerência da empresa familiar. O pai vive e trabalha atualmente em Luanda (Angola). Face à crise financeira que Portugal atravessa, a empresa familiar decidiu expandir o negócio de consultadoria para Angola, para onde o pai já tinha emigrado na década de 1980.

Duarte considera que não foi a mobilidade familiar («O meu pai vem cá talvez quatro vezes por ano, por períodos de duas, três semanas, às vezes um mês [...] a minha mãe ficou cá e vai lá agora e faz períodos longos») que influenciou a sua abertura ao mundo e a vontade de emigrar como projeto de vida, mas antes o estilo de vida familiar («Os meus pais sempre viajaram muito [...] era uma vida cultural intensíssima, estávamos sempre com gente e íamos a espetáculos, concertos, etc.»), focado na fruição daquilo que a globalização cultural tem para oferecer.

Familiarizado com outras culturas além da nacional, seja mediante a comunicação de massas («Tenho muito mais afinidade com a cultura anglo-saxónica por causa dos filmes, da música»), seja por influência da educação familiar («Viajávamos de tempos a tempos [...] e tive sempre jeito para línguas [...] acho que a língua foi um fator de abertura ao estrangeiro») e extraescolar («Fui para uma escola de línguas, tinha para aí sete anos, e fiz o curso todo»), para Duarte, «sair sempre foi uma ideia, um projeto (...) Quando era miúdo, tinha um fascínio pelo estrangeiro e [achava] que a emigração era uma coisa de sucesso».

Entrou no ensino superior com duas ambições: ser professor universitário ou geógrafo; contudo, ao longo da licenciatura, apoiado no sucesso escolar, começa a olhar para a carreira de professor universitário como uma possibilidade, que entretanto ainda não se concretizou:

> «A ideia agradava-me imenso, seduzia-me bastante ser professor universitário, sempre achei que poderia ser uma coisa interessante, porque sempre fui bom aluno. Gostava de estu-

dar e sempre foi uma atividade que me dava algum gozo. (...) Sendo o melhor aluno do meu ano, pensei que apareceria a oportunidade de dar aulas aqui no departamento. Quando não apareceu, mas não apareceu nem para mim nem para ninguém, vivi um bocadinho como um desapontamento, mais do que um insucesso ou um falhanço.»

«Falhanço» que não o demoveu de lançar os alicerces para a construção de uma carreira na ciência. O seu primeiro contacto com a área da investigação científica decorre no segundo ano da licenciatura: uma curta experiência de um mês, interrompida pelo Erasmus em Groningen (Holanda), mas que lhe instilou o gosto pelo trabalho científico e que ele entende como um reconhecimento do seu valor:

> «Valida-me muito mais essa confiança que foi depositada em mim por uma professora, que ainda por cima era daquelas que eu mais respeitava aqui no departamento, do que propriamente as notas (...) aquela sementezinha da investigação que tinha feito aqui, aquele mesinho e meio com a Cláudia Gomes e esse ano na Holanda fizeram com que me entusiasmasse mais pela geografia e menos pelo planeamento. Mais para a ciência social, a investigação, um bocadinho menos para querer ser planeador.»

Duarte Pinto considera como «primeiro emprego» uma bolsa de investigação financiada pela Fundação para a Ciência e Tecnologia (FCT), que foi fundamental «para perceber que gostava disto de ser investigador». Esta primeira experiência profissional, que partiu de um incentivo de Cláudia Gomes, a mesma professora que já o tinha convidado para um primeiro contacto com a investigação científica, teve a duração de três anos e meio, e implicou que se mudasse para Aveiro. Durante esse período como bolseiro, assume o papel de «braço direito do João Pires», para algumas tarefas («a tempo inteiro, a fazer aquilo em que não havia ninguém especialista», o que o obriga a um exercício de alargamento das competências em múltiplas frentes de trabalho, permitindo-lhe perceber que a carreira de investigação científica era uma opção a seguir.

Cláudia Gomes, professora de Duarte durante a licenciatura, é uma figura marcante no seu percurso («é um bocadinho a figura da madrinha»), uma vez que está presente nos momentos que ele encara como decisivos na sua opção pela carreira académica («por duas vezes, foi ela quem me pôs no mundo da investigação»). Reconhecendo-a como «alguém muito sério, intelectualmente muito honesto», mas com quem não tem uma «relação muito próxima», identifica ainda outro professor da licenciatura como um importante contributo para a internacionalização da sua carreira académica:

> «No meu jantar de fim de curso, outro professor aqui do departamento disse-me: "Ah, tu acabaste com essa média?! Vai já para o doutoramento, não faças mestrado coisa nenhuma e vai já para fora. O que é que queres fazer? Queres estudar o quê? Vai já para aquela universidade."»

De facto, é com João Pires, coorientador de doutoramento, que Duarte Pinto tem a sua primeira experiência de trabalho como bolseiro de investigação («[ele] cimentava uma boa relação com as pessoas com quem trabalhava, ao ponto de, quando acabámos, tentarmos continuar a trabalhar juntos»), e é ele que o encoraja não só a fazer o doutoramento, mas a fazê-lo fora do país: «Um tipo com as minhas ambições, era para ir lá para fora».

Assim, a experiência positiva de mobilidade Erasmus no ano letivo de 2005-2006, em Groningen (Holanda), reforçou o seu interesse em «sair», combinado com a perceção de que em Portugal não iria ter os «interlocutores» que pretendia (urbanismo apoiado nas ciências sociais) e que fazer o doutoramento «lá fora seria a melhor estratégia de carreira», pelo que emigra para Paris em 2011 (logo após a conclusão do mestrado), para prosseguir os estudos em urbanismo:

> «Percebi que conseguia fazer isto, conseguia viver lá fora (...) a ideia de estar noutro país e divertir-me e estar bem, de ter algumas saudades de Lisboa, mas poder ser móvel. E perceber que me dou muito bem em contextos internacionais. Mas perceber de facto que gosto muito dessa [dinâmica], de estar com pessoas de vários sítios, gosto muito disso.»

A decisão de emigrar é tomada de modo consciente, informado pelas experiências de emigração bem-sucedidas dos pares («os relatos e ver como era confirmaram a minha vontade de ir lá para fora»). Tal decisão é também tomada tendo em consideração o desprendimento das «relações familiares, das relações pessoais», aliado à «vontade de sair» e à perceção de que «fazer o doutoramento cá fora seria melhor e mais vantajoso do que ficar em Portugal».

A opção por Paris é alicerçada em razões múltiplas de ordem pessoal, financeira e científica. Duarte mostra interesse em continuar a relação profissional com João Pires, mas tal opção limita-o a escolher «o mundo francófono ou o mundo espanhol» («não queria ir para fora da Europa, [...] não sabia se estava preparado para estar a 800 ou 1000 euros de distância». A opção irá recair sobre França, essencialmente por motivos científicos:

> «Em França, havia qualquer coisa que me agradava (...) teres aquela ideia da escola francesa como a mais tradicional de todas, e eu achava que precisava de uma ensaboadela mais tradicional. Portanto, uma formação mais dura e disciplinada, porque tive uma que achava mole, e então pensei que talvez

indo para lá encontrasse isso. Depois encontrei este laboratório onde de facto parecia haver um equilíbrio de muitos sociólogos, muita gente de várias formações a trabalhar em urbanismo.»

Mas também por motivos pessoais e financeiros:

«Entretanto, tinha ido a Paris de férias e percebi que a representação que tinha de Paris como uma cidade muito aborrecida, muito turística, desinteressante no tempo, que [tudo] já tinha acontecido no século XIX e que lá não se passava nada, era errada e que havia um lado de Paris de que gostava. E sabia que, tendo a bolsa, podia ir para Paris e viver lá com algum dinheiro.»

Emigra portanto para Paris em 2011, com 25 anos. Contudo, apesar de a emigração acelerar tendencialmente os processos de transição para a vida adulta, Duarte já buscava a sua independência desde cedo:

«Desde os meus 14, 15 anos, que tentei começar a negociar com os meus pais um fim de semana sozinho cá. Estas experiências deram-me muita autonomia, muito cedo. (...) Na altura em que estava a acabar o liceu, a casa [em Leiria] ficou pronta e os meus pais tomaram a decisão de se mudarem para lá, enquanto eu e o meu irmão ficámos em Lisboa sozinhos.»

Apesar de já viver sozinho desde muito novo, considera que o período de vivência em Paris tem sido marcante no início da sua «adultez», uma vez que «coloca desafios específicos de experiência que [me] fazem amadurecer num sentido determinado».

O trabalho enquanto doutorando em Paris é um trajeto solitário, ainda que Duarte Pinto integre um grupo de investigação liderado pelo seu orientador de doutoramento e seja um dos representantes dos doutorandos no conselho de laboratório. O doutoramento implica «trabalho de secretária» em Paris, trabalho de campo em outras três cidades (Lisboa, Lyon e Bruxelas) e lecionar algumas aulas, a convite do orientador. O aluno «trabalhador e certinho» experiencia a dureza do trabalho de investigação científica, sendo levado a ponderar o gosto por esta carreira profissional e os seus aspetos menos positivos, como a precariedade:

> «Não estou a fazer um trabalho assim tão brilhante, acima de tudo porque a investigação parece estar a implodir um bocado por todo o lado. Gosto de ser investigador, mas não acordo todos os dias felicíssimo da vida por fazer investigação. (...) Gosto ou não suficientemente disto para ter uma vida precária?»

O estatuto de bolseiro de investigação científica regulamenta o trabalho de grande parte do tecido científico português. Trata-se de um estatuto profissional precário de que Duarte usufruiu até ao presente, uma vez que recebeu uma bolsa de doutoramento internacional, financiada pela FCT em janeiro de 2012. Em Portugal, os bolseiros de investigação constituem a face mais visível e numerosa dos trabalhadores científicos. Estes profissionais são responsáveis pelo grosso das tarefas técnicas e práticas associadas à atividade científica; porém, como Duarte refere, «têm um estatuto que não lhes consagra o carácter jurídico de trabalhador» e continuam a não beneficiar de um estatuto profissional capaz de valorizar e dignificar o seu papel no sistema científico e tecnológico nacional. Pelo contrário, estamos perante o recrutamento de recursos humanos altamente qualificados a baixo custo e sem direito a uma plena cidadania social: «Não sendo considerados trabalhadores, não têm acesso ao regime geral da segurança social e debatem-se com um conjunto de problemas, como a falta do subsídio de desemprego».

O mercado de trabalho científico em Portugal é precário, juridicamente desprotegido e pouco reconhecido («uma [bolsa de investigação é] um subsídio de manutenção mensal, como se fôssemos indigentes»). Duarte considera que a retórica da excelência que tem conduzido as políticas públicas de ciência terão como efeito a destruição do ainda débil sistema científico português:

> «Acima de tudo, aquilo que me enerva em Portugal é que sinto que eles não sabem avaliar a excelência, portanto nem sequer isso estão a fazer bem. Estão a ser mais destrutivos do que construtivos e, em termos de políticas públicas, para mim, é particularmente grave.»

Pensa ainda que, nos últimos anos, Portugal investiu na formação avançada de recursos humanos sem desenhar uma estratégia de recuperação desse mesmo investimento («Portugal investiu e não teve retorno»), pois não criou empregos que levassem os «cérebros» nacionais a regressar e/ou permanecer em Portugal após períodos de formação no estrangeiro, nem conseguiu atrair recursos humanos de outros países:

> «Para mim, faz muito mais sentido que este dinheiro que me pagam seja pago a um estrangeiro para vir trabalhar para cá, porque Portugal deve investir o dinheiro que recebe da União Europeia para canalizar recursos para o território nacional.»

Apesar de reconhecer a importância material da educação, considera que se trata de um direito humano fundamental, pelo que o investimento público em educação é um investimento na formação de uma «sociedade melhor» e de uma «democracia melhor», além dos possíveis retornos económicos que advêm da formação de capital humano. Assim, pensa que a política nacional de ciência caminha num sentido destrutivo, o que o desmotiva de regressar a Portugal («De cada vez que há uma avaliação de qualquer coisa da FCT, digo: "Esquece, nunca mais volto para este país"»), sugerindo que a principal estratégia de atração de «cérebros» deveria passar pela criação de um mercado de trabalho científico:

> «Se houver trabalho, uma parte dessas pessoas que saíram não sairia. Acho que há muita gente que saiu porque quis sair. Se calhar, não o fizeram com a decisão tomada de não voltarem e agora sentem-se um bocadinho presas lá fora e não podem voltar (...) acima de tudo, arranjem-nos trabalho.»

Os drásticos cortes orçamentais na ciência que também se fazem sentir em França («caminham para uma coisa cada vez mais parecida com o que se passa em Portugal») levam a que Duarte inicie um ativismo político pelos direitos profissionais dos trabalhadores científicos. Se, no início da bolsa, ele se isentava de qualquer participação solidária na luta dos colegas franceses, por estar a ser pago pelo Estado português, «à medida que [me fui] identificando mais com Paris e apropriando desta ideia de que se calhar gostava de ficar em França, comecei a achar que isto me dizia respeito». De igual modo, pela perceção que tem do espaço europeu, unificado por um projeto político como a União Europeia, compreende não só a construção da sua cidadania europeia, como o seu exercício sem os constrangimentos do Estado-nação:

> «Em relação à emigração europeia, sou português, mas também sou europeu. Nasci em 1986. Portugal já fazia parte da União Europeia. Em 1992, há [o tratado de] Maastricht, o Schengen não sei desde quando existe, mas eu mexo-me

muito. Estou em França, mas não fico acantonado em França. Portanto, há coisas que circulam. Ou seja, quanto melhor estiver a Europa, melhor estou eu em França (...) se calhar, quanto melhor estiver a França, por aquela coisa do efeito borboleta, também melhor estará Portugal.»

Assim, participar ativamente na defesa dos direitos dos cientistas franceses é parte integrante do exercício da sua cidadania europeia, independentemente do local onde se vive. Em Paris, juntou-se à manifestação final da «Marcha pela Ciência»[4].

Face ao desenvolvimento do trabalho de investigação, Duarte teve oportunidade de alargar a sua rede de laços fracos («foram redes mais pessoais com os amigos»), ainda que tenha havido «um momento em que já não queria conhecer mais gente», já que o carácter da investigação o obrigou a residir em várias cidades por períodos curtos. A nível pessoal, estas estadas perenes espelham-se em contínuos começos de relações, que muitas vezes estão condenadas à partida a serem superficiais, explicando assim o seu desinvestimento na criação de laços.

Lisboa e Paris são, todavia, os epicentros das suas relações amicais. Associa a capital portuguesa aos amigos com quem foi crescendo e que, tal como ele, também emigraram, mas que regressam a Lisboa de vez em quando. Em Paris, o círculo de amigos é mais apertado, multinacional, mas, aparentemente, trata-se de uma rede forte, embora móvel. Duarte mantém em Paris os mesmos pas-

---

[4] Em conjunto com a carta aberta, mais de 3000 cientistas em França partiram, no final de setembro, a pé e de bicicleta no que é descrito como a «Marcha pela Ciência». Chegaram a Paris a 17 de outubro de 2014 e reuniram-se diante da Assembleia Nacional francesa para exigir um financiamento adicional de 10 mil milhões de euros, a fim de ser possível contratar 3000 investigadores e pessoal de apoio durante a próxima década, e um aumento global do orçamento para 20 mil milhões, ao longo do mesmo período. Cientistas em Madrid, Roma e Atenas juntaram-se aos protestos. (http://sciencesenmarche.org/fr/)

satempos e práticas de saídas com os amigos que tinha em Lisboa, referindo no entanto que a sua «relação com as duas cidades é muito diferente», assim como é diferente o «espírito da coisa». Por gostar de viajar, aproveita o facto de os amigos estarem espalhados pela Europa para transformar as visitas sociais em visitas culturais:

> «Estas pessoas que estão no estrangeiro, os meus amigos, muitas delas estão ligadas às artes, ao *design*. Portanto, não ficam para trabalhar necessariamente num emprego, mas ficam em Londres, em Roterdão, em Berlim...»

Duarte não tem nenhuma relação romântica desde 2007, o que em parte se deve ao seu «estatuto de emigrante». A situação de mobilidade dificulta a disponibilidade para a construção de relações mais ou menos estáveis: «Sou um tipo muito desapegado. Ou seja, gosto muito das pessoas, são muito importantes para mim, mas não sou daqueles que estão sempre a telefonar».

Contudo, reconhece que, «se aparecesse uma coisa bastante séria», seria um fator importante na decisão de regressar a Portugal, ainda que sem planos profissionais definidos («vamos ver agora como é que me desenrasco para poder ficar aqui»). Neste sentido, apesar de a carreira profissional e académica ocupar um lugar central no seu percurso biográfico, Duarte afirma que não é a procura de um «emprego de sonho» que o move, mas antes a «vontade de estar em algum lado e a partir daí procurar um projeto profissional que seja mais aliciante». Assim, compreende-se que tenha emigrado não pela necessidade material de encontrar emprego, mas pela necessidade simbólica de construir um projeto de vida preenchido e significativo, o que não deixa de parte a componente afetiva e romântica. Assim, Paris desenha-se no presente como uma cidade para o futuro. Praticamente no final do doutoramento, já não se sente «completamente novo e estranho» nesta cidade, possuindo agora as «ferramentas», ou melhor, a rede de relações, para habitar em Paris como se fosse a sua casa:

> «Com alguns deles [amigos em Paris], começa a haver intimidade verdadeira, como tinha com os meus amigos de Lisboa, que deixei em 2007, e que eram sempre as pessoas com quem ia ter e com quem me sentia em casa. (...) Há sete anos que não sentia esta vontade de estar num sítio a longo prazo. Neste momento, (...) essa ideia de estabilidade e de poder assentar em algum lado agrada-me.»

Por outro lado, ao permitir-lhe uma circulação pela Europa, algo que Lisboa, mais periférica, dificulta, Paris torna-se mais atrativa para um período de vida pós-doutoramento. Ainda que a saída de Portugal tivesse ocorrido com a intenção de regressar no final do doutoramento, as redes de relações e a independência construídas em Paris levam a que Duarte pondere «assentar» nesta cidade, mas não sem hesitações.

Há outras alternativas de vida. Primeiro, equaciona o regresso a Lisboa, ainda que tal passe por «prescindir um bocadinho do aspeto da carreira, ou talvez o aspeto da segurança». Assim, regressar a Lisboa pode significar uma estagnação, ou mesmo um recuo no processo que iniciou em Aveiro e prosseguiu em Paris:

> "Voltar a Portugal para fazer investigação é saber que estou a adiar o inevitável, que é ter de ir para algum lado a seguir. (...) Portanto, a questão é: será que gosto suficientemente de investigação para ter uma vida precária com uma bolsa pós-doutoramento e, talvez daqui a cinco, dez anos, conseguir um contrato de trabalho, sabendo que, mesmo com um contrato de trabalho, a universidade provavelmente já vai estar tão destruída, que não vou conseguir fazer grande coisa.»

Ou então perspetivar uma alternativa à carreira científica, que pode passar pela criação de um negócio de restauração, à imagem do que a família já fez:

> «Não é um projeto para ter cá fora, não é um sonho, mas uma ideia de um dia ter um espaço de restauração. Acho que, pelo facto de o meu avô ter tido um café e um minimercado, e de ser o meu passatempo nos fins de semana, como era muito miúdo, aquilo ficou um bocadinho no ADN.»

Em segundo lugar, coloca a possibilidade de prosseguir o trajeto de circulação para outros destinos, como Bruxelas, pela «hipótese de vida segura» que o trabalho na Comissão Europeia pode oferecer; ou mesmo São Paulo, uma vez que tem a ideia de que o acesso ao financiamento da ciência no Brasil é fácil e porque «deve ser divertido viver no Brasil um ano».

Mas a opção por permanecer em Paris parece falar mais alto e começam a desenhar-se possibilidades de futuro, pois Duarte percebeu que poderá continuar a prosseguir a linha de investigação em que tem investido: «Desde que haja alguns meios, dá para estar à distância de Lisboa e continuar a fazer trabalho relevante, continuar a envolver-me com as pessoas e com a realidade que está em Lisboa».

Na esfera pessoal, considera que os alicerces para o futuro já estão lançados e que as suas redes mais fortes estão agora em Paris e não em Lisboa:

> "De repente, tinha pessoas de quem gostava muito, tinha uma vida começada aqui, começa a ter raízes, o que já não era aquele sentimento do Erasmus. E depois comecei a pensar que, conseguindo arranjar algo minimamente aceitável do ponto de vista profissional, a ideia de ficar em Paris era a que me agradava mais.»

Embora aparentemente não tenha saído do país por causa da crise económica, esse é um fator que o impede de regressar («estou preso lá fora»). Regressar a Portugal é sinónimo do abandono de aspirações de segurança económica e da ambição de progressão na carreira, já que considera não haver oferta em Portugal na área em que faz investigação:

> «Vim para Paris porque queria fazer o meu doutoramento no estrangeiro, porque tinha vontade de viver no estrangeiro e porque a investigação que queria fazer não seria bem enquadrada em Portugal. Porque é que quero ficar em Paris? Porque comecei a criar aqui algumas raízes e tenho vontade de viver os próximos tempos com alguma estabilidade do ponto de vista relacional. E essa estabilidade relacional já não é tão forte em Lisboa como era. E porque muitos dos meus laços entretanto também foram saindo de Lisboa, ou porque o tempo fez com que esses laços enfraquecessem um bocadinho. E porque a promessa profissional também é maior. A promessa de sucesso profissional é maior em França do que em Portugal.»

Duarte Pinto encara a sua decisão de emigrar como uma «decisão geracional», pois pensa que hoje em dia a mobilidade, essencialmente dentro do espaço europeu, faz parte do projeto educativo das gerações mais novas. Saiu de Portugal para prosseguir o seu projeto de vida, centrado na acumulação de capital cultural institucionalizado e não institucionalizado. A decisão de emigrar é tomada sem hesitações, uma vez assegurada a segurança financeira através da bolsa concedida pela FCT. Destaca a circulação como um projeto de vida definido desde cedo, influenciado não só pela sua condição sociocultural de origem, como também pela educação escolar e pela cultura de massas: «Acho improvável que fique aqui a minha vida toda.»

Ana da Costa:
«Sinto-me uma privilegiada, porque tive a oportunidade de emigrar e estou bem»

Ana da Costa tem 24 anos e emigrou para Berlim em 2013, para fazer o doutoramento em genética molecular. Filha única, os pais concluem o ensino secundário, sendo a mãe secretária na administração pública, numa escola e o pai, oficial de justiça. Tendo vivido grande parte da infância e juventude em Fafe, Ana admite ter crescido num ambiente privilegiado, porque, embora se tratasse de um meio pequeno, lhe proporcionou muitas oportunidades no plano extracurricular. Confessa ter tido uma infância muito fácil, da qual guarda as melhores recordações.

O seu percurso escolar é relativamente estável, em que a decisão pelos estudos que ainda hoje cursa aconteceu cedo, embora admita que a sua especificidade não era clara, tendo em conta o grau de informação de que os jovens dispõem no ensino secundário. Num primeiro momento, a ideia da medicina tendia a remeter, de modo mais ou menos simplista, para a profissão de médica. Mas é ainda durante o secundário que, muito influenciada por um professor marcante na área da biologia, Ana começa a clarificar um campo mais preciso, que vai determinar a sua escolha em termos de instituição de ensino superior, optando pela Universidade de Trás-os-Montes e Alto Douro por ser a única que oferecia uma licenciatura em genética.

O mestrado e o doutoramento parecem confirmar a sua opção no 1.º ciclo de estudos superiores, confirmação que é também suscitada por um desejo de mobilidade que foi explorando sempre que pôde, por entender – algo igualmente determinante na escolha de uma universidade diferente para fazer o mestrado – que a diversidade de experiências é enriquecedora para a construção de um currículo.

Em parte devido ao facto de o namorado se ter recentemente reunido a si em Berlim, mas também reconhecendo as dificuldades da empregabilidade no mundo da investigação em Portugal, Ana não descarta a possibilidade de um regresso ao seu país, designadamente para trabalhar num ambiente empresarial – por considerar que este garante mais segurança profissional e financeira do que o mundo académico –, embora admita que é uma hipótese remota. A construção de um projeto de vida a dois, combinando a dimensão familiar e afetiva com a dimensão profissional, encontra-se de momento centrada em Berlim, onde sente que se vai acomodando.

Ana da Costa nasceu em Aveiro, cidade em que os pais então viviam por motivos de trabalho, mas tem ainda poucos meses quando a família se fixa definitivamente em Vinhós, pequena aldeia próxima da cidade de Fafe, no distrito de Braga, região de origem dos pais e avós. É aí que ela vive a infância e a adolescência, período que recorda com grande felicidade, considerando-se uma privilegiada, quer pela condição de filha única, neta mais velha de ambos os lados e sobrinha mais velha, quer pelo conjunto de oportunidades que lhe foram proporcionadas no seu percurso, oportunidades que, apesar de tudo, também estavam disponíveis naquele meio relativamente pequeno:

«No fundo, se fosse a comparar-me com um adolescente ou uma criança nascida e criada em Lisboa, não haveria assim tanta diferença na educação, por a minha ser em Fafe e a dele em Lisboa. Mas uma coisa em que acho que a educação talvez tenha [sido diferente] (...), é que tive imensas atividades extracurriculares: música, inglês, natação e tudo o mais. A minha cidade dispunha disso.»

Recorda uma passagem mais atribulada no ambiente familiar, tinha ela 14 ou 15 anos – quando, ainda por questões profissionais, o pai é novamente obrigado a deslocar-se para longe da família –, mas não entende que isso tenha manchado uma recordação globalmente positiva dos seus primeiros anos. Lembra até que os pais se conheceram ainda no secundário, casaram relativamente cedo e são felicíssimos, sendo «as pessoas que me fazem crer na instituição do casamento todos os dias».

A fixação em Fafe faz-se junto dos avós maternos, cuja casa é suficientemente espaçosa para albergar a família alargada, e Ana acaba por viver entre o andar de baixo, onde eles vivem, e o andar de cima, embora afirme ter vivido sobretudo com os avós maternos neste período. A avó é provavelmente a pessoa mais marcante da sua vida, uma mulher «com um coração extremamente grande» e uma experiência de vida que ilustra a imagem estereotipada do papel da mulher e das limitações que esse papel teve nas suas oportunidades de vida. Uma experiência de emigração ter-lhe-á permitido ver e perceber outros mundos, que esta mulher «com a 4ª classe» terá entendido como mais justos e adequados:

«A minha avó sempre foi doméstica e agricultora e nunca trabalhou com um salário em Portugal. No entanto, nunca quis voltar de França (...). Ainda hoje diz isso. Por ela, tinha lá ficado. E eu acho que foi essencialmente pela liberdade que ela podia ter lá, o que, na altura, não acontecia em Portugal [década de 1960]. Trabalhou como mulher da limpeza, o tipo de casal emigrante dessa altura. Ela conduzia uma mota, e essa liberdade que nunca teve em Portugal faz-lhe dizer até hoje que não queria voltar.»

O modo como fala da avó («uma mulher extremamente doce e extremamente forte») não se dissocia de uma certa aproximação entre esta referência familiar e um contexto, igualmente familiar, no qual a emigração é conversa corrente; os amigos deixados em França visitam de vez em quando a casa familiar em Fafe, e as experiências e oportunidades que esse tempo proporcionou fazem com que Ana encare desde cedo a emigração como uma via possível (senão mesmo desejada):

> «A emigração sempre foi uma conversa muito aberta em minha casa. Eu desde pequena que vi a emigração como algo positivo, porque permitiu que o meu avô formasse a empresa dele e tudo o mais. E essencialmente porque eles sempre mantiveram relações muito próximas com os amigos. (...) Talvez isto me tenha ajudado a ver a emigração como algo positivo e como um futuro para mim.»

Os pais são o suporte das oportunidades que Ana foi tendo, quer na mobilidade académica durante a licenciatura, quer na construção gradual de um percurso académico e profissional fora de fronteiras. Situa-se na classe média baixa («já fomos talvez classe média; neste momento, considero-nos classe média baixa»), devido aos efeitos da crise sobre os rendimentos dos trabalhadores da função pública. O pai cursou mecanotecnia ainda no secundário. Deu formação de adultos e exerceu a profissão de desenhador técnico durante algum tempo, mas acabou por enveredar pela carreira de oficial de justiça, momento que Ana relaciona com a passagem mais atribulada no seu percurso, devido ao afastamento dele, mas também a um decréscimo do nível de vida familiar: «Decidiu mudar de profissão porque a dele não estava a dar-lhe o que queria pessoalmente e foi ganhar o salário mínimo para a Nazaré». A mãe, depois de completar o ensino secundário, não enveredou por estudos superiores, novamente devido a uma imagem estereotipada do lugar da mulher na sociedade, o que não deixou de reforçar a forte consciência desenvolvida por Ana relativamente à construção das suas oportunidades profissionais:

> «A minha mãe e a minha madrinha não seguiram para a universidade, não por falta de meios, mas devido à educação e ao meio social em que os meus avós estavam inseridos. Eles não foram capazes de perceber quão importante isso era. Ou seja, o país já era democrático, mas o meio e as mentalidades ainda não.»

A mãe, tendo iniciado a sua atividade profissional como datilógrafa, ao regressar a Fafe, trabalha no comércio local durante dois anos, acabando por se fixar como secretária da administração pública numa escola. Ana reconhece o esforço dos pais nas oportunidades que lhe foram proporcionando (apesar de terem «profissões que dão segurança, não têm salários muito altos»), mas igualmente no apoio sentido nas suas opções, nas suas escolhas. Esse apoio evidencia-se na convicção de que as experiências de mobilidade são muito importantes («ainda hoje, veem como muitíssimo positivo e é algo de que eles estão orgulhosos, eu estar a fazer o doutoramento cá [em Berlim]»), mas também de que ela é «o maior investimento deles»: «Tenho a noção exata de que, se tivesse um irmão, o investimento que foi feito em mim seria impossível».

Este apoio parental traduziu-se, designadamente, nos diversos programas de mobilidade que Ana foi realizando ao longo do percurso escolar. Com efeito, é durante a licenciatura em genética e biotecnologia, feita na Universidade de Trás-os-Montes e Alto Douro, que tem a sua primeira experiência de mobilidade através do programa Erasmus, em Varsóvia. Curiosamente, realça menos na relevância desta experiência aspetos relacionados com a formação, embora destaque o modelo de aulas particulares em língua inglesa, apenas com outra colega portuguesa, nas quais «a interação e a aprendizagem são totalmente diferentes, principalmente quando se trata de prática laboratorial», salientando sobretudo o efeito desta mobilidade sobre a sua emancipação enquanto pessoa:

> «Essa experiência marcou-me imenso. Eu sempre disse que queria ir, mas de facto nunca tinha ido a lado nenhum. E então, com este programa no segundo ano (que, por falha da universidade, só soube que tinha sido aceite um mês antes de ter de estar na Polónia), (...) foi um salto enorme na minha independência. E ver que adoro conhecer pessoas diferentes e que adoro estar rodeada por outras culturas, e isso fez-me perceber que gosto imenso de viajar. Aliás, no final do programa, disse que queria fazer o mestrado fora. E disse aos meus pais que era um dado adquirido.»

A circunstância de se considerar uma pessoa muito sociável, tendo pertencido a diversas associações durante o percurso académico, e de, como afirma, ter tido «um papel social muito ativo», tanto na universidade como fora dela, instigou de certa forma esta procura de mobilidade e, num primeiro momento, acentua a sua importância enquanto experiência na formação da pessoa. É entre a licenciatura e o mestrado que Ana tem uma segunda experiência de mobilidade, desta vez através de uma bolsa Leonardo Da Vinci que lhe permite efetuar um estágio de investigação na London Metropolitan University, ainda antes de ingressar no mestrado, experiência que destaca fundamentalmente pela sua relevância na consolidação de um percurso profissional de investigação:

> «Profissionalmente, isso foi fulcral para mim, para perceber que gostava de investigação, que era algo que me motivava e que conseguia ver-me a fazer isso nos próximos anos. Porque, quando alguém tem o objetivo de tirar um doutoramento em ciência, tem de saber realmente se gosta de investigação.»

Os benefícios das experiências de mobilidade parecem confirmar--se na convicção com que foi fazendo opções no percurso académico. Admitindo que, até ao início do secundário, medicina era algo que ambicionava (como refere, «genética e biotecnologia é um curso tão específico, que ninguém o escolhe em tenra idade»), é neste nível de ensino que as opções na área da saúde começam a tornar-se mais claras, quer pela especialização de algumas disciplinas, quer pela influência de um «professor de biologia excecional». Na escolha da licenciatura, prefere o critério de proximidade da casa paterna para focalizar com rigor a sua opção: «Eu não queria ir para uma cidade [Vila Real] ainda mais pequena do que a minha, mas era a única que tinha. Havia biotecnologia em Aveiro e na Covilhã, suponho, mas genética e biotecnologia, não». Por outro lado, o mestrado que acaba por privilegiar – genética molecular e biomedicina – leva-a desta vez para Lisboa, opção que não é fortuita, mas que mostra de novo quer a relevância de diversificar experiências e contextos, quer a perceção da importância de se valorizar e «fazer currículo» nestas áreas de estudo e trabalho:

> «No mestrado, havia mais opções. Mas acho que um currículo deve ser o mais diversificado possível; daí, querer ir para outra universidade. E porquê a Nova de Lisboa? Porque é uma universidade de renome, e isso, parecendo que não, é bastante importante.»

É ao longo do segundo ano do mestrado que volta a ter uma experiência de mobilidade, desta vez ao abrigo do programa Erasmus Placement. Se, numa fase inicial, admitiu mesmo fazer o mestrado fora de Portugal, a dificuldade em obter uma bolsa para o efeito acaba por ser o maior obstáculo. Recorre então novamente ao programa Erasmus, mantendo a preocupação de diversificar o currículo, o que a encaminha desta vez para Berlim, escolha que não corresponde apenas a um desejo de diversificar, mas também a um cálculo preciso sob o ponto de vista da reputação da instituição no campo da investigação:

> «E então enviei a *application* para centros de investigação em Amesterdão e em Berlim. Recebi cinco, seis respostas positivas. Daí, selecionei Berlim, essencialmente por o nível de vida ser bem mais acessível. E o segundo ponto foi o facto de o Instituto Max Planck ter uma ótima reputação, e isso iria contar sem dúvida no meu currículo.»

Ana reconhece que as diversas experiências de mobilidade contribuíram bastante quer para uma sensação de progressão pessoal e profissional, quer para a decisão de acabar por ficar em Berlim para dar continuidade aos estudos e fazer o doutoramento. É na mesma instituição onde tinha já efetuado o programa Erasmus aquando do mestrado que faz agora o doutoramento, num laboratório de infeciologia, desta vez com uma bolsa para três anos, prorrogável por mais um. Na opção de mobilidade para o doutoramento, considerou mais uma vez a importância da instituição sob o ponto de vista do currículo, mas igualmente o fator económico, reconhecendo que o custo de vida em Berlim lhe permite um «estilo de vida muito melhor» do que noutras capitais europeias. Após esta etapa, pondera uma de duas opções – o mundo académico ou o mundo empresarial –, admitindo que para essa decisão pesam aspetos não estritamente relacionados com a carreira:

> «Honestamente, não descarto o mundo académico por mais dois ou três anos, mas a longo prazo vejo-me no mundo empresarial. O que pretendo é um emprego das nove às cinco. Também porque tenciono construir família, e isso é essencial. Um horário e algo que nos dê mais segurança do que bolsas.»

O horizonte de uma família, de uma vida que não gravite estritamente ou fundamentalmente em torno do trabalho, é decisivo para ela, uma perspetiva a que não será também estranha a circunstância de o namorado se lhe juntar brevemente em Berlim com um contrato de trabalho em *marketing* por dois anos. Uma feliz coincidência – a saída da pessoa com quem partilhava a casa – torna desde logo mais fácil organizar uma vida a dois e admitir ter um momento de relaxamento relativamente aos passos seguintes. Como afirma, «quero relaxar um pouco sobre o futuro», admitindo a tensão que uma situação de quase permanente mobilidade pode criar, dada a dificuldade de fixar alguns projetos a longo prazo. Não se trata de não os ter, como ela reconhece, mas antes da tensão gerada pela situação de estar permanentemente a ponderá-los. Dispor de um tempo razoavelmente alargado de estabilidade é também o momento para pensar no futuro, abraçando a aposta em Berlim como poiso permanente:

> «Acho mais provável que continue na Alemanha, porque agora iremos estabelecer-nos aqui os dois. E é provável que nos acomodemos a isso e que seja mais fácil ficar cá do que ir para outro país ou voltar a Portugal. Embora nenhuma dessas hipóteses seja descartada. Pelo menos da minha parte, mas lá está, é uma coisa que será discutida no futuro a dois.»

A ponderação de uma vida futura que passa a ser efetuada a dois confere uma ideia de estabilidade que assenta sobretudo numa partilha de destinos, em que a instabilidade decorrente da mobilidade parece mais tolerável. É segundo este mesmo princípio que se enquadram as amizades que foi fazendo no percurso de mobilidade, normalmente muito mais entre os «estrangeiros», que partilham «os mesmos objetivos de se estabelecer, de se integrar», do que entre os nacionais do país de acolhimento:

> «Somos todos muito mais recetivos, damos todos um pouco mais de nós e é mais fácil estabelecer relações quando duas pessoas estão predispostas a isso. Como estão no seu meio, os alemães, os polacos ou os naturais de outros países onde estive se calhar não estão tão abertos a fazer novas amizades como quem vem de fora.»

O principal grupo de amigas com quem Ana partilhou o percurso escolar desde o ensino básico até ao acesso à universidade remonta ao período em que vivia em Fafe, mas reconhece-se uma *outsider* relativamente a esse grupo, pois todas se mantêm em Fafe ainda hoje, sendo ela a única que saiu. Entende que a falta de convívio com outras realidades não distingue negativa ou positivamente as pessoas, mas, como diz, «acaba sempre por fechar a mentalidade, a forma como as pessoas veem o mundo». E, se para quem fica, a relação pode ser percebida como uma certa continuidade, para quem parte essa continuidade é mais pautada por ruturas, mas também por uma perspetiva mais aberta e mais global do mundo. Os laços não desaparecem, antes se transformam:

> «Eu diria que não serão as amizades a influenciar quando voltarei a Portugal. A primeira vez que fiz mobilidade fiquei muito assustada, porque pensei que iria perder os meus ami-

gos todos. E depois voltei e não tinha acontecido nada. Estava tudo igual, toda a gente ia aos mesmos sítios, toda a gente falava do mesmo, e notei que conseguia acompanhar, mesmo à distância, claro que não da mesma forma. Também porque as minhas amizades são amizades de muitos anos e acho que essas são mais difíceis de perder, porque não são tão efémeras. As minhas amizades não serão um aspeto fundamental para eu regressar ou não.»

Por outro lado, fala dos laços que foi construindo neste seu já longo percurso de mobilidade, referindo-se a elas como «muito boas amizades», assentes na confiança. Associa ainda a este percurso algo precoce e contínuo de mobilidade uma ideia de autonomização forçada, pelo menos pelas circunstâncias, admitindo mesmo algum receio e imaturidade para dar os próximos passos, desde logo numa relação a dois. É, no entanto, no próprio mundo da mobilidade que ela acaba por encontrar percursos de amigos e amigas, semelhantes ao seu, o que de certo modo confirma as opções que foi fazendo.

O regresso a Portugal não é propriamente uma miragem para Ana. Porém, se não são as amizades a determiná-lo, também não parecem ser as possibilidades de carreira a fazê-lo. Particularmente na sua área de especialização – talvez porque «seja uma área em que é necessário o investimento de muito dinheiro» –,entende que as oportunidades são muito poucas, normalmente através de bolsas de investigação, que não considera emprego e às quais se associa um fator de precariedade. Mas considera que um problema mais genérico afeta o mercado de trabalho português: a baixa empregabilidade qualificada. Quando refere o exemplo de amigos e amigas que encontraram emprego em Portugal em áreas como direito, farmácia, medicina dentária, gestão, economia, conclui que não é uma empregabilidade «boa e alta»; ela existe, mas o emprego existente não reconhece o valor da qualificação de um modo adequado. Além disso, admite ainda que há um desencontro entre, por um lado, o que se faz ao nível das estruturas de formação e, por outro, aquilo que é o mercado de trabalho: «Um dos grandes problemas é o facto de termos pessoas a mais para trabalhos a menos». Não se trata apenas da desproporção entre cidadãos e oportunidades de trabalho, mas também e sobretudo da falta de estruturas que potenciem uma reestruturação do mercado de trabalho. A este respeito, e a título de exemplo, refere a necessidade de mais investimento em *startups*, estruturas que vê como «um ótimo meio de escoamento de licenciados e de começo de carreira».

Contudo, a sua perspetiva global é algo negativa, pois entende que, se a amplitude da crise superou aquilo que a sua geração alguma vez terá imaginado, isso traduzir-se-á numa recuperação, também ela estendida no tempo. Ainda que, objetivamente, este cenário de crise pudesse também ter proporcionado o ensejo para a mobilidade, Ana não deixa de frisar:

> «Vim porque sempre quis. Porque foi sempre uma coisa que quis fazer, viver fora, estar fora e ver como é que era. Sempre tive esse espírito e gosto; não me vejo como uma desgraçada que teve de emigrar. Aliás, acho que sou uma privilegiada, porque tive essa oportunidade e estou bem.»

Será de facto de emigração que estamos a falar? Ana diz que nunca lhe passou pela cabeça enviar dinheiro para Portugal, alegando que – quando fala em seu nome e do namorado, e da geração de que faz parte –, «crescemos com um sentido de União Europeia tão grande, que pôr dinheiro em Portugal ou na Alemanha não é um problema; eu pelo menos nunca pensei nisso». Será o espaço europeu efetivamente o referente geográfico das novas gerações? Ela acredita que sim.

Ana Taborda:
"Aprendi a não fazer planos a longo prazo, incomoda-me"

Ana Taborda tem 34 anos e emigrou sozinha para Paris em março de 2014. Doutorada em física, desempenha funções de investigadora de pós-doutoramento no Instituto de Radioproteção e Segurança Nuclear, instituição público-privada situada nos arredores de Paris. Ana provém de um contexto familiar com elevados recursos culturais e uma situação económica estável, sendo determinante na sua opção de emigrar – face a um contexto familiar e de apoio garantido – a identificação de oportunidades que lhe permitissem aprofundar e aplicar as suas qualificações.

O percurso escolar foi marcado por avanços e recuos frequentes, quer face a alguma insistência familiar em opções com as quais não se identificava, quer porque sentiu a necessidade de amadurecer a convicção em torno da sua escolha. No entanto, é ainda na sequência de uma decisão assertiva quanto ao seu percurso que novos bloqueios se lhe depararão, desde logo a impossibilidade de dar continuidade a uma primeira experiência profissional como bolseira de investigação. É ainda o insucesso no concurso a bolsas, quer da FCT quer de outros programas europeus, que explica em parte a sua disponibilidade para admitir a emigração como uma via plausível, a qual acaba por se proporcionar no decorrer de uma comunicação apresentada num evento científico, despertando a vontade de um investigador francês de que integrasse a sua equipa.

Se uma experiência inicial de mobilidade, realizada no Brasil, a convenceu de que o valor atribuído ao investimento na carreira nunca a levaria a um contexto no qual não se sentisse bem, já a possibilidade de rumar a Paris se lhe afigurou mais tentadora pela maior proximidade, quer cultural quer geográfica, do país de origem. O facto de ter emigrado sozinha justifica um investimento no campo relacional, reconhecendo a necessidade imperiosa de preencher esta componente da vida.

Se parece hesitar naquilo que se refere ao seu futuro – tem consciência de que, por força das circunstâncias, se foi adaptando à ideia de pensar a curto prazo –, é a sua perceção crítica relativamente ao desenvolvimento da investigação em Portugal, área onde pretende aprofundar o seu trabalho, que a leva a afirmar a possibilidade de mudar de cidade, de país, mas não incluindo nestas alternativas Portugal ou qualquer cidade portuguesa.

Ana Taborda nasceu em Castelo Branco, mas cedo se deslocou com a família para Corroios, nas proximidades da margem sul da capital, onde viveu até aos 28 anos, altura em que obtém a bolsa de doutoramento e arrenda um apartamento perto do Instituto Tecnológico e Nuclear, onde faz o doutoramento. Filha de uma professora de Inglês e de um administrador bancário (com uma licenciatura iniciada em engenharia eletrotécnica e de computadores, interrompida pela mobilização para a guerra colonial e entretanto nunca terminada), desfrutou na sua infância e adolescência de condições familiares que «não podiam ter sido melhores». A família tinha casa própria e Ana e a irmã mais nova sempre se habituaram a uma casa cheia de livros, desde cedo cultivando hábitos de leitura, mas também de práticas culturais no exterior. Por outro lado, a formação e a profissão do pai proporcionou a entrada precoce do mundo da informática no espaço familiar.

Todo o contexto familiar sugeriria, portanto, uma fácil identificação com a linguagem escolar e um trajeto relativamente estável, o que veio a confirmar-se no seu caso, embora dando origem a cenários discordantes das aspirações académicas que criou. Se o fim do secundário com média de 19 já criava estupefação em familiares e amigos por não querer cursar medicina, os conselhos parentais, por outro lado, centravam-se sobretudo em percursos académicos suscetíveis de gerar saídas profissionais garantidas.

> «Quando andava na escola, no secundário, queria cursar física, mas toda a gente sabe que ninguém ganha a vida a fazer física. Quando decidi entrar para o ensino superior, falei com os meus pais e o meu pai disse-me para ir para engenharia informática. Eu disse que não. E ele respondeu: "Então vais para matemática." A matemática no Instituto Superior Técnico era muito orientada para a Informática. Como gostava de matemática, concordei. Foi um compromisso, mas a minha ideia sempre foi ir para física.»

O confronto entre o desejo e o pragmatismo da realidade, veiculado pelos adultos – («o meu pai trabalhava num banco, na área da informática; portanto, sabia que era uma área com empregabilidade»), não vergou, ainda assim, a determinação de Ana. No entanto, o preço pago por essa vontade acabou por gerar um certo arrastamento no percurso académico devido às transferências entre cursos (de matemática para física científica), mas também a constatação de que «não se ganha a vida a fazer física». Assim, a evolução para uma carreira académica longa parecia ser o percurso mais coerente, o que veio a confirmar-se. A uma especialização em física médica no período pós-licenciatura, seguiu-se um mestrado em engenharia física e, depois de um interregno de dois anos para conseguir bolsa, um doutoramento em física. Este percurso não deixa porém de ser pautado por um conjunto de avanços e recuos, que não provêm estritamente da dimensão profissional, mas sobretudo uma focalização cada vez mais específica no campo lato da física. Enquanto na licenciatura «a minha ideia era fazer física e ir depois para astrofísica, o que motiva a maior parte dos alunos em física», na especialização, «comecei a sentir que queria aplicar o meu conhecimento de uma forma mais imediata, à sociedade. E isso passava pela física médica; fazer física médica e depois talvez entrar numa empresa daquelas que trabalham com hospitais»; finalmente, no mestrado, percebe «que também não era isso que queria fazer» e, embora reconheça a dificuldade de enveredar pelo mundo da investigação, assume que era mesmo esse o percurso desejado.

> «Eu queria fazer investigação e, se não fizesse o doutoramento, também não faria investigação. E depois, quando acabei o doutoramento, sabia que ia ser difícil; tinha de ter uma bolsa de pós-doutoramento para continuar, porque não há financiamentos desse género. E uma pessoa começa a pôr em causa o que é que vai fazer, se procura outras coisas ou se se mantém naquilo que fez até aquela altura.»

A opção por um pós-doutoramento é entendida como o desfecho óbvio do percurso até então efetuado, mas é também o primeiro sinal de que a sua concretização poderia implicar a saída do país. Por outro lado, num mercado de trabalho com poucas alternativas («em Portugal, a investigação só se faz nas universidades ou nos centros de investigação, e as empresas que existem são muito poucas para absorverem os físicos, e acolhem muito poucos»), e com a dificuldade em obter as bolsas a que concorre, começa a delinear-se a inevitabilidade de uma saída. É a partir da participação numa conferência, na qual é abordada por um investigador francês que deseja integrá-la num projeto de investigação internacional, que a saída do país começa a ganhar contornos.

A mobilidade de Ana parece resultar de um percurso aparentemente atribulado, mas através do qual ela foi construindo o seu horizonte profissional. Hoje, considera que «tudo se enquadrou, apesar de todos os desvios, todos os percalços, tudo se encaminhou para que eu chegasse aqui». A mobilidade parece ser algo inevitável, resultante de uma especialização para a qual não existe mercado de trabalho em Portugal: «Para as minhas competências como investigadora, não acho que seja possível. Se quisesse mudar de área e tentasse arranjar alguma empresa em Portugal, iria usar as minhas competências em programação, não em física». Por outro lado, esta convicção é ainda reforçada pelas políticas que têm predominado relativamente à investigação, mas também por um sentimento forte – consequência de uma reflexão política – de abandono:

> «Estamos a ficar sem pessoas para investigar, os centros de investigação estão a fechar; por todas as razões, vamos ficar sem ciência em Portugal, é a minha opinião, o que é muito triste. (...) Entristece-me, porque eu nem sequer queria sair, nem sequer era uma coisa que estivesse nos meus planos (...) sinto que fui empurrada para sair, e o que me faz sentir mal nesse aspeto é o facto de sentir que Portugal investiu em mim, o Estado investiu em mim, as pessoas investiram em mim, e no fim acharam que não era suficientemente boa para ficar. (...) Eles dizem isso, e eu penso: "Então, se vocês não me querem, vou para onde alguém me quer e vou contribuir para outro país.»

Tal abandono situa-se no plano das opções políticas para a investigação, já que o apoio do núcleo familiar foi inequívoco e até estimulante: «Se o meu pai percebesse que eu ia ser infeliz porque não queria fazer isto, ele próprio me ajudaria e diria para não vir». Ana emigra, como explica, para se sentir realizada com aquilo que faz, «e aquilo que faço é parte de mim, nem sequer é o meu trabalho, é parte de mim». Esta procura de coerência consigo própria (e, indiretamente, com os outros) explica de alguma forma as hesitações e deambulações no percurso académico e a necessidade de se encontrar por intermédio do trabalho: «Eu trabalhei para isto durante muitos anos e queria continuar, e sair foi precisamente para evitar fazer uma coisa de que não gostava tanto em Portugal, foi para mudar de vida, para me sentir realizada». A ponderação de uma relação custo-benefício não aparece como condição central à decisão de partir e é o próprio percurso e as escolhas de Ana que o demonstram. Portugal surge como um contexto no qual, considerando aquilo que mais valoriza, não conseguiria sentir-se realizada:

> «Acho que teria saído mesmo que fosse ganhar o que ganharia em Portugal, porque ao menos alguém me pagava para fazer aquilo de que gostava. [...] Mas o dinheiro não é o que me move; sei que a fazer investigação em física nunca vou ganhar muito dinheiro. Tenho é de me sentir realizada no dia a dia, naquilo que faço, e sentir que sou desafiada e que consigo superar desafios.»

A oscilação entre o desejo e a realidade parece explicar a razão de, até ao momento, não se rever completamente na opção tomada:

> «Preferia fazer o que fazia em Portugal, com as pessoas com quem estava, do que aquilo que faço aqui. Porque aquilo que fazia em Portugal era investigação fundamental (...) e aqui é muito aplicada, não que não seja pertinente, mas é diferente.»

No entanto, a circunstância de usufruir de um rendimento cerca de três vezes superior ao que auferia em Portugal não é algo negligenciável, até porque é acompanhado de um contrato de trabalho «a sério», com descontos e apoios sociais, ou seja, uma condição que lhe permite, por exemplo, ir a Portugal todos os meses.

Saindo da dimensão estritamente profissional, também interfere no balanço dos pós e dos contras a própria condição da partida de Ana, entendida como problemática («o problema é que estou aqui sozinha, vim sem ninguém»), mas também, e na perspetiva de aceitar desafios, como condição reativa: «Como estou cá sozinha, quero estabelecer uma rede de amigos, quero ter pessoas com quem sair, quero conhecer pessoas». Se, de certa maneira, a saída de Portugal foi facilitada por não existirem na altura quaisquer laços românticos, a subordinação a um contrato a termo certo de dois anos também perturba a ideia de um novo envolvimento, já que o futuro ainda é incerto. Se a mobilidade profissional parece mais ajustável a dimensões como a valorização do que se quer efetivamente fazer, já os envolvimentos emocionais e íntimos são menos compatíveis com o projeto de mobilidade. No seu percurso, Ana regista uma relação romântica longa, terminada também como consequência da mobilidade do namorado, reconhecendo que, se as relações de amizade podem funcionar à distância, as amorosas dificilmente resultam. Talvez esta perceção ajude a perceber a ênfase que põe nas relações de amizade, nos círculos de amigos ou apenas nos amigos próximos. Embora se veja como «pessoa de poucos amigos», deplora que a rede de amigos em Portugal possa desarticular-se como resultado da mobilidade forçada dos jovens qualificados. Os contactos podem manter-se, mas «claro que quando vou a Portugal e estou com os amigos e a família é completamente diferente de estar a falar com eles na Internet ou por telefone». Aqui, parece descrever aquilo que é menos uma retórica em torno das questões do individualismo triunfante e mais uma espécie de solipsismo imposto:

> «Em Portugal, íamos ao cinema, saíamos, falávamos de coisas parvas, ríamo-nos e essas coisas todas que agora não tenho. Quando falo com eles ao telefone, sim, ou quando falo

com eles na internet, mas não é a mesma coisa. Às vezes, basta um olhar ou uma expressão para a pessoa perceber que a outra está séria ou vai desmanchar-se a rir. Portanto, é diferente, não há aquela proximidade em que a pessoa se sente acarinhada, apoiada, não é a mesma coisa.»

A analogia estabelecida com os modos de vida parisiense alimenta a ideia de uma sociedade que se desconjunta, que é feita de indivíduos mas não de relações, relativamente à qual Ana revela a sua estranheza e distância crítica:

«Começo a perceber algumas coisas de que não gosto tanto, e percebi isso através de amigos meus franceses. Acho que foi sempre assim: é uma cidade que tem muito *glamour*, mas onde as pessoas são infelizes, porque mais de metade da cidade é solteira, metade da cidade são homens atrás de mulheres, mas ninguém liga a ninguém; vivem muito das aparências, as pessoas não são realmente amigas umas das outras. Portanto, é difícil sentirmo-nos confortáveis numa cidade assim. Acredito que seja difícil estabelecer relações de amizade ou românticas, porque as pessoas são muito desligadas. É estranho, é uma coisa das cidades grandes, mas é estranho.»

Não obstante, Ana confia na sua capacidade de se adaptar, admitindo que, se os próprios franceses vivem lá, é porque desenvolveram mecanismos de sobrevivência que ela própria terá de encontrar. E, aparentemente, é subordinada a esta ideia de espacialidade relacional heteróclita que se constrói a condição do «cidadão móvel», da mobilidade. Se a condição de mobilidade aproxima aqueles que a vivenciam («temos todos um passado comum, temos todos de saber o que é estar numa cidade que não é nossa»), ela acaba mesmo por ser favorecida por espaços na cidade grande já adequados a esta população móvel: «Existem zonas conhecidas por pessoas que estão deslocadas, aquelas em que uma pessoa vai ao bar e ouve falar inglês, ninguém fala francês, porque falam línguas diferentes». Em todo o caso, esta aparente desterritorialização espacial e cultural suscita um novo olhar sobre a cultura de origem, valorizando-a:

> «É o meu país, é uma coisa que é minha. (...) Desde que me tornei emigrante que dou importância a coisas que antes não dava, acho-me também muito mais patriota (...). Acho que me tornei muito mais patriota do que alguma vez fui, não há comparação nenhuma.»

No entanto, esta valorização não se traduz, como Ana acentua, na necessidade de «encontrar» portugueses, pois entende que desse modo dificultará a sua integração, quer no contexto cultural no qual se encontra, quer junto de outras pessoas que partilham da sua condição, ainda que sejam de outras nacionalidades. A importância de aproveitar esta experiência para aprender bem a língua francesa, ou ainda a importância de gostar do sítio onde se está, é ainda mais decisiva para ela do que o próprio trabalho que desempenha: «Posso gostar muito do trabalho que estiver a fazer, mas se não me sentir bem no resto vou ser infeliz; portanto, não faz sentido». A importância do espaço para onde se emigra é ainda favorecida por alguma proximidade cultural:

> «Eu sabia que França era um sítio bom para viver, que os portugueses em geral são bem acolhidos e que há uma comunidade portuguesa, apesar de não estar integrada nela. (...) Mesmo que não estabeleça uma rede de amigos imediatamente, gosto de saber que tenho a possibilidade de o fazer e que a minha herança cultural não é dissonante; por exemplo, nunca iria para um país africano, não era capaz; não iria para um país árabe e para a China também não.»

Contudo, a perceção de uma proximidade cultural no âmbito do espaço europeu, proximidade que facilitará a integração e a própria circulação, não traduz um enriquecimento global desse mesmo espaço. Embora se possa manter contactos no mundo da investigação, favorecidos pela multiplicidade de encontros científicos – a comunidade científica é vista como transpondo facilmente as fronteiras geográficas –, Ana considera que, a partir do momento em que emigrou, passou a produzir para e no país onde trabalha, o que implica um desperdício, se se considerar o investimento público nacional feito na sua formação. Não lhe parece sequer viável alimentar a retórica de um regresso, quer por um simples sentimento de revolta quanto às políticas dominantes no seu campo profissional (e, de uma forma geral, relativamente à empregabilidade jovem), as quais exauriram as possibilidades existentes, quer pela necessidade que a pessoa tem de ir construindo algo mais perene do que aquilo que a mobilidade permite:

«Como as pessoas vão fazendo a vida delas noutro sítio, não vão voltar, nem sequer há condições para voltar. Daqui a dois anos, vou voltar a Portugal para fazer o quê? Vai estar tudo na mesma, a ciência vai continuar a ser cortada, não vai haver bolsas, não vai haver projetos, não vai haver lugares nas empresas, e depois voltamos para quê? Para que estado de coisas? Não há condições, se pudermos ficar noutro sítio, ficamos.»

A ideia que tem relativamente ao futuro do país é sombria, o que a faz admitir, realisticamente, que o regresso deixou de estar no seu horizonte:

«Nos próximos dez anos, acho que [a situação do mercado de trabalho] vai ser igual ou pior. Acho que para voltar aos níveis em que estávamos há três anos, que já não eram os melhores, mas eram muito melhores do que tinham sido; vamos demorar talvez vinte anos, e isso significa que para mim já não dá. (...) Por isso é que não ponho em cima da mesa o regresso como coisa certa. O mais certo é que daqui a dois anos, ou ano e meio, hei de começar a ver coisas na Europa, mas não em Lisboa.»

O sentimento de pertença a uma cultura, a um lugar, parece definitivamente arredado num contexto de vida no qual a mobilidade não é uma opção, mas antes uma inevitabilidade. Uma certa ideia de fragmentação da vida resulta desta condição, porque, em última análise, resta como traço mais impressivo no tempo aquilo que se fez e continua a fazer – a física, no seu caso –, embora isso por si só não seja capaz de dar conta das diversas dimensões da vida. Percebe-se a sensação de pertença como algo que não se chegará a criar («vou ter de substituí-la de alguma maneira, que eu não sei bem qual será, talvez vir cá frequentemente, manter os meus amigos cá, dizer-lhes para me visitarem no sítio onde eu estou») e encara o futuro como uma incógnita:

«Se, por um lado, eu já sabia há algum tempo que não dá para fazer planos a médio prazo, porque normalmente as coisas não acontecem como estamos à espera, há muita coisa que pode acontecer nestes dois anos, apesar de ser um curto espaço de tempo, que me pode fazer ir numa direção ou noutra, ou pode fazer com que regresse, não tenho a menor ideia.»

Sara Lopes:
Do ser português nos afetos
ao estar no mercado de trabalho em França

Sara Lopes tem 32 anos, é licenciada em línguas e literaturas modernas, na variante de português-francês e vive em França há seis anos, onde ensina português a estrangeiros.
É oriunda de um contexto familiar que acumulou capital escolar. A mãe é professora, o pai é economista e tanto Sara como o irmão reproduzem o trajeto de aquisição de capital escolar encetado pelos progenitores, que os incentivam a seguir nessa direção. Emigrou para França porque almejava uma carreira profissional na sua área de formação, algo que dificilmente Portugal lhe proporcionaria, face ao estrangulamento que se verifica no mercado de trabalho no que toca aos licenciados na área de letras. A razão que a mobilizou para a emigração é a mesma que a retém no país de acolhimento: um mercado de trabalho estagnado num país de origem cuja situação económica é periclitante. Sara Lopes pretende regressar a Portugal, mas não enquanto o atual cenário português não se alterar.

Sara Lopes licenciou-se em línguas e literaturas modernas, na variante de português-prancês, influenciada pelo facto de a sua mãe ser professora de francês e também pela atração que «o mundo estrangeiro exerce sobre si». Ingressou no ensino superior quando decorria o ano 2000, na Faculdade de Letras da Universidade de

Lisboa, a cidade onde nasceu. Concluiu a licenciatura quatro anos depois. Seguiram-se dois anos de formação específica para seguir o ramo educacional. Pelo meio, experienciou uma situação de mobilidade estudantil, no âmbito do programa Erasmus, que a levou até Gent, na Bélgica, entre fevereiro e julho de 2003. Desde o ensino secundário que a ideia de «estar fora seis meses, conhecer outras pessoas», divertir-se a enchia de expetativas quanto a uma experiência fora do país. Afirma que as suas expetativas foram superadas, na medida em que fez «imensos amigos».

Também o seu irmão, três anos mais velho, viveu uma experiência estudantil fora de Portugal, na vizinha Espanha, quando decidiu rumar a Barcelona para frequentar um MBA, e por lá ficou, agora a fazer doutoramento em *marketing*. Ter um irmão mais velho emigrante não é uma influência que Sara considere determinante na sua própria opção, reconhecendo, pelo contrário, que a experiência de emigração dos pais para a Venezuela, quando tinha apenas um ano de idade, constitui uma referência decisiva das memórias familiares. Embora não se recorde desse período, o episódio permanece vivo na memória dos pais, que frequentemente o rememoram e ao qual Sara associa «um mundo mágico». Contudo, Sara reconhece a relativa influência do percurso académico do irmão na sua própria trajetória, uma vez que este está a concluir o doutoramento.

Terminada a licenciatura e a formação pedagógica exigida para poder profissionalizar-se no ramo educacional, sentiu que estava na altura de ir ao encontro de alguma dessa magia. Entre novembro de 2006 e julho de 2007 foi assistente de português numa escola francesa, na qual lecionava «aulas de língua e cultura às pessoas que já falavam português (...) O requisito obrigatório era que as pessoas já tivessem um nível elevado de português». Assim, após uma breve experiência profissional na central de reservas de um hotel lisboeta (outubro 2007 a julho 2008), um emprego de que «no início não gostava mesmo nada», porque se sentia forçada a desempenhá-lo, na medida em que «não correspondia àquilo que tinha estudado», rumou novamente a França, em setembro de 2008, para dar aulas de português. O mundo da emigração que idealizou, fruto da experiência vivida pelos pais e, sobretudo, projetado nas memórias dos seus relatos, era bastante diferente da realidade que encontrou. Esperava encontrar um ambiente semelhante ao que vivera durante o programa Erasmus, em que «cheguei e, passado uma hora, já conhecia umas trinta pessoas». A experiência de trabalho diferiu substancialmente das vivências marcantes do intercâmbio estudantil: «Foi completamente diferente, foi um bocadinho duro».

Durante os primórdios da sua estada em França, vivia nos apartamentos que a escola disponibilizava aos funcionários, o que a fez sentir-se isolada, uma vez que «morava um bocadinho fora do centro» e «não achei as pessoas, os franceses, muito acolhedoras; pelo menos, as que trabalhavam na escola». Sentia-se desenraizada da cultura local («Não estive propriamente integrada, não posso dizer que me tenha integrado na cultura, embora tenha feito esforço nesse sentido.») mas, ainda assim, considera que viveu uma experiência positiva que lhe permitiu tornar-se independente. Esta situação de independência a que Sara alude revela a forte ligação com os pais, algo de que só terá tomado consciência depois de se ausentar do país. Finalizada a experiência de trabalho, Sara regressou a Lisboa, cidade onde havia deixado o namorado da altura, o que entende que não ajudou ao processo de adaptação a França. Já em Portugal, deparou-se com a dificuldade de encontrar um emprego dentro da sua área de formação: «Não consegui arranjar nada na minha área, mandei currículos para todo o lado e não consegui. Estava à procura de português para estrangeiros e, de facto, era uma opção que não estava disponível». Tentou associar-se ao Instituto Camões, não só porque buscava um futuro profissional na sua área de formação, mas também pelo valor simbólico que lhe reconhece e pela possibilidade que a associação a essa entidade lhe proporcionaria, no que respeita ao prosseguimento de uma carreira profissional fora de Portugal:

«Um instituto público bastante prestigiado, com um bom nome e, sobretudo, pelas funções - ensinar português a estrangeiros em universidades, lá fora. Era o que eu queria, ir à aventura, ir para o estrangeiro.»

Sara ambicionava pela realização profissional que o trabalho no hotel não lhe proporcionava, apesar de salientar os aspetos positivos dessa fase: «era uma boa empresa onde trabalhar, no sentido em que valorizavam o mérito e a competência». Apesar de ter mudado de função no hotel, passando à condição de secretária, que lhe agradava mais, continuou a tentar outras possibilidades de colaboração com o Instituto Camões. A oportunidade surgiu em setembro de 2008 e levou-a até à Universidade de Provença, onde lecionou português, e também à Universidade de Nice. Recorda que «no início, foi bastante complicado, porque nunca tinha dado aulas na faculdade, o nível era bastante alto». Atualmente sente-se «bastante valorizada lá fora» e esse reconhecimento é, aparentemente, importante para si.

Em 2012 inicia um programa de doutoramento, mas as dificuldades de conciliação entre a esfera laboral e a nova condição estudantil tornaram-se demasiado pesadas. Optou por reduzir a colaboração com o Instituto Camões: «não tinha tempo para outras coisas e decidi não dar tantas aulas». Decide, por isso, não trabalhar a tempo inteiro, passando a tempo parcial, para se poder dedicar também ao doutoramento, mantendo o vínculo contratual com o Instituto Camões, enquanto bolseira, o que lhe permitia dar menos aulas e dedicar-se à investigação.

A investigação de doutoramento não foi um plano estruturado a longo prazo: «não pensava, nem por um único segundo sequer, em continuar o percurso académico. Já tinha feito seis anos [formação de base], queria era trabalhar, queria mais sentir-me realizada nesse sentido». Todavia, o seu pai, um economista que «sempre deu muita importância à parte académica, intelectual», que também foi professor, continuava a incentivá-la a prosseguir os estudos, a seguir para o mestrado e, posteriormente, para o doutoramento. Sara, inicialmente, mostrou-se reticente mas perante o cenário preponderante na academia, em que «se a pessoa quiser ingressar nos quadros ou se quiser um futuro no ensino superior, tem de continuar a estudar», anuiu à vontade do pai. Em França, os seis anos de formação no ensino superior português valeram-lhe uma equivalência ao primeiro ano de mestrado, mas não a eximiram da redação de tese. Quando a concluiu, optou por «fazer uma pausa de um ano, para respirar» e no ano seguinte avançou para o doutoramento. Esse investimento na formação académica, na aquisição de capital cultural institucionalizado tem o propósito muito claro de consolidar a sua carreira de professora:

> «Decidi avançar com o doutoramento porque, de facto, do que gosto mesmo é de ser professora de português para estrangeiros e as hipóteses são muito poucas. Gosto do meu trabalho na universidade, gosto do público adulto e já percebi que para tentar ingressar nessa via tenho de ter o doutoramento concluído.»

Sara vive em França há seis anos. O início deste percurso de emigração foi «mesmo muito difícil, tinha muito trabalho, o nível era muito alto, tinha muitas aulas». O trabalho acumulava-se, deixando-lhe pouco tempo livre para socializar: «acabei por não conseguir integrar-me porque não conhecia ninguém, apenas os colegas de faculdade, que já tinham a sua própria vida, eram pessoas casadas, com filhos». No seu segundo ano na condição de emigrante, este cenário alterou-se. Encontrou tempo para praticar desporto e encetou algumas amizades, embora saliente a parca abertura da cidade onde habita, o que explica uma vida social pouco ativa. Atualmente sente-se integrada na cidade, mas a maior parte dos seus amigos «são estrangeiros; não é que eu não queira estar com os franceses, também tenho amigos franceses, mas identifico-me mais com pessoas que também saíram do país delas para ir trabalhar».

Sara parece ter mais afinidades com pessoas que partilham a sua condição de emigrante do que com os naturais do país de acolhimento, o que possivelmente reflete que a sua integração em França não está totalmente consolidada. O seu atual namorado faz parte desse grupo de pessoas com o qual Sara Lopes se identifica. Federico é italiano e vive em França há quatro anos. Apesar de doutorado, não conseguiu encontrar trabalho no seu país, tal como sucedeu com Sara. Conheceram-se em França e mantêm uma relação há três anos. Federico é professor do ensino secundário. Planeiam passar a viver juntos ainda durante o ano de 2014, o que Sara encara como uma condição que não lhe permite perspetivar um regresso definitivo a Portugal para breve. Apesar de se sentir muito ligada à família, sobretudo aos pais e ao irmão, não equaciona abandonar França e fixar-se em Portugal a curto prazo e as razões que a prendem ao país de acolhimento assumem um cariz plural, que perpassa a esfera dos afetos, expressa na diluição das redes amicais de base e na relação amorosa com Federico, mas que também encontra eco nas precárias condições que Portugal tem neste momento para oferecer: do grupo de amigos da faculdade, a maioria também saiu de Portugal para trabalhar na área de formação, sinal de que o mercado de trabalho nacional não absorve este contingente de licenciados. É um mercado saturado e a situação de recessão representa um óbice ao desejo de Sara voltar a viver em Portugal:

«Há uma falta de confiança enorme. Os serviços de saúde e educação estão todos a piorar. Não é isso que me faz ficar cá fora, mas faz-me pensar duas vezes, ou melhor, esse é um dos critérios que faz com que continue a pensar em ficar.»

Queixa-se da «falta de humanismo» e da ausência de «uma certa compreensão» por parte do sistema social francês; contudo, revela que o rigor e a disciplina não a incomodam, pelo que o seu projeto de vida, por ora, passa por concluir o doutoramento e tentar a docência no ensino superior daquele país.

Não associa a sua condição de emigrante à crise financeira que assolou o país, em 2008, pois nessa altura ainda vivia com os pais e não tinha despesas pesadas a suportar, mas identifica as consequências dessa crise como um fator de inibição ao regresso, na medida em que o mercado de trabalho permanece comprimido: «a crise pode influenciar, e influenciou, o facto de eu não voltar, ou seja, por não haver condições profissionais para voltar». Não obstante, é percetível que a decisão de regresso a longo prazo está tomada e Sara apenas não consegue situar no tempo essa circunstância:

> «Se me perguntassem se gostava de ficar o resto da minha vida em França, diria que não, não gostava de ficar mais vinte ou cinquenta anos. Vinte anos até considero possível, mas cinquenta anos não!»

Sara Lopes licenciou-se numa área científica em que a oferta de emprego em Portugal é escassa. Face às dificuldades de absorção de profissionais dessa área no mercado de trabalho português e impelida pela fabulação de um mundo de fantasia que visualizava na curta experiência emigratória vivenciada pelos pais, quando era ainda criança, projetou na emigração para França a realização profissional que não encontrou na experiência de trabalho num hotel em Portugal. O seu universo de afetos está dividido: no país de origem estão os pais e grande parte dos amigos, sobretudo os escuteiros, com quem passou 18 anos repletos de experiências que a marcaram; em França, o namorado é uma âncora que a impede de zarpar de regresso às origens. Ao mundo das emoções acrescenta-se a frágil e instável situação económica e social que o país atravessa e que contribui para que as amarras a França permaneçam bem escoradas. A biografia de Sara Lopes evidencia um percurso focado na educação, por influência paterna, centrado na construção de uma carreira profissional na sua área de formação, que vem consolidando no estrangeiro. A aposta na realização profissional é predominante na sua vida e não quer abdicar desta dimensão estruturante, ainda que isso implique estar longe do seu país, da família nuclear, dos amigos e do estilo de vida que tinha em Lisboa.

Pedro Alves:
«Já se começa a sentir que [voltar a Portugal]...
it's now or never»

Pedro Alves tem 32 anos e emigrou para Berlim em 2010 para fazer um pós-doutoramento em imunologia e infeção com o objetivo de prosseguir a carreira em investigação. Filho único de pais comerciantes e proprietários, nasceu em Lisboa mas viveu a sua infância e juventude numa localidade próxima de Fátima, tendo privilegiado ainda, no seu percurso no ensino superior, a interioridade, fixando-se na Covilhã. O percurso escolar de Pedro foi relativamente estável sob o ponto de vista das suas opções, já que desde cedo elegeu a área científica por se sentir identificado com esta. Um desejo confesso poderia tê-lo arrastado para a música, embora reconhecesse, em harmonia com a opinião parental, a dificuldade de construir um futuro nessa área. Contudo, a importância da música na sua vida não desapareceria, sendo uma área que mantém ativa, considerando até que ela é complementar ao seu trabalho na investigação pois, por contraponto a esta, permite recompensas imediatas, as quais possibilitam amortecer as frustrações que o trabalho na investigação tantas vezes envolve.

A mobilidade é para Pedro, em certo sentido, sinónimo do seu enorme gosto por viajar e é já no percurso académico que uma primeira oportunidade de estudar na Holanda se concretiza através do programa Erasmus. Após esta experiência e no regresso a Portugal, decide enveredar pelo doutoramento, abrindo-se a possibilidade de o fazer em Harvard, nos Estados Unidos, opção que acaba por escolher. Acaba, todavia, por interromper a experiência e terminar o doutoramento em Portugal. É o seu interesse pela área científica que o faz rumar a Berlim onde se encontra há cerca de quatro anos. Hoje, Pedro, a realizar o seu pós-doutoramento, remunerado e objeto de um contrato de trabalho, admite a dificuldade de regressar a Portugal, até por causa do modo como se organiza o trabalho no campo da investigação; a criação de uma equipa própria, a existir no contexto que decorre do seu pós-doutoramento, pode ditar a permanência na Alemanha, onde vê excelentes condições para constituir família e onde, para além disso, se vê envolvido no movimento associativo (presidindo a uma associação de pós-graduados portugueses na Alemanha, ASPPA, fundada em 2012), em continuidade daquilo que foi no seu percurso uma participação intensa, em diferentes níveis do sistema de ensino, no movimento associativo académico.

Pedro Alves nasceu em Lisboa mas cedo se deslocou com a família para Minde, localidade do interior nas imediações de Fátima, onde viveu toda a sua infância e juventude. É filho único, de pais comerciantes, mas igualmente proprietários, que geriam um supermercado herdado de um seu avô. O pai concluiu o 9.º ano (não tendo avançado mais nos estudos em virtude de dificuldades económicas) e a mãe, tendo feito o 6.º ano no sistema de ensino regular, veio a concluir o 9.º ano no âmbito do programa Novas Oportunidades.

A fixação de Pedro no interior decorreu, numa primeira fase, da deslocação da própria família e é na cidade de Fátima que irá cursar do 2º ciclo ao final do secundário, optando, numa segunda fase, por efetuar a sua licenciatura em bioquímica na cidade da

Covilhã, opção que fundamenta quer pelo facto de o curso lhe oferecer aquilo que pretendia, quer por não querer «ir para uma cidade grande, gostava de viver um pouco o espírito académico». Se, por um lado, manifesta que a vontade de enveredar pela investigação vinha já do 10.º ano, admite, por outro, que na altura vacilou entre esta alternativa e um percurso profissional no campo da música, embora a conselho parental - «os meus pais também acharam que [era uma área onde] não havia muito futuro» – tenha desistido dessa opção enquanto carreira.

Dois aspetos parecem destacar-se nesta passagem e que virão a ser retomados na história de Pedro: por um lado, e para satisfazer o desejo de participar na vida académica (vivendo, ao mesmo tempo, a sua paixão pela música), a vontade de fazer parte de uma tuna, a qual, uma vez que não existia, acabou por ele próprio criar; por outro lado, a forte influência de um conjunto de professores e das suas práticas de docência, que vieram confirmar a sua vontade de vir a trabalhar na área da investigação:

> «Durante o curso na Covilhã houve alguns professores que me marcaram bastante e, se calhar, se hoje trabalho em imunologia foi porque alguns professores que tive nessa área me deixaram o bichinho da investigação... Houve um desafio interessante que eles nos colocaram... que foi... em vez de transmitir a matéria toda, fazer com que as pessoas pesquisassem, com que procurassem uma forma de encontrar a cura para algo. Na altura (...) fui um bocado utópico e então achei que queria encontrar a cura para o HIV, que isso seria uma coisa imediata...»

Embora, à distância, olhe este episódio como um tanto utópico, a capacidade de o levar avante como projeto, mas também a reação muito positiva que teve por parte dos professores acabou por ser determinante e por convencê-lo de que a investigação era efetivamente o caminho que queria seguir profissionalmente. Foi ainda esta temática, aliás, que viria a determinar, mais tarde e numa fase inicial, opções em termos de mobilidade. Esta iniciou-se logo no final do curso, através do Programa Erasmus, na Holanda, o que considera a sua «primeira grande experiência de investigação no local, a mexer, não só a pensar», e que suscitou o desejo de fazer o doutoramento.

O doutoramento ficou marcado por alguns avanços e recuos, nomeadamente sob o ponto de vista da mobilidade. Embora o programa doutoral estivesse sediado em Portugal, o próprio previa, após o primeiro ano, a possibilidade de escolher a área de trabalho e o laboratório onde o investigador pretendia trabalhar. Foi nesse contexto que se apresentaram duas propostas aliciantes, uma em Oxford, Inglaterra, e outra em Harvard, nos Estados Unidos, onde «havia dois bons grupos a trabalhar em HIV». Acaba por se decidir por Harvard, escolha que se baseou na expetativa de «fazer muito mais coisas que não conseguiria, se calhar, fazer em Oxford» (embora admita neste momento não estar tão certo disso), mas não gosta da experiência e regressa a Portugal.

No regresso, transfere-se do Porto para Lisboa a fim de terminar o doutoramento e, no âmbito deste, faz uma parceria com um colega da Faculdade de Farmácia que estudava a tuberculose – «temos um *paper* bastante interessante» – e decide abraçar essa via de estudos:

> «Considerando o estudo da tuberculose na Europa, talvez o melhor laboratório seja este... E, como sempre fui um pouco aventureiro, mandei um *email* a dizer "Quero trabalhar consigo, vou aí, gostava de ter uma entrevista, quero mesmo trabalhar consigo". Basicamente, vim cá à entrevista, fiquei com o lugar e estou já cá [Berlim] há quatro anos.»

Pedro identifica este espírito aventureiro nos seus genes, já que os próprios pais também viajam, «quase que fugiram de casa os dois juntos porque têm esse espírito, também». Embora sendo filho único, o que poderia dificultar a decisão de estar distante, sente o apoio dos pais nas suas decisões – «veem que a nível profissional é uma boa oportunidade que tenho» – e, por outro lado, reconhece que, hoje, com o recurso ao Skype, é relativamente fácil falar e ver as pessoas todos os dias. Por outro lado, a relativa proximidade geográfica de Berlim permite-lhe deslocar-se à casa paterna com frequência – «vou no mínimo quatro vezes por ano a Portugal» – devido também à sua situação contratual no laboratório em Berlim, o que o leva a estabelecer comparações com a realidade vivida pelos bolseiros em Portugal:

> «Essa é uma das grandes diferenças... entre aqui e Portugal, não é? Em Portugal (...) é tudo exclusivamente com base em bolsas. Se a pessoa acaba a bolsa não tem nada, não é? Não está a descontar para a Segurança Social, nem para a reforma, e aqui tudo isso é diferente. (...) [O salário] aumenta todos os anos, que também é outra vantagem que em Portugal não existe... Durante o meu doutoramento nunca fui aumentado. E acho que nos últimos dez ou quinze anos nunca fui aumentado. (...) Aqui, quando comecei, recebia à volta de 2000 euros. E atualmente está em 2550, 2560 euros...»

A relativa estabilidade contratual – Pedro renova o contrato de dois em dois anos, um deles está prestes a terminar e, segundo o próprio, «pelo que sei, vai ser renovado» – mas igualmente as condições de trabalho, ou seja, tempo integral dedicado à atividade de investigação (ainda que assegure a coorientação de dois estudantes de doutoramento), bem como a equiparação a uma situação de contrato de trabalho, com descontos, permitem encarar o futuro com alguma tranquilidade e, ao mesmo tempo, realizar o seu pós--doutoramento em condições de excelência. Por outro lado, o relativo desafogo no orçamento familiar é também explicado pelo custo de vida em Berlim que, «por incrível que pareça», é inferior ao de Lisboa. Quer na habitação e nas despesas mensais (água, energia, etc.), quer nos bens alimentares, a diferença é notória:

>«Trabalhei muito tempo no supermercado [dos meus pais] quando era miúdo e ainda tenho presentes alguns preços. Costumava dizer ao meu pai: "Isso é muito mais barato aqui". E o meu pai respondia: "Não, simplesmente ganhas mais e tens a sensação de que é mais barato". Então, quando vieram cá, uma das primeiras coisas que o meu pai disse foi que ficou pasmado com os bens de primeira necessidade porque eram muito mais baratos.»

O quotidiano de Pedro parece espelhar um enquadramento sereno, em termos da mobilidade, na sociedade de «adoção», quer pelas condições de que dispõe, quer pela integração (quase) plena que sugere. Não será estranha a esta imagem, num primeiro momento, a companhia da namorada que, após terminar o doutoramento em Portugal, foi viver com ele: «tem a posição, não tem dinheiro neste momento. Está a concorrer a financiamento, no próximo mês deve sair o resultado e a ideia é ficar mais dois anos, pelo menos». Por outro lado, e embora tenha amigos espalhados pelo mundo inteiro – como ele próprio afirma, «porque já vivi em vários sítios» – e reconheça que «os verdadeiros amigos são os amigos quase de infância», cujo contacto não se perde, já criou uma rede de amigos em Berlim, «na sua maioria portugueses»; reconhece que na área da ciência e devido à «enorme rotatividade», as relações são difíceis de manter e, por outro lado, entre portugueses «há uma barreira que já não é preciso quebrar, (...) já temos um passado comum». Residirá aí, provavelmente, a explicação para o seu envolvimento numa associação, que ajudou a fundar, de pós-graduados portugueses na Alemanha, ASPPA, e da qual é presidente:

«Gosto porque, enfim, também já faz parte do meu passado. Fundei a Tuna, fundei bandas, também fundei o Núcleo de Estudantes de Doutoramento da Faculdade de Medicina de Lisboa, de que fui o primeiro presidente. Já é uma coisa que mexe comigo, uma coisa de que gosto... Acho que se lutarmos em conjunto lutamos melhor do que sozinhos. Gosto dessa parte e acho que está a ser um sucesso aqui...»

Esta veia colaborativa e associativa permite-lhe manter uma relação com o país de origem (e com associações congéneres noutras partes do mundo), designadamente através dos órgãos de representação do Estado português na Alemanha, mas igualmente valorizar a participação dos portugueses na sociedade alemã:

«O embaixador tem sido incansável connosco. Temos conseguido tudo o que queríamos, já tivemos reuniões com eles, já fomos ter reuniões à Embaixada, já tivemos jantares com ele... para de uma forma mais informal tentar que ele perceba o que é que nós precisamos da Embaixada e, por outro lado, nós também percebermos o que é que podemos dar à Embaixada e tentarmos trabalhar em conjunto. Não de uma forma partidária, mas para mostrar uma certa imagem de Portugal na Alemanha.»

É a vivência já diversificada por diferentes sociedades que lhe permite perceber até algumas afinidades com a sociedade alemã e com os alemães, com uma certa forma de ser e de estar que não encontrou, por exemplo, na sua passagem pelos Estados Unidos:

«Nos Estados Unidos [senti] um pouco [de discriminação]... Aí já senti um pouco mais. Mas eu sou um pouco anti-sociedade americana: o que tenho para dizer, digo, sou frontal... Aqui isso funciona porque os alemães dizem-nos na cara... Se acharem que está mal, dizem-nos "isto está mal". Pode ser da forma mais rude possível, mas passados cinco minutos está tudo bem. Porque foi dito, está esclarecido. (...) Quanto à facilidade de fazer amigos americanos... Era muito mais difícil do que fazer amigos alemães.»

Por outro lado, não sente na Alemanha qualquer tipo de discriminação relativamente aos portugueses, embora admita que em algumas zonas mais conservadoras se possa cultivar o estereótipo do português que não se deixa governar, «e depois os alemães têm de estar a pagar o que nós [portugueses] estamos a fazer». Mas considera que, a nível do país, isso não existe, «o que é bom porque temos caminho para andar».

Os diversos interesses de Pedro parecem ir pautando a sua vida quotidiana, do mesmo modo que não parecem beliscados pela situação de mobilidade. Ao nível do trabalho, faz questão de manter relações com instituições científicas portuguesas, o que em grande parte se deve ao forte incentivo que é dado pelo programa doutoral à criação de redes:

«Podemos estar em Portugal mas ligados a uma pessoa que está nos Estados Unidos e temos acesso às mesmas coisas. (...) Uma das coisas que sempre fiz foi manter os contactos abertos, sempre as portas abertas, não se pode fechar nada. E sempre que vou a Portugal, contacto pessoas com quem trabalhei e vou às instituições.»

Este mesmo espírito move Pedro na sua atividade musical, que nunca abandonou. É a sua «outra comunidade de amigos» em torno do mesmo interesse específico. Desde tenra idade – estudou piano desde os cinco anos e música clássica até aos quinze – foi gradualmente descobrindo o seu "filão" musical, construído a partir da curiosidade que sentia nesta área:

> «Desde os doze achei que a música clássica não era bem aquilo de que eu gostava mais e inclinei-me sempre um pouco mais para o rock, jazz... Depois, quando fui para a Faculdade, aprendi a gostar muito de música tradicional portuguesa, fundei a Tuna. Gosto da fusão e, nos sítios onde vou, tento aproveitar sempre para aprender um pouco da música local, o que passa a ser uma influência. Quando fui para os Estados Unidos estudei jazz (...) depois vim para aqui e formei uma banda com outras pessoas... Foi engraçado porque nenhum de nós era alemão. Era um malaio, eu, um austríaco e outro português.»

A situação de mobilidade de Pedro não se circunscreve a uma oportunidade de estudo e/ou trabalho, pelo contrário, outras componentes da sua vida parecem estar em situação igualmente privilegiada e, num certo sentido, a sua experiência dá expressão a uma conceção de cidadania universal que lhe permite vivenciar estas outras componentes da sua vida onde quer que se encontre. Tocar, fazer música é o importante, e se um projeto musical termina porque elementos da banda se deslocaram para outras paragens, novo projeto musical toma o seu lugar, com novos elementos. Mantém-se uma atividade permanente: é possível trabalhar nessa área porque as condições existem – alugar um estúdio em Berlim é acessível – fazem-se *tournées* na Alemanha e fora do país, ou seja, constrói-se todo um mundo de significados que não gravita, necessariamente, em torno do trabalho. Haverá mesmo, nas palavras de Pedro, uma forte complementaridade se não mesmo uma sintonia entre música e ciência; complementaridade no sentido em que a obtenção mais imediata de resultados na área musical compensa, por assim dizer, o facto de essa relação ser diferida no tempo, no caso da atividade científica; sintonia no sentido em que são ambas atividades que apelam a um grande investimento criativo, promovendo inclusivamente o debate sobre o que vem a ser a produção, seja ela musical, seja ela científica, segundo um ponto de vista muito popperiano:

> «O verdadeiro cientista tem de saber uma coisa desde o início: tem de saber lidar com a frustração. (...) E a diferença na música é que a recompensa é imediata. Nós estamos a tocar, as pessoas gostam ou não gostam, mas é imediato. Então acho que essas duas coisas se complementam. Por outro lado, têm uma coisa em comum que é a criatividade. Acho que é muito importante ter criatividade na ciência e ter criatividade na música, assim como não ter medo de arriscar. (...) Eu gosto de pensar que na ciência nada é errado até se provar o contrário. (...) Tudo é possível, até eu conseguir demonstrar o contrário. Se eu não conseguir demonstrar o contrário é porque aquilo é verdade. Então, tenho sempre essa abertura de espírito e na música também. Por isso é que misturo vários estilos.»

Esta aparente dispersão por um conjunto diversificado de interesses não deixa de incluir, ainda, uma relação de grande afinidade com a sua cidade de adoção – «gosto muito de andar de bicicleta e Berlim é a cidade perfeita para isso» – também devido à diversidade da oferta cultural: «assim haja dinheiro porque podemos ir todos os dias a muitos concertos». Mas não afasta, por outro lado, o gosto lusitano pelo futebol e a identidade clubista, pretexto para a socialização com amigos portugueses. Pedro parece escapar, no seu quotidiano, à apreensão gerada pela incerteza do futuro. Não se inclui entre os que se «viram obrigados a emigrar», como se diz, porque o fez de livre vontade, mas pesa prós e contras e admite que, até pela vinda da sua namorada, mas também por questões profissionais – está planeada para breve a publicação de dois trabalhos seus, possivelmente determinantes para a sua carreira, – a aposta agora é na Alemanha, o investimento a fazer é no quotidiano que aí construiu. Reconhece, não obstante, que gostaria de regressar a Portugal após esses dois anos, pois, como afirma, «já se começa a sentir que... *it's now or never*». Entende, no entanto, que, se se criarem as condições de trabalho que ambiciona – «ter o meu próprio grupo de investigação» – e se estas não passarem por Portugal, dificilmente regressará. A perspetiva de criar família e ter filhos, se bem que apele sempre à saudosa cultura lusitana, «não é aquilo que me faria mudar já para Portugal». Admite até que a Alemanha é um país ideal para ter filhos, dadas as condições económicas, «a segurança e as condições todas que os miúdos têm aqui». Olhando Portugal a partir de Berlim, reforça uma opção de tentar ver as coisas por uma perspetiva positiva, entendendo que este fluxo migratório, particularmente a emigração qualificada, «poderá ser bastante boa para o país»:

> «Se nos mantivermos unidos, como rede. Porque nem todos vão voltar, nem todos querem voltar, mas a imagem do país cá fora poderá beneficiar bastante e os que voltarem manterão os contactos que fizeram... Os que estão fora vão também trazer grandes vantagens para o país.»

Esta perspetiva positiva das coisas desconstrói, de certo modo, o tom alarmista da emigração ou o que ela pode simbolizar em termos de desinvestimento do país nos seus próprios cidadãos. A Europa surge como espaço alargado de pertença, embora reconheça que o sentimento de ser emigrante se manifesta, por exemplo, na diferença entre as culturas – portuguesa e alemã – ou na distância da família mais próxima, dos amigos que o ligam às raízes da terra.

No entanto, a Alemanha apresenta-se como um espaço aprazível, até porque, «como disse, não há o estigma do português, acho que até, se calhar, é ao contrário, que somos bem vistos».

Pedro parece reproduzir, de algum modo, o estereótipo do emigrante de outras vagas migratórias, admitindo pragmaticamente «adotar» um outro lugar para se fixar profissionalmente e aí construir a sua vida, mas sem perder de vista a ligação a Portugal: no futuro, tenciona investir no seu país, pretende adquirir a sua própria casa, independentemente do rumo que a sua vida possa entretanto tomar. A vinculação associativa, por outro lado, deixa antever a ideia de comunidade portuguesa, de uma integração no novo contexto que não dilui, por essa razão, valores e referências culturais marcantes na sua educação, designadamente os laços de solidariedade e o sentimento de pertença, tão essencial a alguém que se encontra numa situação de emigração e de mobilidade:

> «Se as pessoas precisarem de saber o que é que têm de fazer, nós também ajudamos nesse aspeto. E quando chegam cá passam logo a conhecer, se calhar, cinquenta ou sessenta portugueses, o que é logo uma ajuda. Estão em casa novamente.»

EMIGRAR PARA TRABALHAR NOUTRO PAÍS EUROPEU

João Pais:
Berlim: diversidade e energia – o ambiente ideal
para uma carreira na música

João vive desde 2002 na Alemanha, país que escolheu para desenvolver a sua formação académica na área musical e o seu percurso profissional.
Nascido em 1976, foi em Lisboa que iniciou o seu caminho pelas notas musicais. Desde os onze anos que estuda música, nomeadamente piano e violino, tendo tido também experiência como corista, atividades incentivadas pelo seu agregado familiar, escolarizado com alto capital cultural. Formou-se em composição e música eletrónica, primeiro na Escola Superior de Música de Lisboa (1996-2000), depois, durante um ano (1998--1999), no Royal College of Music, em Londres e, por fim, na Escola Superior de Música de Freiburg (2002-2005), para onde se deslocou com uma bolsa de mestrado da FCT.
A decisão de sair de Portugal, realça, deveu-se, realmente, a fatores formativos e não foi fruto da crise económica, que se instalou mais tarde: «foi pelo desejo de aprender mais». Em 2002 ruma a Freiburg. A vontade de viver numa cidade maior que fosse ao encontro das suas aspirações económicas, profissionais, de lazer e cultura levaram-no a mudar-se para a capital, em 2006, cidade onde vive atualmente num apartamento partilhado com um casal amigo (ele canadiano e ela israelita). É especialista em música eletrónica, debruçando-se sobre a «música erudi-

ta contemporânea» e a «música *performance*». Trabalha como «compositor, músico, mas também programador, copista, às vezes professor, também curador» e *performer*. Basicamente, atua «dentro das competências que a formação permite».

Começou a trabalhar de forma independente, sendo a atividade de copista a que lhe proporcionava grande parte dos rendimentos. Tem presentemente um contrato por tempo indeterminado numa empresa de notações, função onde se sente realizado. O regresso ao país natal não está, por isso, nos seus planos, assim como não estão investir em Portugal ou enviar remessas. Não obstante, acompanha o desenrolar dos acontecimentos, mostrando-se preocupado com as consequências futuras que a emigração e, em particular, a emigração qualificada acarreta, fruto de um país «amarrado a forças exteriores que não pode controlar. (...) Será possível fazer alguma coisa antes que seja tarde demais?»

João Pais, um lisboeta de 37 anos, tem na música a sua paixão e desde tenra idade que a arte lhe corre nas veias. Oriundo de uma família com elevado capital intelectual e cultural (o pai é médico de clínica geral e a mãe era professora de artes visuais no ensino secundário, dedicando-se, agora, apenas à sua atividade como pintora), as atividades culturais extracurriculares eram uma constante, desde logo no que concerne à área musical: começou a estudar música aos onze anos, iniciando-se no piano e no violino e foi também corista, experiência que reconhece: «me marcou no meu modo de fazer música». Salienta, ainda, a influência que o Mestre José Robert, com quem estudou direção coral e a quem, indiretamente, já estava ligado por intermédio da mãe («Já a minha mãe trabalhava com ele.»), teve na sua escolha pelos trilhos musicais. A decisão de fazer da música a sua atividade principal surgiu, assim, de uma forma natural: «Quando comecei a estudar música, com onze ou doze anos, (...) vi que a aptidão estava bastante presente e depois deixei-me explorar». Até ao 11.º ano de escolaridade frequentou o ensino «normal», frequentando simultaneamente as aulas de música, mas, nessa altura, mudou de curso e ingressou na Escola de Artes do Estoril. Continuou o seu percurso na Escola Superior de Música de Lisboa (1996-2000), onde estudou composição e música eletrónica e durante um ano (1998-1999) esteve no Royal College of Music, em Londres, aprendendo de perto com Jeremy Dale Roberts.

Com um currículo académico de sucesso, o seu empenho na música não se esgotava neste círculo. Durante o período de aprendizagem, juntamente com os colegas Diana Ferreira e Luís Antunes Pena, João fundou e dirigiu, de 1997 a 2001, o Festival Jornadas Nova Música, em Aveiro. Logo após terminar o curso, lecionou música na Escola Profissional de Almada, mas a vontade de aprender, evoluir e explorar o que a música ainda tinha para dar levou-o a decidir sair do país:

> «Depois de acabar o bacharelato em Lisboa, queria continuar a estudar mas não em Portugal. Era minha opinião que já não havia muito a aprender, a não ser que fosse para obter diplomas, que também é importante mas não [era o que queria].»

O fascínio pela música e cultura alemãs estava patente, pelo que João começou a procurar e a tentar informar-se sobre alguns aspetos importantes que encontraria na Alemanha, mas também na Áustria e na Suíça: «sobre as ofertas das escolas, (...) a informar-me quem é que correntemente estava em cada escola, quanto tempo ia lá estar e o que cada cidade também tinha para oferecer». No final, pesados os prós e contras, a escolha recaiu sobre a Alemanha e, em particular, sobre a cidade de Freiburg.

Começou a aprender a língua e em 2002 partiu para a Alemanha, onde iniciou o mestrado na Escola Superior de Música de Freiburg (2002-2005), com uma bolsa FCT que, considera, foi uma grande ajuda, uma vez que tinha de se sustentar:

«Tive apoio de mim próprio, porque, com sorte, também consegui imediatamente apoio da FCT. (...) Nessa altura, o sistema funcionava de outra maneira. Era tudo mais estável e é também a vantagem de estar no estrangeiro: o montante da bolsa é diferente do que é em Portugal. (...) Mas comparando também aqui com a Alemanha, claro que ajudou bastante, é um facto.»

Apesar de não contar com o sustento financeiro dos pais, João salienta que o apoio e o incentivo foram algo sempre presente, quer na sua decisão de escolher a música como caminho, quer, posteriormente, na sua decisão de sair de Portugal e rumar à Alemanha:

«Desde que estudo música, apoiaram-me sempre. Claro que eles prefeririam que eu estivesse lá perto, mas, fosse qual fosse a minha decisão, sempre me apoiaram. Por isso, aí também tive muita sorte, porque não tive de enfrentar nenhuns entraves.»

Na Alemanha, destaca o seu orientador como figura importante no seu trajeto musical. O seu interesse debruça-se sobre a «música erudita contemporânea» e a «música *performance*», sendo especialista em música eletrónica. De 2003 a 2004 foi, inclusivamente, tutor do estúdio de música eletrónica na Universidade em que estudava.

Complementarmente à bolsa, João iniciou a sua atividade como copista, mantendo-a mesmo depois de ter deixado de estudar, trabalhando de forma independente «para várias editoras, compositores e também para uma firma de notação em Berlim», com quem teve uma intensa colaboração. Esta atividade, afirma, representava grande parte do seu sustento. Hoje vive em Berlim. Apesar de ter gostado de viver em Freiburg, estava na hora de se deslocar para uma cidade maior e que fosse ao encontro das suas necessidades económicas, profissionais e de lazer e cultura. Assim, em 2006 mudou-se para a capital alemã:

> «Freiburg é uma cidade pequena, tem muita oferta cultural e outras coisas interessantes. Está a meia hora da Suíça ou de França, a uma hora e pouco da Áustria, mas é uma cidade pequena. Para além do que isso implica em termos de mentalidades, também a rede cultural é um pouco conservadora. Vinha de Lisboa e queria voltar a uma cidade maior; então Berlim foi a melhor escolha, tanto devido a questões práticas, uma vez que tem um custo de vida muito baixo, mas também porque em termos culturais tem uma vida muito dinâmica, muito intensa em qualquer área. Todas as noites acontecem quatro ou cinco concertos de *performance* diferentes. (...) Vão desde uma apresentação num espaço cultural até a um tipo sentado com um *laptop* num bar, a beber cerveja e a fazer música. E ao mesmo tempo também há três casas de ópera, de harmonia, casas de concerto, orquestras. Isso na área da música. Depois também há dança, muito teatro, muitos museus, cinema, praticamente tudo.»

Profissionalmente, atua «dentro das competências que a formação permite», como «compositor, músico, mas também programador, copista, às vezes professor e ainda como curador» e *performer*:

> «Como *performer*, trabalho essencialmente em função de convites: de alguma instituição que pretenda apresentar um

concerto, seja uma sala de concertos ou uma associação, ou mesmo por iniciativa própria, em que me proponho de forma espontânea a um espaço. Como programador, estou principalmente ligado ao desenvolvimento de *software* para multimédia, mas mais aplicado à música, que é a minha formação. Por exemplo, *software* para instalações ou então programas para algumas peças que necessitam de suporte informático, uma atividade em que normalmente presto serviço aos próprios artistas. Como professor, neste caso não para escolas, mas mais para *workshops* ou atividades pontuais.»

Não obstante, aquando desta entrevista, tinha começado a trabalhar, havia poucos meses (fevereiro 2014), para uma das empresas em Berlim à qual anteriormente prestava serviços de forma independente. Trata-se de uma empresa de notações, «fazem reparação de material musical, principalmente para editoras». João trabalha agora por conta de outrem, com um contrato por tempo indeterminado. Admite que se está a adaptar a esta nova organização laboral, trabalhando 30 horas semanais mas que, obviamente, é uma situação que lhe proporciona alguma estabilidade. Salienta, porém, que essa segurança é sentida não só devido ao carácter do seu vínculo contratual, mas também às pessoas com quem trabalha. Já trabalha com elas há sete anos e, como refere,

«Sentimos o contacto tanto profissional como pessoal. Eu já fui a festas em casa deles, assim como eles já vieram a festas a minha casa, por isso, ainda que o contrato tivesse data de término, não me sentiria menos seguro por causa disso, mas isso deve-se também a esta situação em particular. Claro que um contrato de quatro anos e um contrato por tempo indeterminado são duas coisas completamente diferentes.»

A tradicional separação entre a esfera profissional, do trabalho, e a esfera pessoal, do lazer e relações amicais, não se aplica no caso de João. A sua rede de amigos tende a cingir-se ao meio artístico onde circula. Conhece pessoas de várias nacionalidades, realidade própria desta cidade e do mundo artístico e cultural:

> «[São] bastante diferentes, desde a pessoa com quem partilho a casa, que é também um compositor canadiano e tem uma namorada israelita, até às pessoas com quem trabalho no escritório: um alemão, um inglês/polaco, uma italiana e uma rapariga de Barcelona. São de nacionalidades muito diferentes.»

Os amigos são, por isso, fruto da mescla entre os universos profissional e pessoal, o que, admite, se deve à forma como se relaciona:

> «As pessoas que eu mais conheço ou com quem estabeleço maior contacto acabam por ser as que eu encontro em contexto de concertos, ou em contextos artísticos e não num bar ou numa discoteca, ou nalgum sítio desse género».

Em Portugal, as relações são cada vez mais ténues. Tem alguns amigos que contacta «não muito regularmente» e outros saíram do país, como, de resto, também aconteceu com o seu irmão, que está em Londres. A irmã continua em Portugal. Alguns dos seus amigos mudaram-se para a mesma cidade e são seus vizinhos. João vive agora num T2, que partilha com o casal amigo, e afirma que as suas condições de vida são boas, conseguindo poupar algum dinheiro e investir num PPR, na Alemanha, para o qual desconta todos os meses: «Para o meu estilo de vida, quer dizer, solteiro, sem família, sem outros encargos para além de mim próprio, sim.

É suficiente para ter um estilo de vida simples». Em Portugal, não pensa em investir ou enviar remessas. Comprar casa não faz parte dos seus planos, nem na Alemanha, nem em Portugal, não só porque, «é uma questão geracional», mas ainda porque, conforme afirma: «não sei se seria possível com o meu rendimento poupar o suficiente para construir algo». A relação com Portugal, contudo, não está ausente. Além das férias «típicas de emigrante, no verão e Natal», mantém esporadicamente algumas colaborações a título profissional: «a última foi, por exemplo, na Guarda, a convite do Conservatório e da professora Diana Ferreira, onde dei um concerto de finalização com *workshop* no Teatro Municipal». Por outro lado, lê os jornais e blogues de forma a manter-se informado sobre o que se passa no país de origem. Confessa-se preocupado:

> «[Com] o retrocesso civilizacional, em qualquer aspeto, que tem acontecido nos últimos anos, facto já provado estatisticamente. Preocupa-me bastante que futuro é que um país pode ter assim. Pergunto-me se ainda conseguirá construir um futuro ou se ficará eternamente amarrado a forças exteriores que não pode controlar. E, por outro lado, também me preocupa não só Portugal, mas também o modelo feudal europeu, que se está a desenvolver nesse sentido. Será possível fazer alguma coisa antes que seja tarde demais?»

Destaca no seu discurso as várias privatizações que foram feitas mas, ao mesmo tempo, as parcas condições de trabalho, nomeadamente para os artistas, como situações problemáticas. Comparando com a realidade na Alemanha, salienta:

> «Aqui na Alemanha existe algo que não existe em nenhum outro país, que é a segurança social para artistas. Por um lado, é o contrário do que acontece em Portugal, é indexado à estimativa do rendimento anual de cada pessoa, e por outro

lado, o Estado acaba por funcionar como um patrão (...) de forma que o artista paga metade do valor correspondente e o Estado paga a outra metade.»

A emigração é por isso entendida como «um dos fatores que a longo mas também a médio, ou até mesmo a curto prazo, acabam por destruir o país, porque basicamente estamos a oferecer mão de obra qualificada a outros países, principalmente à Alemanha».
Além de considerar que é um fenómeno que hipoteca o futuro das próximas gerações, a perda de capital humano altamente qualificado significa uma perda do investimento público que dificilmente será recuperável. Considera-se emigrante, apesar de reconhecer que na União Europeia as fronteiras estão diluídas, tanto em termos das nacionalidades, «em termos políticos, porque estamos na União Europeia, mas também em termos sociais e pessoais» com as facilidades de contacto proporcionadas pelas novas tecnologias da comunicação. A permanência em Berlim é para já uma certeza. O regresso a Portugal aconteceria apenas por «razões pessoais muito fortes». Os motivos profissionais não serão, na sua perspetiva, razão para regressar, até devido à sua área de atuação («Não serei, com certeza, a primeira pessoa a ser considerada, caso haja alguma necessidade de alguém como eu em Portugal.»). A crise, os fatores económicos e profissionais não foram o mote da sua saída, mas serão, com certeza, preponderantes para o seu não regresso.

Raquel Antunes:
Da psicologia em Portugal para a dança na Alemanha

Raquel tem 26 anos, aquando desta entrevista, e vive em Essen, Alemanha, há dois. Natural do Porto, por lá concluiu o mestrado em psicologia, na Faculdade de Psicologia e Ciências da Educação da Universidade do Porto (2010). Mas Raquel alimentava uma paixão: a dança. Com um pé no doutoramento em psicologia, Raquel resolve começar «do zero»: em 2012 inicia a sua segunda licenciatura, desta vez em dança, na Folkwang University of Arts, na Alemanha.

O salto foi dado através do INOV-Art, programa do Ministério da Cultura em 2010/2011, primeiro para o Brasil e depois do Brasil para a Alemanha. A sua personalidade independente e algum conforto financeiro que tinha, resultante do programa, ajudaram-na no desafio de informar os pais de que iria seguir o seu sonho. Assim, tal e qual a menina que aos cinco anos quis experimentar piano, nunca mais deixou o mundo das artes.

Numa «ilha» de artistas, vive uma realidade alemã muito específica, onde a multiculturalidade impulsiona a entreajuda.

A sua realidade é tão única que talvez por isso Raquel não se imagine lá a viver, caso daqui a um ano, quando terminar o curso, não tenha a oportunidade de continuar a dançar. Afinal, foi para isso que deixou o país natal: para seguir o seu sonho. Por isso, desde que haja sol, Raquel correrá diferentes cidades, em diferentes países.

Perfeitamente integrada numa realidade bem diferente da portuguesa, esta bailarina não se limita a dançar: dá aulas de português, faz trabalho de apoio a estudantes estrangeiros, espetáculos ao fim de semana e ainda tem tempo para pertencer à Associação de Estudantes da faculdade.

Apesar de todas as mudanças por que passou, há algo que considera irrefutável: o curso de Psicologia foi uma mais-valia, quer a nível profissional, quer como pilar para perceber e aceitar muitas situações novas com que se deparou na dança. Agora, está na hora de investir na arte que respira e, quem sabe, daqui a muitos anos, quando o corpo começar a preguiçar, volte a dedicar-se à sua formação base de psicóloga.

Raquel Antunes nasce no Porto em 1987. Passados cinco anos protagoniza uma nova estreia, desta vez ingressando no mundo das artes, algo que iria ditar o rumo da sua vida adulta. Filha de mãe com grande ligação ao mundo académico (vice-reitora da Universidade do Porto) e pai professor aposentado, nada fazia prever que a arte lhe correria nas veias. Piano é a sua primeira experiência, uma experiência que perdura até aos 20 anos. Entretanto, foi dançando de arte em arte: integrou o coro e orquestra do Colégio da Nossa Senhora do Rosário (Porto) do 5.º ao 8.º ano de escolaridade, mas foi aos oito anos que se iniciou no *ballet* e desde então nunca mais parou: «Andei na escola de dança Pirmin Treku, no Centro de Dança do Porto, andei em quase em todas as escolas de dança no Porto. Cheguei e ter aulas privadas com bailarinos».

Aquando desta entrevista, Raquel encontra-se a concluir o 3º ano da licenciatura de dança, na Folkwang University of Arts, na Alemanha. Na verdade, esta é já a sua segunda formação académica. Em 2010, Raquel termina o mestrado em psicologia, na Faculdade de Psicologia e Ciências da Educação da Universidade do Porto. Excelente aluna, entra na faculdade com média de 19,5 valores e atribui grande parte da influência aos pais e irmãos pela inspiração que foram para ela durante todo o seu percurso escolar:

> «Era em casa que eu tinha os maiores exemplos, as maiores influências; lembro-me de chegar à faculdade e perceber que aquilo era ensino. Porque, realmente, estava habituada a pessoas que falavam comigo desde os seis anos como se eu fosse uma aluna universitária, que não me mandavam fazer coisas, mas esperavam que as coisas aparecessem feitas. Lembro-me de, na primária, a minha mãe perguntar: "Já está tudo estudado?". A minha mãe nunca foi estudar comigo, isso era impensável. Os meus irmãos eram mais velhos, era assim que se comportavam e eu copiava esse comportamento. (...) Era a mais pequena e queria aprender, queria fazer como eles faziam.»

E podia não ter ficado por aqui, já que ingressou no doutoramento com bolsa. Mas o gosto pela dança foi mais forte e acaba por recusar a bolsa de doutoramento e ingressar no programa do INOV-Art, estágio profissional da Direção Geral das Artes, do Ministério da Cultura, realizado entre 2010 e 2011. Quatro meses de estágio no Brasil e três na Alemanha. Apesar de considerar que este programa é «provavelmente o melhor programa de apoio a artistas que Portugal já teve, mais justo e mais abrangente», a experiência não correspondeu às expetativas. Habituada a dançar três horas por dia no Porto, na companhia onde fez o estágio não havia aulas que pudesse frequentar, não havia estrutura, não podia contactar com bailarinos profissionais nem fazer tudo o que Raquel ambicionava. O sentimento de retrocesso era justificado. Por outro lado, foi este programa que lhe permitiu dar o salto para a Alemanha. Uma gravação entregue a um coreógrafo bastou para que a bailarina ingressasse numa *tournée* pela Alemanha juntamente com uma colega brasileira. Antes de voltar a pisar solo lusitano, Raquel ainda passou pela Suíça para realizar um pequeno estágio de um mês, fruto de um contacto estabelecido com uma companhia.

Do Brasil é encaminhada para a companhia de um ex-bailarino da Pina Bausch que a ajudou a tomar consciência da importância de se formar na área:

> «Ele disse-me que, realmente, não era muito fácil para uma mulher trabalhar em dança sem ter estudado dança numa escola com um mínimo de reconhecimento internacional, que ser estudante na Alemanha tinha muitas regalias sociais – que tenho, efetivamente – e que a maneira mais fácil de começar a trabalhar era como estudante. Fiquei e realmente constatei que era essa a realidade: começar a trabalhar em dança é mais fácil quando se começa sendo estudante.»

A decisão estava tomada: iria voltar ao primeiro ano de uma nova licenciatura para seguir o seu sonho. Para os pais, esta não foi uma decisão fácil de aceitar, mas o carácter independente de Raquel e o conforto financeiro que o INOV-Art lhe proporcionou foram pilares importantes para seguir o seu destino:

> «Na altura tinha inclusivamente ainda algum dinheiro do INOV-Art guardado, e é muito difícil dizer que não a uma pessoa depois de ela ter saído de casa e estar oito meses fora - porque eu estive mais de oito meses fora. Nessa altura, já se fez tantas escolhas de forma independente, também não eram eles [os meus pais] que iam dizer: "Não, não faças isso". E não puseram nenhum obstáculo, não me disseram: "Se fores, não te vamos apoiar".»

Ao contrário da resignação inicial dos pais de Raquel, os seus professores encararam com entusiasmo a decisão. Ainda hoje, quando vem a Portugal ou por Skype, colabora com eles em alguns projetos na área da psicologia.

Quanto aos amigos, metade deles seguiram o mesmo percurso de Raquel: uns no Brasil, outros por terras angolanas e outros em Inglaterra. Em Portugal, as ligações afetivas vão-se evaporando por outros continentes que oferecem soluções a quem se disponibiliza a viajar em busca da realização pessoal e profissional.

Raquel não se arrepende do percurso realizado na área da psicologia. Esta continua a ser uma área pela qual se interessa e à qual admite voltar:

> «Posso ser psicóloga até aos 70, mas não posso ser bailarina até aos 70, não faço tenções de ser bailarina para sempre. O que me assustou quando acabei o curso foi a ideia de que ia fazer isso durante os próximos 40 anos, o que me pareceu que seria frustrante... Sei que, daqui a dez anos, especialmente se tiver um ou dois filhos ou mesmo mais, o mais provável é ter de fazer uma transição, e a minha ideia é voltar a ser psicóloga nalgum momento futuro. O contrário, no entanto, é algo que não poderia fazer: ser agora psicóloga e daqui a dez anos ser bailarina.»

Na verdade, considera até que ambas as áreas têm bastantes semelhanças, referindo mesmo alguma colaboração entre as duas disciplinas:

> «Quase todos os bailarinos contemporâneos, que são também criadores de alguma maneira, leem, refletem sobre temas relacionados com a filosofia, a psicologia ou a sociologia, porque são os temas que têm a ver com a natureza humana...

Coreografar, trabalhar, dar *input*, tudo isto tem que ver com psicologia. Há muitos projetos para os quais sou contactada por ser psicóloga. Na dimensão artística também.»

Mas é a dança sobretudo o que ocupa o dia a dia desta portuguesa em terras germânicas. Sobretudo, mas não só. Embora na Alemanha o dia tenha 24 horas, o dia de Raquel parece ter o dobro, já que está envolvida numa série de projetos e atividades exteriores à licenciatura: dá aulas de português na universidade e aproveita o maior número possível de oportunidades para participar em projetos, festivais, residências artísticas. A facilidade de trabalhar no mundo da dança, bem como as oportunidades que foram surgindo, refletem uma integração bastante rápida por parte desta trabalhadora-estudante:

«A pessoa tem de entrar no sistema. A partir do momento em que se é estudante na Folkwang, beneficia-se de uma rede da qual a companhia Pina Bausch faz parte e que permite o acesso a projetos, portanto, há toda uma rede de bailarinos e festivais que quando têm projetos pequenos procuram estudantes da Folkwang, porque sabem que os profissionais não estão tão interessados, tratando-se de colaborações de apenas uma semana. (...) Esse tipo de coisas são mais trabalhos de estudantes. E as residências dependem muito, a minha integração nalgumas coisas foi facilitada porque tenho um namorado alemão, o que faz realmente muita diferença.»

Raquel conheceu o namorado mal chegou ao país, depois da audição. Na altura, ele encontrava-se na mesma situação em que a bailarina se encontra agora: a terminar o 3.º ano da licenciatura, sendo no caso dele de jazz (saxofone). Hoje já é músico *freelancer* e dá três a quatro concertos por semana. Conhece bem a realidade com a qual Raquel convive neste momento e por isso é também o seu grande elemento de apoio nesta trajetória.

Outro facilitador de integração é o convívio e a partilha de experiências, valores e vivências com colegas que vieram de outros países (portugueses, brasileiros, chilenos) e que, tal como Raquel, têm outras áreas de interesse e formação.

> «O bailarino chileno é como eu, só que não cursou psicologia, estudou violino, mas fez exatamente a mesma coisa que eu. (...) Acabou a licenciatura em violino, veio fazer um mestrado, veio para cá para estudar dança. Encontramos pessoas com quem temos muito em comum e que também estão completamente sozinhas.»

Este espírito de apoio e interajuda não se esgota. Apesar de ter o dia preenchido, não faltam colegas e amigos que queiram partilhar momentos e estimular a vida social de Raquel. Vão jantar fora, a bares ou fazem o que se faz às sextas-feiras: ver um espetáculo – «Essa é a nossa atividade primordial: à sexta-feira à noite, é muito normal ver muitos bailarinos no autocarro para ir ver um espetáculo, vamos todos juntos».

Mas as palavras «partilha» e «integração» têm um significado para a bailarina que extrapolam a vida social:

> «Sou a aluna que apoia os alunos do 1.º ano (...) Apoio em termos de integração - o International Office of the Folkwang University of Arts. No *site* está a minha fotografia e estão listadas as línguas que falo. Sou uma '*buddy* Erasmus'. Explico, leio e traduzo as informações, porque a maioria das pessoas não fala alemão. 60% dos alunos na Folkwang são estrangeiros.»

Raquel, no entanto, não tem este problema, já que no ensino secundário teve contacto com esta língua. Apesar disso, considerando que ainda não dominava o idioma, aproveitou de imediato as aulas gratuitas da faculdade, na Alemanha.

«Até ao semestre passado tinha aulas de alemão todas as semanas. E realmente tem de se fazer esse investimento. Fiz também um curso intensivo durante um mês, que foi ótimo, mas o alemão é uma língua difícil. Eu faço-me entender perfeitamente, consigo falar com toda gente em alemão, mas é muito difícil ter uma conversa elaborada em alemão, porque é uma língua muito difícil, muito específica, muito complexa, muito flexível e falar com uma pessoa que fala bem alemão é extremamente complicado.»

Com todas estas atividades, Raquel tem, ainda assim, tempo para desenvolver um projeto na Tanzhaus, direcionado para jovens artistas da região. A experiência durou seis meses, implicou cerca de oito fins de semana de trabalho e Raquel considera que este poderia ser um exemplo de iniciativa a implementar em países como Portugal, «um formato sustentável para um teatro e para a criação de público».

«É um teatro escola, um tipo de instituição que existe em todas as cidades da Alemanha, que é um teatro que oferece aulas de dança. Pagam a temporada com o dinheiro que os alunos pagam pelas aulas de dança. É um conceito ótimo para Portugal, que ainda não se aplicou não sei porquê, porque é uma espécie de teatro, com oito estúdios e que oferece aulas de várias modalidades: rumba, *ballet*, moderno, flamenco, tudo; é uma escola de dança normal, mas com essas aulas conseguem dinheiro que é usado também para custos de manutenção e criam público. Fazem a gestão dos fundos, fazem a temporada e elaboram projetos como este, para um festival. Tenho um espetáculo a 23 e 24 de agosto, o que se traduz em créditos para a faculdade, mas por exemplo, passei este fim de semana lá, um fim de semana inteiro, e é um projeto com artistas de todas as áreas. É claro que estas coisas ocupam muito tempo; a pessoa está lá o fim de semana inteiro, sábado e domingo das 10h às 19h, mas realmente este é o momento de investir, porque quando eu acabar a faculdade não quero fazer coisas que não sejam pagas nem cair no erro em que caem aqui muitos artistas - não é só em Portugal - de aceitar muitos trabalhos que não são pagos, de fazer muita coisa mal remunerada.»

Além disso, em cada fim de semana passado neste projeto, Raquel tem oportunidade de aprender e enriquecer a sua cultura e a sua arte, através do contacto com artistas dos mais diversos campos. Em Portugal, não teria o mesmo tipo de apoio institucional, não poderia realizar os seus projetos da forma como aqui é possível, nem tão pouco dançar tantas vezes como dança agora, muito menos encontrar soluções vantajosas a nível de trabalho, dadas as parcas políticas de apoio existentes.

Nesta nova vida, Raquel tem-se deparado com alguma exigência e muitos desafios que a surpreenderam. A adaptação que considera mais difícil foi, não à cultura alemã e a tudo o que a ela está associado, mas à postura e às questões hierárquicas dentro da própria instituição onde frequenta a licenciatura. Sem demoras, a bailarina integrou o Parlamento de Estudantes para denunciar estas situações, nomeadamente a discriminação sentida no departamento de dança, «mais concretamente de interesses e relações de poder de ordem política entre professores e alunos».

Mas a discriminação não se faz sentir apenas em termos de hierarquia ou entre diferentes nacionalidades. Na dança faz-se mesmo sentir entre ambos os sexos:

«O pior é a discriminação homem/mulher, a maneira como os homens são tratados é incrível, é incrível a diferença. Mas isso é um problema da dança. Para mim como psicóloga é muito difícil, já estive no Departamento da Equidade e da Igualdade de Género da Folkwang, já fiz um relatório enorme, mas eles não me ligam nenhuma, porque não são sociólogos, nem psicólogos, são burocratas, têm muito pouca sensibilidade para os reais problemas da dança. Porque isto é um problema da dança, não é um problema da Folkwang.»

Raquel não tem dúvidas: valeu-lhe o curso de psicologia e a idade para lidar com estas situações de discriminação que revela com algum choque e revolta na voz.

Mas o futuro é a palavra de ordem e daqui a um ano entra numa nova fase da sua vida. E depois? Depois vai focar-se nas audições para algumas companhias que lhe parecem mais interessantes, ou trabalhar como *freelancer*, como o namorado saxofonista, cujo percurso é idêntico ao dela. De uma coisa Raquel está certa: só permanecerá na Alemanha se puder dançar. Caso contrário, voltar ao país que a viu dar os primeiros passos de dança é uma possibilidade, apesar de ter presente a difícil realidade que se vive em Portugal em termos de empregabilidade:

«Acho que é difícil, difícil de concretizar. Não que não exista trabalho... Quase todas as minhas amigas que estão em Portugal estão a trabalhar, mas os trabalhos são muito desinteressantes. (...) Além disso, se ao menos eu fosse de Lisboa, mas em Lisboa tenho muito poucas referências e acho que se voltasse para uma cidade onde fosse possível ter algum trabalho que minimamente me realizasse, pelo menos numa primeira instância, seria o Porto, porque, na verdade, não tenho nenhuma ligação a Lisboa.»

A verdade é que Portugal ainda está nos seus planos, sobretudo quando pensa em constituir família e ser mãe, até porque a «ilha» onde mora parece-lhe triste demais para criar os filhos:

«Há todo um aspeto da vida social portuguesa (...) ir com os miúdos à praia, jantar fora com os amigos, ser normal comer fora porque não custa 50 euros, e realmente acho que essas coisas são importantes e que nós [os portugueses] temos uma vida social mais saudável e familiar, certamente mais saudável do que eles [alemães]. Talvez mudando de cidade mude de opinião, a Alemanha é um país muito grande e as cidades são muito diferentes. Eu também achava que era tudo igual mas não é e creio que realmente é possível ter uma vida muito diferente, dependendo da cidade em que se vive.»

Também o namorado não se opõe à perspetiva de mudar de país e encara bem inclusivamente o facto de virem a fazer vida em Portugal. Mas Raquel sabe que, considerando as áreas profissionais de ambos, Portugal não oferece nada atrativo no mundo das artes.

Apesar de, neste momento, Raquel contar ainda com algum apoio financeiro dos pais para complementar os seus próprios rendimentos - a bolsa que recebe por apoiar os alunos do 1º ano, o rendimento obtido através de alguns trabalhos de dança e ainda através das aulas de português que dá na universidade - considera que em Portugal a sua situação seria pior:

«Não seria só a diferença em termos de qualidade da formação, como também o facto de provavelmente não conseguir viver sozinha (...) fora de casa dos meus pais, a trabalhar o número de horas que eu trabalho. Além do mais, decididamente, não teria a oportunidade de dançar tantas vezes.»

Por outro lado, reconhece que faz uma vida um tanto ou quanto regrada, não gastando dinheiro em coisas que considera supérfluas. Pode dizer-se que a reciclagem é, de resto, uma das suas formas de vida:

«Com as aulas de português consigo pagar a renda, e com o dinheiro que sobra consigo pagar o resto. Claro que, além disso, não temos gastos nenhuns: esta mobília, ou foi encontrada na rua, ou dada. Também depende de como é que uma pessoa quer viver, não é? Nós não compramos nada, para a casa compramos tachos e panelas e o resto ou é dado, ou encontrado na rua.»

Neste momento, tudo está em aberto. A possibilidade de mudar até de país não é descartada: «mas iria para o Sul, para o Norte não vou, este é o meu limite. O inverno é horrível, mais frio que isto não. Nem me candidato a audições, sei que eles têm companhias fantásticas, mas não, não há dinheiro que pague o sol».

Em relação ao futuro, Raquel tem ainda algumas interrogações, mas em relação à sua experiência, não tem qualquer dúvida de que vale a pena sair do país para procurar um emprego ou prolongar uma formação: «ir sem um dos dois, não aconselho, porque qualquer um deles é uma forma de se ter acesso a uma rede de contactos e sem uma rede de contactos, dependendo dos sítios, pode ser muito difícil». Assim, Raquel concorda que a saída deve ser ponderada e planeada para evitar desilusões no futuro: «eu, por exemplo, também já conheci vários engenheiros que estão cá numa empresa grande. (...) As pessoas vêm porque vão ganhar muito bem, mas "enterram-se" numa cidade onde não têm nada para fazer, vão viver com gente chata».

Já ela, admite, teve outra sorte:

> «Vivo literalmente num ambiente onde ninguém vive. (...) 20 pessoas de 20 nacionalidades diferentes. (...) Isto é um ambiente que só existe nos meios artísticos e nos países em que os meios artísticos são superpovoados, que é o caso da Holanda, Bélgica e Alemanha. Mas não existe em mais sítio nenhum, e é por isso que é tão bom viver aqui, porque temos os chilenos, os brasileiros, os indonésios. (...) Aqui há gente de todo o mundo, é só procurar e encontra-se. Mas realmente, eu já encontrei vários e todos me dizem o mesmo: "Pessoalmente ficaria em Portugal a receber 1000 euros por mês, em vez de vir para cá receber 3000 porque a vida não compensa, não há sol, não há praia". Eles [os alemães] às nove da noite vão para casa, se for preciso trabalham aqui e moram em Düsseldorf. [...] É uma vida muito mais regrada e não há um sentido de comunidade. Acredito que seja muito semelhante em França e Inglaterra. Penso que por vezes pode ser necessário, é claro que depende muito dos objetivos, vale a pena se a pessoa tiver o objetivo de vir durante algum tempo, ganhar dinheiro e voltar. Mas, em termos da experiência em si, é preciso pensar muito bem para que cidade é que se vai. Claro que ir para Berlim ou Paris é diferente porque são cidades muito internacionais.»

Quanto a este país [Portugal], reconhece que não é para bailarinos, pelo menos, não para Raquel e não para já, apesar de admitir a vontade de regressar e de trabalhar como bailarina.

Amílcar Guedes:
«Estava no sítio certo na altura certa e aproveitei»

Amílcar Guedes tem 40 anos e é oriundo de uma família com fortes recursos escolares e económicos. Licenciado em comunicação empresarial, tem vindo a acumular credenciações nos domínios do *marketing* e da gestão, num percurso pautado pelo sucesso escolar e pela inserção em empresas transnacionais ligadas às novas tecnologias da comunicação.

Entre a Malásia e a Alemanha, optou pela proximidade de Portugal e pelas potencialidades de valorização profissional, sendo atualmente sócio-gerente de uma empresa de telecomunicações com capitais alemães e árabes.

Casado e pai de um filho, não vislumbra um regresso a curto ou médio prazo, embora sinta saudades do país natal (clima, cultura, afetos), relativamente ao qual tem uma perspetiva crítica, nomeadamente no que diz respeito à gestão do património público.

Assumindo o risco e a incerteza de gerir uma empresa que tem tantas dificuldades quanto potencialidades, investe num quotidiano árduo, com um grande volume de trabalho e responsabilidades pesadas, mas onde não falta o conforto e a perspetiva de futuro.

Amílcar Guedes, outrora residente na Área Metropolitana de Lisboa, provém de uma família capitalizada em termos culturais, económicos e sociais e sem tradição emigratória. O pai, entretanto falecido, era diretor de recursos humanos de uma grande empresa de telecomunicações e a mãe, agora reformada, exerceu funções de orientadora escolar e profissional, depois de uma carreira como professora do ensino secundário.

O próprio admite a condição de privilegiado, particularmente num contexto de descontinuidades sociais e de massificação escolar:

> «A escola alargou-se, eu era claramente um privilegiado naquele meio a nível cultural e económico, mas sempre tive completa capacidade de integração. O destaque era demasiado fácil e correu bastante bem, nunca fui muito aplicado, tive média de 18 valores.»

A perceção de «facilidade» consubstancia-se num percurso escolar de sucesso, culminando numa formação superior em Comunicação Empresarial, com pós-graduações sucessivas em escolas de elite.

Amílcar reconhece as vantagens do seu meio social, referindo a possibilidade que teve de ter explicações, quando surgiram dificuldades a matemática, atribuídas a alguma instabilidade da escola pública que frequentara e onde, de resto, sempre se sentira bem. A escolha de humanidades, na encruzilhada do secundário, foi feita com «naturalidade» – afinal, havia uma familiaridade com as matérias. Esta noção da «vantagem» social levou-o a poder ser seletivo nos seus investimentos escolares: nas matérias que considerava menos «interessantes», estudava apenas o suficiente para obter aprovação; se alguma opção se revelava contraproducente, retificava o caminho.

> «Ingressei primeiramente em direito, tive média de 18 valores, entrei com facilidade, fiz a admissão num dos últimos

anos da prova global de acesso, portanto tive acesso direto e foi um choque: aquilo era exatamente o que eu não queria. Depois, quando mudei para comunicação empresarial, era um dos melhores alunos da turma. Tive vários 17, 16, etc.. Nos últimos anos apliquei-me mais, eram cadeiras muito mais extenuantes, muito mais relacionadas com o mundo real.»

Começa a trabalhar enquanto ainda frequenta o ensino superior, usufruindo de um contacto precoce com o mundo da economia e, em particular, com os negócios empresariais em atmosfera web. Essa circunstância veio aguçar-lhe o sentido de oportunidade, conciliando a «sorte» com uma enorme apetência para aproveitar ao máximo as oportunidades de formação:

«Tive muita sorte e mérito profissionalmente, porque consegui aproveitar todas as oportunidades que se foram proporcionando. Trabalhei numa das primeiras empresas de internet em Portugal, que foi adquirida pela Portugal Telecom. Fiquei lá até 2001, altura em que mudei para a Optimus, onde estive seis anos. Portanto estive em empresas boas, com abertura, com capacidade de formação, com quadros muito qualificados e que me permitiram participar numa série de formações e de congressos profissionais fora. Estava no sítio certo na altura certa e aproveitei.»

A reflexividade de Amílcar leva-o a sublinhar este binómio que parece resumir a sua vida até ao momento: «sorte» e «mérito». A primeira, atribui-a a uma panóplia de condições sociais favoráveis, em parte ligadas à origem social. O segundo enfatiza o impacto que essas condições tiveram na «fabricação» de um indivíduo atento às situações e capaz de delas retirar, com esforço, o máximo proveito.

Nesse sentido, a opção de deixar o país não se fez em qualquer contexto de dificuldade. Amílcar considera mesmo que tinha uma vida «fácil», não apenas em termos de remuneração, mas também de retaguarda familiar. Tratou-se, ao invés, de uma opção aberta pela sua situação profissional, favorável à mobilidade geográfica e a novos investimentos no âmbito da realização. Entre a Malásia, exótica mas distante, e a Alemanha (Hamburgo), mais próxima apesar de fria, a escolha recaiu sobre a Europa. Num caso ou noutro, as condições oferecidas (a nível de recursos financeiros e organizacionais) eram apetecíveis. Amílcar teria sempre um bom salário e posição de chefia. Encontrava-se também desgastado pelas constantes deslocações que a posição que ocupava em Portugal o obrigava a fazer:

«Cheguei a fazer Lisboa/Istambul/Kuala-Lumpur/Lisboa/São Paulo. Era uma diferença horária de uma violência louca, eu estava a ficar muito desgastado com esta situação e percebi que o negócio da empresa não iria mudar, porque a empresa fornecia serviços de telecomunicações, o que exige alguma experiência, e quando a base do negócio ainda está a crescer em mercados novos não justifica ter este tipo de recursos a tempo inteiro. Portanto, acabava por ser um núcleo duro de pessoas em Lisboa que tinha de se deslocar e fazer a primeira, segunda, terceira, quarta reunião até que as coisas começassem a andar.»

Além do mais, o quadro familiar e amical mostra-se recetivo à decisão do casal de sair do país, uma vez que reconhecem em Amílcar uma enraizada predisposição para viajar, arriscar e escapar a percursos lineares:

«Parece-me que [as pessoas da família] tiveram sempre a perceção (de mim e da Isabel) de que iríamos em qualquer circunstância fazer alguma coisa deste género, não era uma pessoa de fazer um percurso completamente normal, uma carreira sempre muito direitinha. Isso nunca esteve muito na minha natureza e portanto reconheceram este como sendo um passo normal.»

A sincronização afetiva, aliás, assenta em parte nesta valorização da iniciativa e da mobilidade, uma espécie de *ethos* empreendedor e cosmopolita partilhado a dois:

«Estive a liderar esse projeto com outro colega e tenho a sorte de ter este sincronismo e abertura com a Isabel, porque somos desapegados de muitas coisas a que as outras pessoas são apegadas.»

Amílcar reconhece que nem tudo é fácil. O clima, para quem gosta de sol e praia, é agressivo. A família mais próxima, que poderia ajudar na educação do filho, uma criança com menos de três anos, reside em Portugal e apenas pode contribuir com algumas presenças fugazes em Hamburgo, ocasiões que o casal aproveita para diversificar um pouco as suas práticas culturais, como, por exemplo, ir ao cinema. Os amigos estão distantes, alguns partilhando a condição emigratória. A inserção social na Alemanha não é fácil, dadas as limitações de tempo do casal (Isabel trabalha a tempo inteiro e têm uma criança pequena) e a configuração cultural alemã, pouco propícia ao contacto social.

O caminho não se afigura, pois, isento de obstáculos. Amílcar trabalha intensamente e a empresa tem dificuldades financeiras. Mas o desafio, sendo enorme, é aliciante. Rapidamente as suas competências são reconhecidas e, de uma posição inicial de vice-
-presidente de produtos de inovação numa equipa de gestores de produto, torna-se sócio-gerente da firma. Aos poucos, o casal vai igualmente estreitando algumas relações sociais:

«Não é fácil fazer amigos entre alemães no âmbito do trabalho, porque são muito reservados. Na minha função de

sócio-gerente é ainda mais difícil porque a distância é cultivada e às vezes sou eu a quebrá-la. Mas não temos muitas atividades em conjunto. Damo-nos com um casal de alemães que a Isabel conheceu num concerto, mas são pessoas bastante mais abertas. Há agora um casal dinamarquês, cuja filha frequenta a mesma creche que a nossa, e de quem somos amigos.»

Em Portugal, apesar da empresa onde trabalhava não passar por problemas, encontrava limites à progressão, num contexto nacional pouco promissor. A Alemanha, no coração da Europa, favorece as suas ambições. Não que consiga uma substancial poupança, uma vez que mantém níveis elevados de conforto, associados a custos avultados, nomeadamente com o arrendamento de um apartamento mobilado numa das melhores zonas de Hamburgo. Uma orientação pós-materialista leva-o a valorizar o bem-estar e a localização da residência, a possibilidade de passar férias duas vezes por ano em Portugal, bem como as facilidades que o espírito de organização e o Estado social alemão concedem, algo tido como essencial para uma família que dura há quatro anos e que tem um elemento novo há dois anos e meio:

«O tecido social alemão é organizado para que as mães fiquem com os filhos, existe alguma pressão social não declarada para que as mães não trabalhem e fiquem com as crianças. A maioria das mães tem empregos em *part-time*. As creches têm condições muito melhores que as nossas a nível de equipamentos e de espaços, foi muito fácil a adaptação.»

Esta representação associa-se a outras que, assentes na comparação com realidades nacionais díspares e modelos de desenvolvimento distintos, encaram Portugal como um país sem estratégia, alicerçado em negócios de curta visão, rentabilidade fácil e fraca qualificação. Em certa medida, um país falhado, levado por um espírito comercial mas não produtivo, que se arrasta ao longo dos tempos e das gerações:

> «Alguém me dizia que Portugal está a pagar um preço muito elevado pelo Estado Novo e que vai custar a passar, vai precisar de muita gente a emigrar e depois a regressar. É toda uma nova geração: o Portugal depois das croissanterias. O facto de eu ter nascido em 1973 faz-me lembrar que era um período em que as croissanterias proliferavam em todo o lado. Depois foram os videoclubes, agora estão a abrir as hamburguerias por toda a parte, os pastéis de nata, os *cupcakes*. Somos um país de aproveitar uma oportunidade a curto prazo, mas isso não cria aprendizagem, as pessoas não amadurecem, aproveitam a onda (curta) e depois repetem o padrão. A par disto, há uma geração mais nova que faz certos comentários que estão fora do contexto, como o facto de a Alemanha estar a ficar com o nosso dinheiro todo. Isso não faz sentido, os alemães só fazem uma refeição por dia, talvez hábito herdado da I e II Guerra Mundial. Na segunda refeição do dia, comem pão, queijo e frutas. Foi uma coisa que descobri cá, com um colega meu de equipa. Já nós continuamos a ter um padrão muito mais facilitado, um padrão mais burguês. Os alemães planeiam o futuro, poupam, são menos indulgentes, em geral.»

Amílcar revela ainda uma certa consciência política, na medida em que se mantém informado (através da televisão por cabo e da leitura *online* de jornais como o Expresso) sobre a evolução política portuguesa, algo que o leva a avaliar duramente a atuação das elites e o fracasso de alguns projetos partidários inicialmente vistos como inovadores, o que contribui para um maior distanciamento crítico face ao país:

> «Esperava uma maior movimentação [nas eleições europeias de 2014], segui o Partido Livre e vi que é um partido exclusivo de elites, mas de elites que vão cair, não vão fazer nada com aquilo. O Bloco de Esquerda vai desintegrar-se, o PS vive uma pressão ridícula, uma luta ridícula pela liderança, o PSD é uma desgraça, o PP tem um líder que se vai embora "irredutivelmente" e que volta... E quando se olha para tudo isto e depois se olha objetivamente para as condições que Portugal tem para competir, percebe-se que será um problema gravíssimo: Portugal está a envelhecer muito e a política que tentou dotar o país de algumas competências foi ridicularizada.»

Assim, voltar depende de uma inversão de tendência que conjugue, nas oportunidades oferecidas a Amílcar, aspetos estruturais, mais difíceis de mudar, e uma nova conjuntura económica. Daí que as suas expetativas sejam moderadas, eventualmente objeto de um autocontrole que afasta a palavra «desejo»:

> «Não falo em desejo [de regressar], para mim é algo que gostaria de fazer, mas não é um desejo premente. Vejo com mais facilidade sair daqui para outro lado do que voltar para Portugal. Aquilo que me prende a Portugal são as pessoas e a relação familiar, custa-me não estar mais próximo da minha mãe e custa-me não ver crescer os meus sobrinhos. Sinto falta da praia e do clima.»

A situação portuguesa, cuja evolução é vista como «pouco famosa», a par da inserção fácil na Alemanha, motiva-o a prosseguir. Ainda que correndo riscos: tem um contrato por tempo indeterminado, mas, por ser sócio-gerente, fica desprotegido em caso de desemprego; aufere um salário elevado, todavia o custo de vida em Hamburgo é alto; desfruta de concretizações profissionais de alto nível, ao liderar equipas, participar em processos de inovação e ao lidar com gestão de projetos e processamento sofisticado de informação; não obstante, a empresa está longe de ter uma situação confortável no mercado.

De certa forma, a sua vida passa por um alargamento dos parâmetros estritos da racionalidade utilitarista, algo que terá porventura relação com a sua formação em humanidades e ciências sociais. Em Portugal viviam bem, mas a ambição era refreada; na Malásia ganharia mais, todavia perderia em qualidade de vida. A realização profissional e pessoal mede-se, segundo Amílcar, através de critérios que excedem o recibo do vencimento, embora sem jamais o ignorar. Enraizado numa representação de mundo amplo que se distancia da conceção tradicional, mais do que num país, define-se, em suma, por oposição a categorias que impliquem a fixidez de um destino: «Não [me considero emigrante]. Mas também não me considero português. Eu sou migrante, o planeta é meu, vou para onde me quiserem».

Carina Faustino:
«Se o meu país não me dava oportunidade, eu tinha ali uma»

Carina tem 28 anos. Licenciada em enfermagem, vive e trabalha em Bruxelas desde 2011. Natural da Benedita, onde viveu com os pais e com uma irmã mais velha, esta foi a primeira vez que teve uma experiência de mobilidade fora do país. Emigrar nunca foi algo a que aspirasse, mas dadas as parcas oportunidades de trabalho que encontrou, sair de Portugal foi o único caminho que se lhe afigurou viável.

Internamente tinha tido já algumas experiências de trabalho, mas nunca na sua área de estudos. Antes de entrar na universidade, passou um ano a fazer melhorias de notas e a trabalhar em *part-time* num ginásio e depois no Intermarché. Quando terminou o curso, não encontrando emprego na sua área, voltou a realizar trabalhos em *part-time*, abaixo das suas qualificações académicas. Apesar de ter desenvolvido estes trabalhos numa ótica temporária (apenas para juntar algum dinheiro até ir para a Bélgica), Carina não deixa de salientar: «Parece que voltei ao início, à estaca zero».

A «revolta», a «frustração» e o «abandono» são alguns dos sentimentos que Carina associa à precariedade e à falta de emprego em Portugal, realçando sobretudo o que se passa na sua área de trabalho. Neste sentido, a falta de oportunidades é o que, segundo Carina, leva a que muitos jovens qualificados tenham de emigrar, tendo sido este o seu caso.

Trabalha num hospital «bastante conceituado» em Bruxelas, no bloco operatório, onde lhe dão a oportunidade de progredir um pouco na carreira, havendo a possibilidade de «tirar uma especialidade em bloco operatório», o que fará com que venha a ser reconhecida como enfermeira em cuidados perioperatórios. Futuramente, «gostaria de trabalhar não só no bloco operatório, que tem uma componente muito técnica, mas também nas unidades de internamento pós-operatório, onde possa, realmente, acompanhar e estabelecer maior relação com os doentes».

Vive com o namorado, engenheiro automóvel que se encontra, também ele, a trabalhar na Bélgica, numa casa que recentemente compraram. Conta com uma rede de apoio bastante sólida de amigos portugueses que vivem igualmente na Bélgica e com quem mantém uma relação quase familiar. São relações deste tipo que fazem com que Carina se sinta «privilegiada», apesar de salientar o sentimento permanente de ser emigrante: «Dizemos que nos sentimos estrangeiros lá [em Portugal] e estrangeiros cá [na Bélgica]».

Carina Faustino, com 28 anos, é natural da Benedita, Alcobaça, local onde viveu com os pais e uma irmã mais velha até ambas saírem da casa paterna para ir estudar para a universidade. Viviam numa casa própria – «em terrenos que o meu pai comprou em solteiro, portanto, não tinham créditos sobre a habitação». A irmã de Carina saiu de casa dois anos antes para estudar gestão turística e cultural no Instituto Politécnico de Tomar. Terminou a licenciatura e está a trabalhar na sua área, em Pombal, onde tem casa e vive com o marido e dois filhos.

A mãe de Carina continua a viver na Benedita, agora sozinha, uma vez que o pai de Carina faleceu devido a doença, estava Carina ainda na faculdade. A mãe trabalha numa fábrica onde embala fruta.

É um trabalho incerto, quase sazonal, dado que são feitos contratos a termo, de acordo com «as épocas da fruta».

Tanto a mãe como o pai completaram a escolaridade ao nível da 4.ª classe. O seu pai trabalhava como pedreiro, na construção civil, apesar de, devido a «problemas de saúde, [ter obtido] a reforma antecipada». Quando Carina foi para a universidade, o pai estava já reformado por invalidez.

Carina e a irmã representam, por isso, uma trajetória de mobilidade social ascendente no seu agregado familiar. Carina entrou para a Escola Superior de Saúde – Instituto Politécnico de Leiria – em 2006, para o curso de enfermagem. Já no ensino secundário, a opção pela área das ciências a encaminhava para este percurso. Enfermagem foi «desde sempre» a profissão de que mais gostava («foi sempre enfermagem que eu quis, por múltiplas razões, sendo a principal a relação com o doente e todos os seus aspetos biossocioculturais»). Desta forma, apesar de ter sido o que se considera uma boa aluna, Carina resolveu não se candidatar de imediato ao ensino superior, tendo passado um ano a fazer melhorias de notas, ao mesmo tempo que trabalhava em *part-time*, primeiro num ginásio e depois no Intermarché:

> «Ainda estive algum tempo à espera, passei um ano a melhorar várias notas, dado que a média para enfermagem era um bocado alta na atura. Estive a trabalhar na zona, em empregos pouco ambiciosos em *part-time*, e acabei por subir as notas. (...) Sempre me interessei pela parte da enfermagem, então decidi que ia ficar mais um ano a subir notas e tive a oportunidade de fazer alguns trabalhos em *part-time* e ganhar mais algum dinheiro.»

A par da vocação profissional, na escolha do curso esteve também presente a questão da empregabilidade. Carina afirma que este aspeto ajudou a validar a sua escolha, na medida em que, aquando da sua candidatura ao ensino superior, o curso registava «100% de empregabilidade». Sente, contudo, que esta expetativa se gorou:

> «Foi também pelo emprego e pelo facto de gostar de trabalhar com as pessoas, porque achava que a minha personalidade se adaptava a isso. Comecei a estudar as possibilidades de saídas profissionais quando estava no secundário, vi que tinha 100% de empregabilidade, que era isto que eu queria fazer. Era, portanto, uma área de que gostava e onde aparentemente iria encontrar trabalho, o que depois não foi o caso. Mas enquanto frequentava o secundário via que tinha muita saída profissional e que facilmente os licenciados arranjavam trabalho. E era isso que eu queria, acabar o curso e começar a trabalhar naquilo de que gostava.»

A ida para a universidade representou a primeira vez que Carina saiu da casa dos pais. Escolheu a escola superior em Leiria porque queria conciliar o melhor de dois mundos: a proximidade de casa («ia ficar no meu distrito»), por um lado e, por outro, a autonomia e a liberdade a que aspirava para viver a experiência de «ser estudante». Vivia num apartamento arrendado, partilhado com outros estudantes.

Terminou o curso nos quatro anos estipulados, com o apoio financeiro familiar e com a bolsa de estudo da universidade e teve sempre boas notas, apesar de reconhecer que conseguia melhores resultados na parte prática do curso, ou seja, nos vários estágios que realizou, do que na parte teórica.

A presença forte de uma componente prática é, de resto, uma das grandes vantagens que Carina refere no seu curso, o que, na sua perspetiva, leva a que os enfermeiros recém-formados saiam da universidade muito bem preparados e prontos a entrar no mundo do trabalho, nas várias vertentes que a profissão tem:

> «O curso é de quatro anos com vários estágios, fiz estágios por toda a zona centro. Começamos logo a fazer estágio ao fim de seis meses de aulas, pequenos estágios de duas semanas. (...) Quando saímos do curso acho que temos competências para fazer imensas coisas, para fazermos o nosso trabalho como enfermeiros e é um trabalho que pode divergir para diferentes áreas, para diferentes serviços onde vamos, depois, tentar descobrir um bocadinho mais do serviço onde estamos. (...) Mas o curso em si, no geral, prepara-nos bem e dá-nos uma bagagem muito diversificada, com um pouco de tudo.»

Por conseguinte, as expetativas que Carina tinha em relação ao curso foram cumpridas e, de certa forma, superadas, uma vez que, além das competências próprias da profissão, realça que foram também estimuladas competências de «gestão, empreendedorismo». Adicionalmente, foi exigida a realização de uma monografia, dando a oportunidade de se enveredar pelo caminho da investigação. «Acho que já é [um curso] bastante avançado em comparação com o curso de enfermagem na Bélgica».

Os vários estágios que Carina realizou situaram-se em diferentes locais da zona centro do país («fiz estágios nas Caldas da Rainha, Torres Vedras, Lisboa, no último ano estive no [Hospital] Santa Maria»), não tendo realizado qualquer mobilidade fora de Portugal. É, de resto, a estas experiências de estágio que Carina atribui grande parte dos seus momentos marcantes: os/as enfermeiros/as com quem conviveu e aprendeu nos vários locais por onde passou, que serviram de mentores e modelos; a experiência com os pacientes: «Marcou-me (...) o contacto com os doentes, tive situações em que pude sentir o carinho das pessoas, acho que isso é importante, sentir o reconhecimento das pessoas. Gostei dessa parte humana». E destaca em especial o orgulho que sentiu por parte do pai:

> «Marcou-me aquele dia antes de ele falecer, um dia em que ele tinha uma consulta em Leiria e aproveitou para me ir ver. Eu estava vestida de enfermeira, ainda não era, mas era uma pseudo-enfermeira. Vi que ele também sentiu orgulho ao ver a filha a realizar o sonho dela, ao ver que estava encaminhada, de certa forma. Essa parte também foi importante.»

A relação com os docentes é outro aspeto referido por Carina, afirmando que se estabeleceu uma relação muito próxima entre alunos e professores que, no seu caso, ainda persiste:

> «Há alguns professores com quem ainda falo, alguns ainda me escrevem (no Facebook, agora), e há alguns professores que foram marcantes, que são muito o símbolo do que aprendi, com os quais relaciono muitas coisas e que deixaram em mim uma marca muito forte.»

O único aspeto negativo que Carina aponta ao seu curso diz respeito, de facto, às expetativas que tinha desenvolvido durante a sua formação em relação ao mercado de trabalho. A ideia de que quando terminasse o seu curso iria facilmente encontrar emprego, fazendo «o que gostava», foi-se dissipando à medida que se aproximava desse momento. Foi-se instaurando uma maior competitividade entre os colegas da turma em busca de melhores notas, na esperança de uma oportunidade de emprego melhor e mais rápida – «porque achavam que se consegue trabalho por se ter uma boa nota» – o que acabou por não se verificar na prática - «infelizmente, quem tinha boas notas também não conseguiu».

Quando terminou o curso, em março de 2011, Carina começou à procura de trabalho na profissão que idealizava, o que se afigurava difícil. Ainda assim, Carina tinha esperança e afirma: «Durante o meu percurso académico nunca pensei em emigrar, sempre pensei que ia ter oportunidade em Portugal». Enviou e entregou currículos em vários locais, desde lares a centros de saúde, passando por clínicas e hospitais, mas quando obtinha respostas elas eram negativas ou em condições demasiado precárias, o que não lhe permitia aceitar as propostas:

> «Não estavam mesmo a recrutar e as condições em que recrutavam eram, por assim dizer, por umas horas: "Olha, a gente chama-te umas horas em Lisboa". E de Benedita não ia para Lisboa, nem tinha como pagar um apartamento para estar à espera da altura em que precisassem de mim. Não tinha realmente condições.»

Apesar de nunca ter considerado a possibilidade de sair do país, esta começava a ser uma hipótese a ponderar. Sem nenhuma experiência de mobilidade internacional anterior, sem ter histórico de migração na família próxima (apenas recorda, mais particularmente, um tio materno que emigrou «já há muitos anos» para França, e uma tia que emigrou «durante uma fase da sua vida, para a América»), o desejo de emigrar nunca esteve presente nas suas aspirações. Contudo, a vontade de trabalhar na área na qual tinha investido levou-a a procurar trabalho fora de Portugal.

Começou por pesquisar agências de contratação de enfermeiros no estrangeiro e teve conhecimento da Moving People que faz contratações especificamente para França e para a Bélgica. O namorado, Rui, engenheiro automóvel, estava na altura a fazer Erasmus na Bélgica, pelo que Carina se interessou mais por este país. Por outro lado, a língua foi também um aspeto que influenciou a sua decisão, visto que «achava que tinha mais facilidade em aprender o francês». Enviou a candidatura e no espaço de uma semana recebeu resposta a dar conta de todo o processo de recrutamento. Ficou interessada nas condições que lhe ofereciam («Na altura, era tudo aquilo que queria: pagavam-me o curso de francês, pagavam-me a viagem, tratavam-me dos papéis e tinha contrato por tempo indeterminado») e em pouco tempo recebeu um telefonema a comunicar a possibilidade de ir para a Bélgica. O seu namorado, que entretanto tinha regressado a Portugal e terminado o curso, estava também à procura de trabalho fora de Portugal, dada a vontade que, segundo Carina, sempre teve de emigrar. Por coincidência, no mesmo dia recebeu também uma proposta para trabalhar no mesmo país, a Bélgica. Juntando-se o útil ao agradável, Carina decidiu avançar nesta sua decisão e começou a ter aulas de francês para profissionais de saúde na Alliance Française, nas Caldas da Rainha, exigência da empresa contratante, que assumia os encargos financeiros.

Ao mesmo tempo, e como precisava de juntar algum dinheiro antes de partir para a Bélgica, Carina conseguiu alguns empregos em *part-time*. Depois de três meses sem conseguir trabalho na sua área de estudos, trabalhou num escritório de insolvências, gerido por um primo seu, onde auxiliava nos processos existentes e, ao mesmo tempo, voltou a trabalhar no Intermarché onde tinha estado antes da entrada para a universidade:

> «Parecia que tinha voltado ao início, à estaca zero. Na altura em que vim para o Intermarché, já sabia que teria trabalho na Bélgica e pensei: "Agora não me importo." (...) Já tinha uma resposta aqui da Bélgica e a ideia foi: "Vou arranjar trabalho não importa onde. Vou outra vez ao Intermaché.", podia ser que me aceitassem. E aceitaram com gosto. Mas era um bocado triste, porque quando se tenta tirar um curso superior, não se pensa em voltar à estaca zero. Na realidade, é isso que

se passa, mas eu sabia que iria sair facilmente dali e que ia conseguir outra coisa melhor. No fundo, sempre senti alguma esperança: "Não vou ficar a vida toda a trabalhar no supermercado, quero fazer aquilo de que gosto e para o qual tenho qualificação." Foi simplesmente uma passagem.»

Carina reconhece, porém, que esses trabalhos condicionaram, de certa forma, o real aproveitamento do curso de francês que estava a frequentar em simultâneo.

Seis meses depois de terminada a licenciatura, Carina ingressava numa nova aventura, tendo sido selecionada para trabalhar num hospital nos arredores de Bruxelas. Teve várias entrevistas de avaliação e foi selecionada para o segundo hospital para o qual prestou provas, tendo sido a eleita de entre três colegas portuguesas:

«Tínhamos uma entrevista com as pessoas daqui, do hospital, para verem mais ou menos o nosso nível de francês; depois, tínhamos uma entrevista a nível teórico, sobre a profissão de enfermagem, para avaliarem os nossos conhecimentos e, finalmente, uma entrevista pessoal. Na primeira entrevista, o francês não me correu lá muito bem (...) e depois surgiu-me outra oportunidade. A empresa deu-me a possibilidade de ir para o bloco operatório. Na altura eu achava que poderia ser interessante e, como tinha um bocadinho de medo do francês, poderia começar num ambiente mais calmo, sem a pressão de estar nas unidades de cuidados. Pagaram-me a viagem e havia alguém que acompanhava as pessoas que chegavam. Foi buscar-nos ao aeroporto, levou-nos ao hospital, tivemos a entrevista e fomos embora. Éramos três portuguesas, enfermeiras, de diferentes zonas. Acho que elas eram do Norte. No final, fui eu a selecionada.»

Em outubro de 2011 mudou-se para a Bélgica e passou dois anos a trabalhar neste hospital, como enfermeira no bloco operatório, de forma a respeitar o contrato que tinha com a empresa. Contudo, e porque o hospital ficava um pouco distante da sua residência, ao fim desse tempo tentou mudar de local de trabalho. Enviou currículos e rapidamente recebeu resposta positiva de um outro hospital, este mais central, o Hospital Universitário de Bruxelas, (Cliniques Universitaires Saint-Luc), onde se encontra atualmente com um contrato por tempo indeterminado, também adstrita ao bloco operatório: «Fiquei mesmo contente e pensei: "onde é que isto acontecia em Portugal?" Era um contrato por tempo indeterminado e com boas condições de trabalho». Este não é, porém, o tipo de serviço que Carina prefere, admitindo que desejaria ter um contacto mais direto e próximo com os pacientes. Se por um lado, este serviço lhe trouxe vantagens, uma vez que lhe permitiu treinar e aperfeiçoar o francês «sem grandes pressões», atualmente, e apesar de estar a gostar da experiência, Carina pretende, a curto prazo, alternar entre dois serviços:

> «A minha intenção não será ficar sempre a 100% no bloco operatório. Gostava de poder alternar 50% no bloco operatório e 50% nos serviços, a fim de saber algo mais e estar mais à vontade, e também para poder acompanhar o doente antes, durante e depois de uma operação. É aquilo que mais me interessa. (...) Mas enfim, existe a possibilidade de reduzir o tempo e, havendo necessidade - não é que façam aquilo que nós queremos - à partida aceitam que uma pessoa esteja a 80% ou a 50% no bloco e que faça o resto do tempo noutro serviço.»

Importa frisar que o bloco operatório não foi o serviço em que teve mais formação durante o seu curso, embora seja uma área bastante específica da enfermagem: «Claro que tenho a base geral, conhecimentos de medicação, de anatomia, algumas técnicas que possa ter de fazer em bloco operatório, mas ao nível daquilo que estou mesmo a fazer, aprendi aqui». Não obstante, Carina sente-se realizada e reconhecida no seu local de trabalho, mais ainda do que se sentia no hospital em que esteve anteriormente. Salienta que esse era um hospital mais pequeno, com menos recursos e onde «o rol de tarefas era mais abrangente devido à falta de recursos. Desta forma, era o enfermeiro que muitas vezes assumia o papel logístico (arrumação e reposicionamento de materiais)». A par da distância, este foi outro dos fatores que levaram Carina a querer mudar de local de trabalho.

No hospital em que se encontra atualmente, Carina refere que «como é um hospital maior, tem outros recursos, tem as pessoas nos sítios mais corretos, e, nesse sentido, acho que valoriza mais o meu trabalho». Está a ser-lhe dada, também, a possibilidade de progredir um pouco na carreira, havendo a hipótese de «tirar uma especialidade em bloco operatório», o que lhe permitirá vir a ser reconhecida como instrumentista especializada – «também tentam agradar um pouco, para não perderem as pessoas que têm a nível de bloco operatório. Estou a gostar desta parte da instrumentação», acrescenta.

No âmbito profissional, Carina destaca sobretudo a boa preparação que sente que os enfermeiros portugueses têm, por comparação com os enfermeiros belgas. A intensa preparação prática, fruto dos diversos estágios realizados, leva a que sinta que são profissionais admirados: «Mesmo no meu grupo de amigos, dizem que os médicos estão contentes com os enfermeiros portugueses, [porque] são críticos e participativos no acompanhamento e desenvolvimento do bem-estar do doente». No entanto, sente que a profissão de enfermagem não tem, na sua opinião, tanto reconhecimento social na Bélgica como em Portugal, admitindo que tal se deverá às diferenças na estruturação do curso («eles têm três anos, aqui é reconhecido como bacharelato. Nós vimos com uma licenciatura, mas somos reconhecidos como bacharéis»). Devido a esta situação, os salários, embora adequados, não são tão elevados como acredita que deveriam ser. Realça, porém, que as condições de trabalho são incomparavelmente melhores, com menos horas de trabalho, menos turnos noturnos, menos fins de semana («não faço turnos atrás de turnos, já é diferente»), permitindo uma melhor conciliação das várias esferas da vida.

Hoje em dia, Carina vive com o namorado. Começaram por morar num duplex arrendado, mudaram-se uma segunda vez para um apartamento mais espaçoso e agora vivem num ainda maior que compraram numa zona residencial em Zaventem, em Bruxelas. A compra da casa deveu-se, sobretudo, ao valor das rendas praticadas, que rondam os 900€: «Pensámos: "Porque não compramos uma casa? Com esse valor quase que conseguimos pagar uma prestação." Conseguimos pagar as prestações e começar a ter alguma coisa cá». Todavia, a compra da casa não é encarada como indicadora de uma estadia definitiva na Bélgica, mas apenas como um investimento futuro. Pretendem ter filhos, embora Carina refira que ainda não têm delineado se a constituição de uma família poderá ou não representar um regresso a Portugal:

> «Vai chegar o momento de saber se vou dar formação cá aos nossos filhos ou vou dar essa formação em Portugal. Claro que gostaria imenso de estar em Portugal, mas não sei, tenho dúvidas. Gostava que tivessem a cultura portuguesa, acho que quando saímos do nosso país começamos a gostar mais dele e a admirá-lo de outra forma, a perceber que há coisas em Portugal que só se encontram em Portugal. (...) Há coisas que me fazem falta, como o ambiente, a língua. Ao início era uma coisa que me fazia muita falta, o expressar espontaneamente dos sentimentos. (...) Portugal tem paisagens, tem cultura, tem

coisas maravilhosas. Se tivesse tudo isso cá [na Bélgica] diria: "Agora, quero ficar aqui". Praia, bom tempo. Se eu tivesse o meu salário e as condições que tenho aqui em Portugal, estava lá sem dúvida, ao pé da família e dos amigos.»

A rede de afetos de Carina está, de facto, bastante ligada a Portugal, quer através da família e dos amigos de infância que permanecem no país de origem, com quem tem contactos regulares, quer através dos amigos na Bélgica, que são também portugueses, com quem tem uma relação muito próxima e que funcionam como uma rede de apoio: «Já estamos há dois anos juntos, unimo-nos pelos mesmos ideais, objetivos. Chegámos na mesma altura, são, mais ou menos, uns quatro ou cinco casais de portugueses. (...) Apoiamo-nos um pouco como família».

Realizam, em conjunto, vários tipos de atividades: jantares mais familiares, nas casas uns dos outros; idas ao ginásio; piqueniques nos parques; descoberta de locais de interesse (cafés, museus, etc.) em Bruxelas, mas também noutras cidades como Antuérpia, Bruges, entre outras. Realça ainda que, ao contrário do que acontecia em Portugal, desde que está na Bélgica já viajou por vários países na companhia de Rui, o namorado: «Como eu nunca tinha saído muito de Portugal, também aproveitamos e já fomos ao Luxemburgo, à Holanda, a França, a Espanha e ao México».

De uma forma geral, esta rede de amizades próximas faz com que Carina se sinta «privilegiada» por não estar sozinha, salientando, contudo, que a sensação de emigrante a tem acompanhado, sentimento partilhado com os amigos que estão na Bélgica: «Dizemos que nos sentimos estrangeiros lá [em Portugal] e estrangeiros cá [na Bélgica]». Foi o facto de ter o apoio próximo do namorado e dos amigos, em particular de uma colega de curso, selecionada pela mesma empresa de contratação, que veio para Bruxelas duas semanas antes de Carina e de quem se tornou bastante próxima, que facilitou ainda mais a sua decisão de sair de Portugal. Reconhece que, sem esse apoio, talvez não fosse capaz de partir nesta aventura: «Sinceramente, acho que sozinha, sozinha, não conseguia, não tinha essa iniciativa. Acho que não conseguia vir sozinha, como algumas pessoas vieram. (...) Teria de ter um motivo realmente forte». Adicionalmente, o apoio e acompanhamento da empresa de contratação revelou-se também bastante facilitador: ajudaram-na a encontrar casa, abrir conta no banco, tratar dos documentos para poder trabalhar na Bélgica, entre outros procedimentos necessários, transmitindo-lhe uma «sensação de conforto».

Carina considera, por isso, que a sua saída de Portugal foi o mais acertado, apesar de, afirma, ter de deixar os seus amigos, a sua família, em particular, a sua mãe, que «iria ficar sozinha». Mas, embora reconheça que foi uma decisão difícil, teve sempre o apoio da família, porque compreendiam que procurasse uma oportunidade de trabalhar na área a que aspirava e na qual investiu. As atuais facilidades de contacto e deslocações ajudaram a diminuir alguns resquícios de apreensão que pudessem existir:

> «Custou-lhe [à minha mãe] um bocadinho, mas agora as coisas estão bem. Ela fala comigo por Skype, eu dei-lhe o meu portátil, e já veio cá várias vezes. (...) Ao início, queria ver--me todos os dias, mas agora já sabe que estou bem. Falamos menos vezes por semana. Já não sente aquela necessidade de saber se está tudo bem, porque já cá veio e sabe que pode estar tranquila, porque estou bem.»

Carina ressalva, porém, que, ao nível familiar, se o pai estivesse vivo, a sua saída de Portugal talvez tivesse sido mais difícil, dada a proximidade que tinham:

> «Agora não sei se teria vindo se o meu pai estivesse vivo. Essa também será uma questão que nunca vou conseguir re-

solver na minha cabeça. Não sei, ele era muito agarrado, talvez ele me agarrasse mais se eu me quisesse vir embora, não sei, talvez ele me pressionasse para ficar e para não desistir tão facilmente.»

Certo é que foram, sobretudo, as razões profissionais que levaram Carina a sair do país. A falta de empregabilidade e a precariedade vivida na sua área é uma preocupação que revela. As poucas ofertas que ainda vão existindo, refere, são a título temporário e, muitas vezes, com remunerações e condições que a deixam revoltada:

«É um sentimento de revolta, porque ter ofertas de trabalho e trabalhar a 3,50 euros à hora, que é muito menos do que ganha uma empregada de limpeza, ou ter propostas para trabalhar como assistente auxiliar, deixa-me completamente revoltada. Quatro anos de estudo e esforço, a tentar ter um bom resultado e depois não ter oportunidades.»

Desta forma, refere que assiste cada vez mais à saída de profissionais de saúde de Portugal, em direção a vários países, incluindo a Bélgica, apesar de referir que lá começam também a fazer-se sentir alguns efeitos da crise.

Os fatores que Carina aponta para esta constante saída de profissionais da sua área estão relacionados com a questão do emprego, pelo que defende uma maior regulação do mercado de trabalho, com vista a garantir o respeito pelos direitos dos trabalhadores, em termos de salário e horas de trabalho, por exemplo. Por outro lado, assinala a falta de capacidade de absorção das vagas existentes no ensino superior por parte do mercado de trabalho: «Não deixem as pessoas tirar os cursos só por tirar, para serem depois abandonadas. Porque é um pouco abandono que nós sentimos quando, finalmente, terminamos o curso». Uma maior adequação das vagas disponíveis às necessidades do mercado e um maior investimento na promoção de cursos técnicos poderão ser, como defende, algumas das medidas a tomar.

A emigração de portugueses qualificados representa para Carina um desperdício de recursos humanos e financeiros, na medida em que existe um investimento na educação (que considera ser de qualidade) que não será recuperado. No caso da área da saúde, Carina declara: «Eles sempre precisaram de nós, vão precisar cada vez mais, e cada vez mais estão pessoas cá fora que nunca terão, infelizmente, oportunidade de se integrar a trabalhar em Portugal».

Não prevê uma evolução positiva deste cenário nos próximos anos, o que lhe desperta uma «sensação de frustração num país que não deu oportunidades», não prevendo, por isso, um regresso num curto espaço de tempo:

> «Se o meu país não me dava uma oportunidade, eu tinha ali uma. É muito duro sair do país, essa é a parte difícil, mas também é aliciante saber que vou ter trabalho, que vou depender de mim própria, vou poder comprar as coisas por mim própria e vou poder gerir a minha vida. Em Portugal, mesmo que conseguisse trabalho, a grande diferença é que não ia conseguir um contrato por tempo indeterminado, ia conseguir uma colaboração com recibos verdes, algo instável, uma situação em que muitos enfermeiros continuam a trabalhar.»

Firmino:
Portugal e Noruega, as grandes diferenças
de duas periferias europeias

Firmino tem 41 anos e emigrou para Oslo em 2001. Licenciado em filosofia, assume-se como o «eterno estudante», tendo concluído, ainda em Portugal, dois cursos profissionais e encontra-se, atualmente, a frequentar, em Oslo, um curso superior de intérprete. Oriundo de uma família disfuncional, com baixo capital cultural, desde cedo Firmino e os quatro irmãos tiveram de conjugar os estudos secundários com ocupações profissionais para proverem ao sustento da família.

Após uma primeira tentativa de emigrar aos 18 anos, que não atingiu o sucesso desejado, regressou a Portugal para prosseguir os seus estudos superiores. O curso de filosofia pelo qual optou, depois de alguma indecisão inicial, não o «impressionou» e nunca vislumbrou um futuro profissional ligado à academia. Esta consciência despertou-o para o facto de o seu futuro estar comprometido em Portugal, constituindo uma das alavancas para a decisão de emigrar. Todavia, os afetos e um companheiro que o aguardava na Noruega foram a motivação primeira para deixar o país e tentar a sua sorte em Oslo.

Tendo rumado à Noruega sem qualquer perspetiva profissional, Firmino foi dividindo a sua condição de estudante com o desempenho de algumas funções, como colaborador num museu, numa loja de *design*, num infantário, como pequeno empresário e, também, em documentarismo na área da fotografia, numa trajetória laboral marcada pela heterogeneidade e diversidade.

Atualmente a viver com três dos seus quatro irmãos que entretanto emigraram também para a Noruega, Firmino não equaciona a possibilidade de regressar tão cedo a Portugal. Criou laços com a cidade e, apesar de não ter obtido ainda a desejada estabilidade profissional, as perspetivas de vir a consegui-lo num futuro próximo são mais positivas por comparação com o que se verificaria se voltasse a Portugal. A cultura, as pessoas e os benefícios sociais de que desfruta na Noruega vão-no mantendo no país.

Firmino assume um posicionamento bastante crítico em relação à empregabilidade em Portugal. Caracteriza o seu país de origem como incapaz de promover políticas de fixação de mão de obra qualificada e criação de emprego para os seus diplomados, levando-os, deste modo, a procurar o sucesso profissional noutras paragens.

Oriundo de uma família disfuncional, Firmino, o mais velho de cinco irmãos, cresceu com a avó paterna e algumas das suas tias até à adolescência, num cenário marcadamente rural e com um contacto próximo e assíduo com a realidade da emigração, frequente na aldeia em que habitava, o que fez com que encarasse com naturalidade, desde sempre, a possibilidade de emigrar. Filho mais velho de uma família com baixo capital cultural, o seu pai, proprietário de uma pequena empresa de construção civil que, «em alguns momentos, se tornou bastante grande», tinha apenas completado a antiga 4ª classe e a mãe era analfabeta, dedicando o seu tempo às tarefas domésticas e à educação dos seus cinco filhos.

Chegado o momento de ingressar no ensino secundário, Firmino, juntamente com os irmãos e a mãe, passou a viver no Porto, o que foi, nas suas palavras, «ótimo» porque lhe permitiu afastar-se do pai, com quem mantinha uma relação difícil, caracterizada, por vezes, pela violência. Porém, dado que a mãe nunca se integrou no mundo do trabalho, quando o pai deixou de assegurar o sustento da família, os filhos tiveram de começar a trabalhar e Firmino «estudava e trabalhava para pagar os estudos», numa constante itinerância entre a escola e uma atividade profissional marcada pela precariedade. Este contexto sociofamiliar desfavorável contribuiu para que nem todos os irmãos conseguissem concluir os estudos secundários e apenas Firmino e a irmã, única rapariga entre os cinco irmãos, tivessem a oportunidade de prosseguir estudos superiores e obter a licenciatura.

Firmino é o tipo de pessoa que a família e os amigos descrevem como «o eterno estudante». Fazem parte do seu percurso académico, além da escolaridade formal, dois cursos profissionais, um de artes e outro de fotografia, ainda durante o ensino secundário. Este envolvimento em várias formações teve como consequência ter passado seis anos a frequentar um nível de ensino composto por apenas três anos letivos. Pelo meio, houve ainda um ano de intervalo, durante o qual Firmino fez a sua primeira tentativa de emigrar, que o levou a Bruxelas. Efetivamente, após ter concluído o primeiro dos dois cursos profissionais e não tendo conseguido aceder ao curso superior desejado – Belas-Artes – Firmino decidiu tentar a sua sorte no estrangeiro, mais concretamente na capital belga, onde viviam tios proprietários de um café, no qual começou a trabalhar. Esta primeira experiência no estrangeiro foi, contudo, vivida de forma bastante negativa. Embora tenha apreciado a cidade, o desconforto que sentiu nesta experiência profissional, a que se somava o facto de os tios não lhe pagarem qualquer remuneração pelo trabalho realizado, ditou o regresso a Portugal pouco tempo depois. Foi nessa altura que iniciou o segundo dos cursos profissionais que concluiu, e que constituiu também uma forma de Firmino protelar, por mais algum tempo, a inserção no mundo do trabalho, que adivinhava de difícil concretização.

Porém, não valoriza desmesuradamente a experiência formativa que adquiriu com a frequência dos dois cursos profissionais. Sente que as competências adquiridas ao longo desse percurso não são, como gostaria, mobilizadas na sua prática profissional presente, sublinhando a aprendizagem da língua inglesa como a mais relevante e útil.

Quando se preparava para iniciar o ensino superior, à indecisão inicial entre os cursos de artes e línguas acabou por seguir-se a escolha pelo curso de filosofia na Faculdade de Letras do Porto. Porém, este curso, nas suas palavras, não o «impressionou». Caracteriza a sua trajetória académica como «mediana»; contudo, não obstante não ter sido um aluno brilhante por, assumidamente, não possuir «perfil académico», refere que tirou partido dos conteúdos curriculares com os quais teve contacto e da experiência no âmbito do programa de mobilidade Erasmus, que o levou a Espanha no último ano da licenciatura. Este período é caracterizado como «muito positivo, porque eles tinham um regime de ensino mais aberto e menos hierárquico. Havia uma relação próxima entre alunos e professores e os temas eram mais atuais. Tinham áreas de ensino muito diferentes, como a ecologia e diferenças de género», o que fez desta uma experiência «fantástica» no seu percurso formativo. Porém, não atribui a este período de mobilidade académica responsabilidade nem sequer influência relevante na sua decisão de emigrar, tomada previamente, mas reconhece o tempo passado em Espanha como muito positivo, permitindo-lhe o contacto com diferentes pessoas e novas realidades académicas. Para Firmino, a experiência enquanto estudante Erasmus funcionou como «a vivência de uma fase e a antecipação de uma nova fase», que viria a constituir, mais tarde, a sua saída para Oslo.

Todavia, é, precisamente, esta consciência de que a sua vida profissional não passaria pela carreira académica, como investigador ou filósofo, que o desperta para o facto de que o seu futuro estaria comprometido em Portugal, país que não lhe iria «permitir viver como professor de filosofia». Nasce, assim, ainda durante a frequência do curso de filosofia, a vontade de procurar outras oportunidades no estrangeiro, fomentada por essa consciência da dificuldade de encontrar uma oportunidade de emprego no seu país, o que hipotecaria os seus planos de, terminado o curso, poder iniciar uma nova etapa da sua vida, assumindo uma relação e garantindo um futuro profissional. Embora tivesse um emprego «não relevante» na FNAC, rescinde o contrato e ruma a Oslo onde o esperava já o seu companheiro, mas sem qualquer outro contacto ou conhecimento que pudesse servir-lhe de ponte com o mercado de trabalho norueguês.

O seu percurso académico prossegue na Noruega, onde, em 2008, ingressou no módulo básico de um curso para intérpretes, na Escola Superior de Oslo. Seguiu-se a frequência de novos módulos em regime de tempo parcial e em ambiente *e-learning* e, num futuro próximo, viria a concluir o curso de Intérprete, área, aliás, na qual trabalha já desde 2009. Ao contrário do que se verificou com o curso de filosofia, concluído em Portugal, muito mais relacionado com objetivos de desenvolvimento pessoal e caracterizado pela ausência de um plano de carreira, a este curso de intérprete está subjacente essa orientação profissional de uma forma muito mais clara.

Na verdade, embora admita a inexistência de um plano claramente definido, Firmino tenciona e aspira a encontrar um emprego estável, embora esteja consciente de que tal não ocorrerá nesta área específica, pelo que antevê um futuro profissional dividido entre a atividade de intérprete e «outras em *part-time* ou *full-time*».

Tendo decidido partir para um país estranho sem qualquer perspetiva concreta de emprego (até porque as razões que o levaram a emigrar não foram profissionais, mas «pessoais e relacionais»), os primeiros tempos de Firmino na Noruega não foram fáceis. Durante o primeiro ano no país não conseguiu obter emprego, tendo aproveitado esse período para fazer a aprendizagem gratuita da língua e ajustar-se a uma nova cultura, sobrevivendo com o apoio do companheiro, visto que ainda não era elegível para os apoios sociais previstos na legislação norueguesa.

Firmino encontra-se, atualmente, a terminar um estágio na Secretaria de Estado para os Assuntos da Integração e da Diversidade Cultural da Noruega, instituição sob a alçada do Ministério para os Assuntos da Igualdade e da Família. Refere com satisfação que, pela primeira vez, está a desenvolver uma atividade profissional com relevância para si e que lhe permite tirar partido das competências académicas adquiridas ao longo do percurso formativo. Profissionalmente, o seu trajeto na Noruega já incluiu a colaboração num museu, numa loja de *design*, num infantário, a criação de uma empresa e o documentarismo na área da fotografia, num percurso marcado pela heterogeneidade e pela diversidade profissional.

O seu agregado familiar na Noruega é, segundo diz, «um pouco invulgar; é um coletivo familiar». Terminada a relação de sete anos com o companheiro, com quem constituiu, num primeiro momento, agregado familiar, Firmino vive, hoje, numa casa arrendada em conjunto com três dos seus irmãos que, entretanto, também emigraram e se lhe juntaram na capital norueguesa, onde trabalham no setor da hotelaria, incluindo a irmã, detentora de um diploma de estudos superiores.

Sobre as razões que o levaram a emigrar, Firmino é perentório: embora Portugal e Noruega, em termos de posicionamento no contexto europeu, sejam dois países periféricos,

> «a diferença é que esta periferia cultural [norueguesa] permite ter um estilo de vida melhor do que em Portugal (...) A Noruega é um país mais rico, tem recursos naturais que Portugal não tem e tem metade da população portuguesa; portanto, tem um conjunto de fatores que permite às pessoas viver melhor.»

Não obstante, essa variável não teve influência na sua decisão, já que esta foi essencialmente determinada por impulsos afetivos.

Firmino não equaciona, por enquanto, a possibilidade de abandonar a Noruega e voltar para Portugal, pois criou vínculos com Oslo, que perspetiva como a cidade que lhe proporcionou a oportunidade de «começar uma nova etapa» na sua vida. Por outro lado, considera que, face à sua situação atual na Noruega e à instabilidade económica que se vive no país natal, «não é muito inteligente mudar para Portugal», que lhe oferece uma ainda menor estabilidade em termos profissionais do que a relativa segurança que conseguiu, entretanto, alcançar na Noruega, onde as perspetivas futuras de construção de uma carreira são, anda assim, melhores. Pelo menos, o país escandinavo oferece-lhe um sistema de suporte social que não vislumbra em Portugal. Este é, na verdade, um dos fatores que justificam a sua decisão de permanecer no país, embora não seja determinante. Permanece aqui essencialmente pela ressonância emocional com a natureza rural onde cresceu, assim como pelas pessoas que fazem parte da sua rede de interações sociais, por quem nutre profundo carinho.

As deslocações ao país natal resumem-se a duas viagens por ano, para visitar a família e os amigos. Com estes considera ter uma relação mais intensa do que com os seus amigos em Oslo, noruegueses mas também portugueses e de outras nacionalidades, todos envolvidos em experiências emigratórias, num círculo de amigos que se quantifica numa dezena. O facto de ter desenvolvido amizade com pessoas com percursos emigratórios idênticos ao seu explica-se, do seu ponto de vista, pela circunstância de sentir que os noruegueses «não estão tão disponíveis para novas amizades» e por encontrar afinidades com outros estrangeiros em situação semelhante à sua. Todavia, esta rede de amigos que Firmino foi construindo não foi, de forma alguma, determinante na sua decisão de permanecer no país. Pelo contrário, devido aos laços perenes que continuam a uni-lo aos seus amigos em Portugal, tal poderia, quando muito, constituir motivo para regressar ao seu país de origem.

Confrontado com a questão de saber quais as razões que o levam a escolher permanecer na Noruega 13 anos depois de ter vindo para este país, Firmino destaca, de novo, a cultura e a estética, a paisagem e as pessoas deste país como fatores relevantes para a sua permanência.

> «[São] fatores de ordem cultural, estética. Tem a ver com a geografia, porque gosto desta geografia. Cresci num meio rural e aqui em Oslo há essa proximidade com a natureza. Também as pessoas são importantes, gosto das pessoas locais.»

Por outro lado, os sólidos apoios sociais exercem, também, uma importante influência na sua decisão, pois reconhece como boas as regalias sociais disponibilizadas pelo país. Adicionalmente, defende que a Noruega oferece aos seus cidadãos, por comparação com Portugal, mais oportunidades de experimentarem «coisas diferentes porque há mais mobilidade social, há mais possibilidade de errar». Isto é particularmente importante para pessoas como Firmino, cujas opções de carreira se revestem de uma relativa oscilação e incerteza, pois é-lhes permitido «ir tentando muitas coisas», ao contrário do que acontece em Portugal, onde «o percurso é muito mais rígido».

Em suma, Firmino afirma que sente a Noruega como o seu «país adotivo», com o qual se identifica. Afirma que criou fortes laços com este país, que o fazem distanciar-se da possibilidade de regressar a Portugal. Tal apenas aconteceria se lhe fosse oferecida «uma oportunidade de vida inesperada e que fosse tentadora». Os seus projetos futuros não incluem, portanto, o regresso a Portugal a longo prazo, afirmando que perspetiva a sua permanência na Noruega «por tempo indeterminado». Planeia adquirir um apartamento, porque sente essa pressão social por parte do país de acolhimento, mas a sua ambição maior é a de encontrar o seu espaço no mundo do trabalho, pelo que elegeu, como objetivo pessoal, a prossecução de um projeto profissional, não só por opção pessoal, mas também pela pressão social que sente (pois a integração profissional é percecionada como importante na integração social neste país ou, pelo menos, nesta cidade). Porém, é principalmente a sua vontade de «encontrar o [seu] lugar na sociedade» que o move na procura de integração social e profissional na Noruega.

Admitindo alguma desconexão relativamente à realidade que se vive no seu país natal, Firmino vai, contudo, acompanhando o que aí se passa no tocante à situação geral da empregabilidade, nomeadamente através dos seus irmãos, mais atentos do que ele à realidade portuguesa. Em todo o caso, atribui a elevada taxa de desemprego, sobretudo entre a população mais jovem, a algumas decisões políticas erradas. Políticas deficientes de criação de postos de trabalho e de fixação das pessoas a Portugal estão, na sua perspetiva, entre os principais motivos do abandono do país por parte de tantos jovens, cuja precariedade profissional e ausência de perspetivas futuras lhes impõe a emigração como única saída. A situação é ainda mais grave entre os jovens diplomados, «que investem e não obtêm retorno e são pessoas altamente qualificadas». Acredita, assim, que em Portugal existe «um grande potencial criativo no espírito português que não está a ser aproveitado». As notícias que recebe do seu país levam-no a acreditar na existência de poucos motivos para otimismo, «porque as coisas não vão melhorar a curto prazo». Atribui grande parte da culpa aos políticos por esta situação, pois parece-lhe que

> «querem que os portugueses saiam do país e se espalhem e arranjem alternativas, porque não há respostas por parte da classe política e empresarial para a criação de novos mercados de trabalho. (...) Mais uma vez no percurso histórico

do nosso país, espera-se que os portugueses saiam e se "desenrasquem".»

Expressa, aliás, uma posição bastante crítica a este respeito, referindo que é fundamental que Portugal e os seus responsáveis políticos se preocupem verdadeiramente em manter suficiente mão de obra qualificada no país, sob pena de se estar a hipotecar o seu desenvolvimento económico. Firmino não perspetiva os elevados custos implicados na formação superior de jovens como um desperdício para o Espaço Europeu. Todavia, é-o para Portugal, na medida em que, havendo necessidade destes profissionais no país, este não promove políticas de fixação dos jovens, «empurrando-os» para soluções que passam, normalmente, pela emigração. Para Firmino, a solução é inequívoca: criação de mais postos de trabalho, sobretudo em áreas carenciadas como, por exemplo, a da saúde, que permitam, desde logo, absorver a mão-de-obra formada internamente e «exportar», sob a forma de emigrantes, os recursos humanos excedentes. Deste modo, o preocupante fluxo atual de mão de obra qualificada para o estrangeiro deixaria, então, de constituir um problema para Portugal.

Adriana Pereira:
«Se não tivesse saído para Londres teria saído para outro país»

Adriana, de 28 anos, vive em Londres há apenas dois. Saiu de Portugal em outubro de 2012 mas já não vivia com os pais desde os 18 anos, altura em que entrou na Universidade no Porto e saiu da freguesia do concelho de Barcelos onde residiu até aí com os pais, o irmão, quatro anos mais velho, e os avós maternos.

Licenciou-se em economia, área que seguia desde o ensino secundário. Contudo, e apesar de sempre ter tido um percurso académico de excelência, esta não era a área que mais lhe agradava, preferindo o *marketing* ou a gestão. Apesar de esta indecisão a ter acompanhado ao longo do seu trajeto, a influência dos pais e de alguns professores orientam-na para economia. A abrangência do curso e a taxa de empregabilidade («quando entrei em 2004 [...] tinha 100% de empregabilidade») tiveram também um papel importante na escolha da licenciatura que conclui em 2009.

Ainda assim, apesar de nunca ter estado desempregada e de sempre ter exercido funções compatíveis com as suas habilitações académicas – teve uma oferta de uma empresa internacional de cosméticos, em Lisboa, antes de terminar o curso, trabalhou numa empresa de telecomunicações e agora numa instituição da banca, em Londres – não se sente completamente satisfeita com a área em que trabalha e gostaria de voltar a estudar e de operar uma mudança na sua carreira. Esta, assim como a mudança para outro país, faz parte dos seus planos a médio prazo.

Para além da mudança de casa (em tempo de aulas) para o Porto, e depois a sua «migração» para Lisboa, Adriana viveu também, durante um semestre, em Madrid, ao abrigo do programa Erasmus. Estas experiências e sobretudo, a mobilidade em Erasmus, tiveram um grande peso na sua decisão de sair de Portugal («criou aquele bichinho de sair, querer conhecer outros horizontes, ver outras pessoas»). A decisão de se mudar para Londres envolveu, todavia, outros fatores: as dificuldades socioeconómicas que se faziam sentir em Portugal; a vontade de uma maior progressão profissional; o conhecimento de experiências de sucesso de muitos dos seus amigos que emigraram antes de si; e a presença do seu namorado nesta cidade. Este último fator teve, de resto, o maior peso na escolha da cidade.

Admite que gostaria de voltar a Portugal, embora reconheça que, dadas as condições de empregabilidade atuais, que fomentam, na sua ótica, a emigração sem retorno ao país de origem, esta é uma realidade que não será concretizável para já.

Natural de uma freguesia do concelho de Barcelos, Adriana, nascida em 1986, aí residiu com os pais, o irmão, quatro anos mais velho, e os avós maternos, entretanto falecidos. O avô, que trabalhava em Aveiro, numa empresa de recauchutagem, resolveu «mudar de vida», aproveitando um prémio que ganhou num jogo social, e mudou-se para Barcelos, tinha a mãe de Adriana seis anos. Comprou um terreno, onde construiu a casa onde viveram (e onde os pais de Adriana vivem ainda hoje), e estabeleceu uma plantação de quivis e de vinhas. A avó, oriunda de «uma família de senhores de terra» de Vieira do Minho, tinha um gosto especial por moda e era costureira «mas de roupa como se fosse de alta-costura».

O pai de Adriana, engenheiro eletrotécnico, formou-se na Universidade do Porto, instituição escolhida por Adriana para fazer o seu curso, um pouco também por esta influência paterna: «Ele adorava o Porto. Quando falava dizia – "*Ah*, o Porto". Se calhar foi um pouco essa a razão que me levou a também querer ir para o Porto, não sei». Adriana destaca a autonomia do pai para prosseguir os estudos, tendo juntado dinheiro fruto do seu próprio trabalho: «o meu pai só foi para a universidade aos vinte (...) e nunca pediu dinheiro aos meus avós, pelo que eu percebi, porque juntou primeiro dinheiro e só depois foi estudar».

Apesar da formação académica, o pai não chegou a exercer engenharia, tendo desenvolvido uma carreira na docência do ensino básico, da qual já se reformou, na área das ciências e matemática, numa escola cooperativa de que era sócio fundador. Adicionalmente, o pai de Adriana fundou uma empresa de metalurgia que ainda hoje dirige, tendo, pelo meio, outros negócios, como uma bomba de gasolina, onde a mãe de Adriana trabalhava, ou uma parceria com uma empresa (de uma outra indústria) no Senegal. O empreendedorismo e a vontade de «investir e meter-se em tanta coisa ao mesmo tempo» são características que Adriana destaca na história de vida do pai.

A mãe fez a 4.ª classe do ensino básico, apesar de Adriana destacar que «é uma pessoa extremamente inteligente e curiosa. (...) O sonho dela era ser médica». Porém, este «sonho» não se realizou dados os valores patriarcais no seu núcleo familiar da altura: «o meu avô [era] uma pessoa muito rígida e não deixou a minha mãe estudar; uma menina era para estar em casa». Apesar deste constrangimento, Adriana refere que a sua mãe sempre foi emancipada. Mais tarde, concluiu o 9.º ano de escolaridade e decidiu criar a sua própria empresa de produção e venda de flores, tendo usado o terreno da quinta onde viviam, e que entretanto tinha ficado desocupado, dada a deterioração do estado de saúde e posterior falecimento do avô de Adriana. O negócio da mãe expandiu-se, mas o adoecimento da avó de Adriana levou-a a deixar o negócio para se dedicar exclusivamente à assistência familiar.

O gosto da mãe pela música – faz parte do grupo coral da terra e estudou música no Conservatório da Gulbenkian de Braga – tornou-a uma referência central na família («a música sempre foi uma coisa que existiu muito na família, temos um piano em casa»). Desta forma, tanto Adriana como o seu irmão foram incentivados nestas áreas artísticas. O seu irmão teve aulas de música na Gulbenkian até ao 10º ano, a par com o ensino regular, e Adriana chegou também a prestar provas para o mesmo conservatório, na área de dança clássica – *ballet* - uma área de que gostava. Recorda ainda um episódio que a marcou:

«Havia três vagas no meu ano e eu fiquei em 4º lugar. Lembro-me perfeitamente de quando fui ver a pauta, de ver que tinha ficado em 4.º lugar. Mais tarde vim a saber, há três ou quatro anos atrás, que houve uma pessoa que desistiu e eu nunca soube. (...) A minha vida teria sido totalmente diferente se eu tivesse ido para lá estudar.»

A par da música, Adriana destaca que a leitura era também uma das atividades muito incentivadas na família, ao contrário do que se passava com a utilização das novas tecnologias. As atividades ao ar livre eram encorajadas mas a utilização daquele tipo de equipamentos foi tardia e controlada:

«A minha mãe é contra qualquer coisa informática, portanto não nos deixou ter um computador até 97. Trancava a porta da sala à chave e dizia que nós devíamos era brincar lá fora e não estar em frente ao computador. Toda a gente tinha internet, mas eu não tinha, foi muito tardio. Só tive o meu primeiro portátil no terceiro ano da faculdade.»

Contudo, e como Adriana refere, «quem não tem cão caça com gato», estes «obstáculos» não a impediram de ter acesso aos equipamentos e ferramentas informáticos quando precisava. As idas a Braga eram frequentes («ia muito para a biblioteca de Braga usar os computadores»), principalmente a partir da frequência do 11.º e 12.º anos do ensino secundário, altura em que mudou de escola. Adriana estudara até então na escola cooperativa na qual o pai dava aulas, mais perto da sua área de residência, tendo completado aí o 10º ano. Todavia, e porque «aos 14, 15 anos já não se acha muita piada a ter o pai na escola», Adriana transferiu-se para um estabelecimento de ensino no centro de Braga. Com esta mudança, salienta, começou a ter mais acesso a outro tipo de atividades culturais que até aí estavam limitadas, como o cinema, ou o teatro:

> «O facto de morarmos a 15 quilómetros de Braga e o facto de ser ainda muito jovem, sem carro nem carta de condução, dificultava muito o acesso ao que quer que fosse, à cultura, ao teatro, ao cinema. Quando, no secundário, fui estudar para o centro de Braga, já tinha mais acesso, porque fiz amigos que viviam no centro e, muitas vezes, ficava a dormir em casa deles.»

Adriana licenciou-se em economia na Universidade do Porto, em 2009, tendo sido esta a primeira vez que saiu de casa dos pais para viver deslocada durante cinco anos. Com um percurso escolar sempre de excelência, o prosseguimento de estudos universitários foi algo «natural», apesar de no início da adolescência reconhecer que «não queria ir para a universidade, porque ficava muito nervosa com os testes», ideia que depressa se desvaneceu.

A escolha da Universidade do Porto foi influenciada pelo pai, que sempre transmitiu boas recordações da instituição e da cidade, pela professora de economia do 12.º ano que a incentivou também a escolher o mesmo curso e pelo facto de a própria universidade ser muito prestigiada. Segundo Adriana, «era a melhor universidade do país em economia, tinha a média mais alta e era a que tinha mais prestígio na altura.»

A escolha da área de estudos surgiu cedo, na passagem para o ensino secundário, por grande influência da sua mãe e pela familiaridade com o negócio do pai. O seu interesse inicial era o jornalismo, mas a preocupação com a empregabilidade esteve desde cedo presente:

> «Eu queria ser jornalista e a minha mãe disse-me algo de que, por acaso, nunca mais me esqueci: "Filha, tens de ir para um curso com matemática, porque senão as coisas não vão ser fáceis." E já na altura, há 15 anos atrás, não estávamos como estamos hoje, com a crise financeira que se sente, mas, realmente, foi uma boa ideia. Decidi então que, se não podia ser jornalismo, humanidades, como não gostava de ciências nem de laboratório, iria para economia. Foi um bocado por exclusão de partes, mas também porque eu sabia que era uma área com saída. Já com 14 anos sabia disso. Além disso, o meu pai tem uma empresa e eu adorava ir para lá, quando era mais miúda, brincar como secretária dele.»

Apesar de não ser economia a sua opção inicial («lembro-me de que na altura queria *marketing*»), a confluência de vários aspetos, como as conversas com a professora de economia de quem «gostava muito»; a familiaridade com a empresa do pai; o eventual desejo de que Adriana prosseguisse mais tarde o negócio («dizia na brincadeira que gostava muito que um dia eu ficasse com a empresa [...] embora nunca tivesse exercido pressão») e o sucesso escolar na área fizeram com que a escolha desse curso parecesse a mais acertada.

A sua experiência na universidade foi excecional apesar de no início ter sentido alguma frustração com o curso, principalmente com a organização e a estrutura das aulas, chegando mesmo a equacionar a mudança para gestão. Porém, como terminou o primeiro ano com boas notas e se sentiu mais integrada, decidiu concluir o curso a que se tinha proposto:

> «Confesso que quando entrei na faculdade pensei que cometera um erro porque no espaço de uma semana percebi que não gostava disto. Foi muito estranho, porque no secundário gostava bastante das disciplinas e era um ambiente completamente diferente. O professor está com trinta pessoas e aprende-se muito mais. Chego à universidade, estão cem pessoas num auditório e o professor não quer saber de nós. (...) Aquilo foi um choque grande; pensei que devia ter ido para gestão.»

Esta ideia de «estar no curso errado», porque não se via a trabalhar nesta área, mas sim na área do *marketing*, acompanhou-a durante toda a licenciatura, embora não a tenha impedido de terminar o curso com sucesso:

> «Acabei o curso com a mesma facilidade, mas já não com notas de 18 e 19. Primeiro, porque a FEP era conhecida na altura por ser uma faculdade onde acabar com 14 era o *top 10*. Portanto, passar era já por si só uma proeza, porque o curso era de quatro anos e a média para terminar era na altura de oito anos.»

A influência do seu grupo de amigas e também de um professor de macroeconomia foi preponderante para que Adriana chegasse a bom porto e terminasse o curso com êxito:

> «Na faculdade tinha um grupo de nove amigas, éramos dez mulheres muito amigas, a tirar o mesmo curso no mesmo ano,

e estudávamos, ajudando-nos umas às outras. (...) Lembro-me também do professor de macroeconomia que teve muita influência porque era alguém que estava mesmo empenhado em ajudar os alunos e fazer com que eles aprendessem.»

Apesar de ser um curso de quatro anos, Adriana terminou-o em cinco, uma vez que não teve equivalência a várias disciplinas que fez em Erasmus e também porque investiu em outros aspetos que não só o estudo. Para Adriana, as chamadas *soft-skills* são tão importantes como as *hard-skills*:

«Decidi investir algum tempo no estudo e outro tanto em relações de amizade e férias, viagens, que isso também é importante, não é só estudar. (...) Toda a gente achava que aquela miúda [referindo-se à melhor aluna do seu curso] ia ter um bom trabalho e depois chegava às entrevistas e nada, porque perdeu uma parte que foi a parte social e de integração e de saber estar com pessoas a falar, ser extrovertida, perdeu essa parte toda. Eu acho que é importante fazer Erasmus, ir para a queima das fitas oito noites, fazer amigos, ir a jantares, até porque a rede social também é muito importante.»

Desta forma, a sua experiência universitária foi muito para além das portas da faculdade. O facto de ter ido sozinha para o Porto, para uma cidade nova onde não conhecia ninguém – «das duas turmas de economia, mais ninguém teve média para entrar na FEP» – proporcionou-lhe experiências que, admite, só neste contexto conseguiria ter. Entre ter um carro e fazer as viagens diárias para casa dos pais, ou mudar-se para o Porto, escolhe sem hesitações esta última opção porque lhe permitiria novas vivências.

Estar «por sua conta» trouxe-lhe benefícios, como a rede de amigos que ainda hoje mantém, mas também dificuldades como a gestão do tempo livre e do tempo de estudo. Reconhece que a primeira experiência de vida fora do contexto familiar influenciou a sua «maneira de ser», tendo ficado mais independente, assim como a impulsionou a «querer fazer outras coisas fora da zona de conforto, fora das cidades onde se vive, quer seja dentro do país, quer fora». A experiência de mobilidade Erasmus, realizada na Universidade Autónoma de Madrid durante um semestre, enquadra-se nesta progressiva entrada na autonomia própria da vida adulta:

> «Fui com o intuito de ficar seis meses, mas, entretanto, gostei de tal forma de viver em Madrid que em dezembro fiz tudo para ficar um ano, embora os meus pais me tivessem dito que não me deixavam ficar. Finalmente, não deixaram mesmo, portanto, tive de voltar a Portugal. Também era muito caro, eu percebi isso e não insisti muito.»

Nesta sua experiência de mobilidade, Adriana aproveitou para se dedicar mais a disciplinas da área de gestão, área que tinha vindo a ocupar cada vez mais o seu campo de interesse. Este período de mobilidade foi também marcante. A abertura ao desconhecido, não só à cidade, mas também às pessoas e à cultura ampliou a sua vontade de conhecer «outros mundos», influenciando mais tarde a sua saída de Portugal para Inglaterra.

> «Aquilo marcou-me porque, primeiro, foi a abertura total a pessoas diferentes, culturas diferentes, tudo isso abre um bocado os horizontes. Houve pessoas que odiaram, que se vieram embora, mas quem gosta realmente começa a pensar que depois de Madrid podia ser outra coisa qualquer. Aquilo ficou-me na cabeça porque gostei muito de lá estar. Aqueles seis meses foram incríveis. (...) Mas isso influenciou bastante [a minha decisão de depois emigrar].»

Adriana destaca sobretudo os aspetos pessoais e profissionais desta experiência. A aprendizagem da língua é um dos factos que realça, uma vez que toda a sua interação na universidade e as suas atividades de lazer eram feitas em espanhol:

> «As aulas são em espanhol, os exames são em espanhol, é tudo em espanhol. Os alunos Erasmus falam em espanhol entre si, ninguém falava em inglês, porque o intuito das pessoas ao ir para Espanha era também aprender a língua. Eu quando saí de lá, ao fim de seis meses, falava fluentemente espanhol. Tínhamos cursos intensivos de espanhol, pagos pela universidade, eram três horas por semana durante seis meses, com um exame no fim, com direito a diploma.»

As viagens que fez dentro de Espanha e a rede de amizade que constituiu e se mantém até hoje são outros dos pontos que Adriana salienta. O lado menos positivo e que representou alguma surpresa foi a exigência que encontrou na universidade de Madrid, uma vez que, ao contrário do que constatava nas experiências de outros colegas, em outros países, que regressavam com notas elevadas, os que fizeram Erasmus em Madrid «vinham com negativa, ou com 10 ou 11». Por outro lado, do ponto de vista profissional, Adriana defende que este período a ajudou no seu percurso, quer pela independência, autonomia e responsabilidade que considera que estas experiências representam, quer pelo domínio de mais uma língua, dois aspetos muito valorizados nas entrevistas de trabalho em Portugal e em Londres.

O primeiro contacto que teve com o mercado de trabalho foi ainda no contexto da faculdade, no Porto, de 2005 a 2007, onde, através de uma Júnior Empresa, a FEP Junior Consulting, Adriana fez alguns trabalhos de consultoria, complementando a lacuna prática do seu curso, e adquirindo um maior conhecimento do mercado de trabalho:

> «Estive lá dois anos, ajudou-me a perceber o que iria ser o mercado de trabalho e ajudou-me a transpor o que eu aprendia

na teoria para a prática. O curso era muito teórico, não era propriamente um curso prático».

O facto de a licenciatura em economia ter sido um curso «muito teórico» é uma das críticas que Adriana avança, embora destaque que, por outro lado, dota os alunos de uma grande capacidade de aprendizagem ao longo da vida. Quase a terminar o curso, Adriana tinha a expetativa de conseguir trabalho numa multinacional, apesar de o mercado de trabalho estar já em retração, pelo que submete candidaturas em Lisboa e fora de Portugal.

Reconhece que sempre foi ambiciosa e aspirava, desde cedo, a atingir um alto cargo de gestão numa grande empresa que lhe permitisse «mudar o mundo e deixar o [seu] cunho na sociedade», algo que agora constata ser difícil, dadas as concessões necessárias e a importância cada vez maior que atribui ao campo afetivo:

> «Fui-me apercebendo de que para isso acontecer tinha de abdicar de outras coisas, portanto ou me dedicava a 100% à faculdade e à carreira e tudo o resto se perdia, ou então fazia um misto de ambos e já não ia atingir o ponto mais alto que eu queria. (...) Com a idade vou-me apercebendo de que é muito importante o resto. Portanto, se tivesse de escolher entre o meu namorado ou o emprego, escolhia o meu namorado.»

O seu primeiro emprego fora do contexto da universidade foi numa empresa internacional de cosméticos, em Lisboa, para onde se mudou, tendo recebido uma proposta desta empresa dois meses antes de terminar a licenciatura. Tinha ainda enviado poucos currículos – «não tinha estado ativamente à procura» – e resolveu experimentar. Desempenhando funções na área do *marketing* e gestão de produto, permanece na empresa cerca de um ano, até 2010, mas não considera que tenha sido um trabalho particularmente desafiante.

Após esta experiência, foi selecionada para trabalhar numa empresa de telecomunicações, também em Lisboa, onde se manteve cerca de dois anos, até 2012. Esteve seis meses como *trainee* e passado este tempo foi integrada como *Project Manager* numa equipa especializada, onde aperfeiçoou o conhecimento de várias ferramentas informáticas e participou em «vários projetos de melhoria, de otimização operacional».

Em outubro de 2012 Adriana decide sair de Portugal. Despede-se e resolve ir para Londres («vim sem emprego, vim sem nada»), onde o namorado estava já a fazer o mestrado e onde conseguiu trabalho logo de seguida. Passado um mês, Adriana consegue arranjar emprego numa instituição da banca londrina, local onde se encontra atualmente. Apesar de reconhecer que nunca desejara trabalhar neste setor, é nesta área que se encontra agora.

Adriana destaca o papel que a rede de conhecimentos criada entre os portugueses qualificados teve na rapidez com que encontrou emprego. Recorda sobretudo duas pessoas: o seu antigo chefe na empresa de telecomunicações que se ofereceu para divulgar o currículo entre as pessoas que conhecia em Londres e «uma pessoa que trabalha na [instituição bancária]» que Adriana não conhecia, que recebeu o seu currículo e o divulgou junto das equipas que estavam a recrutar naquele banco.

Inicialmente foi trabalhar no *investment banking*, na área de *compliance* «área legal e regulamentar». Tinha um contrato de três meses que foi renovado até ao tempo máximo previsto de um ano, candidatando-se posteriormente a um cargo interno que entretanto tinha aberto no retalho. Hoje trabalha no departamento de «retalho para a Europa - Portugal, Espanha, França e Itália», como *Product Review Governance Manager*, estando já, após um ano na empresa, um nível acima do cargo que foi desempenhar inicialmente.

Todavia, as expetativas que Adriana tinha em relação ao mercado de trabalho londrino não se cumpriram inteiramente, dada a formalidade das relações e uma certa desorganização do trabalho que contrapõe à tradicional produtividade anglo-saxónica veiculada pelos estereótipos dominantes em Portugal:

«Estava à espera de trabalhar muito e de aprender muito e que realmente Londres tivesse um ambiente de alta produtividade. Acho que fazia muito mais em Portugal do que em Londres e nesse aspeto foi um choque. Há muita gente que não faz nada o dia todo e isso confesso que não estava à espera de encontrar.»

A saída de Adriana para Londres foi encarada com alguma naturalidade pela sua família. O facto de já não estar a viver na casa dos pais desde os 18 anos poderá ter tido alguma influência na aceitação da sua saída como natural. Na família, recorda experiências de migração sobretudo do lado paterno, sendo, porém, a experiência do seu pai que destaca neste contexto. Esteve no Canadá na apanha do tabaco, quando tinha 18 anos, e regressou ao fim de dois anos. Passou por Espanha e devido a negócios esteve também, transitoriamente, no Senegal e em Veneza.

No entanto, Adriana não atribui a estas experiências familiares qualquer peso na sua decisão de sair de Portugal, justificando-a num plano mais pessoal, e apontando como exemplo o caso do irmão:

«O meu irmão é um bom exemplo para falar sobre isto, porque tivemos a mesma educação, tivemos os mesmos pais, vivemos no mesmo sítio. O meu irmão foi como estudante Erasmus para Florença, ao fim de um mês desistiu. Não gostou de participar no Erasmus e veio-se embora ao fim de um mês. Nunca saiu de Braga, estudou em Braga, nunca fez nada fora, sempre viveu com os meus pais até há pouco tempo. Agora é que saiu com 31 anos, e nunca teve vontade de emigrar, de sair, embora tenha tido a mesma educação.»

Para Adriana, o motivo principal da sua emigração surge do desejo de conhecer o mundo, incrementado pela sua experiência no programa Erasmus e pelo facto de o seu namorado estar em Londres a trabalhar. Num segundo plano surgem as condições socioeconómicas que Portugal vivia na altura («o aumento dos impostos, o primeiro ministro a incentivar a saída dos jovens»), a situação geográfica de Londres e o potencial do seu mercado financeiro. Ainda assim, Adriana admite que o fator que teve mais influência na escolha do momento terá sido o facto de o namorado já residir nessa cidade.

Presentemente, é lá que Adriana vive, com o namorado, engenheiro civil, num apartamento arrendado, onde dividem todas as despesas, mas respeitando a autonomia de utilização do rendimento de cada um. Admite que o casamento nunca fez parte dos seus desejos e não é algo que ambicione, embora o encare com alguma naturalidade, o mesmo se passando quanto ao momento de ter filhos. Não é um anseio que tenha para já, apesar de reconhecer que o namorado gostaria de, a médio prazo, constituir família.

A maior diferença que Adriana contrapõe ao modelo da família de origem reside no maior acesso que tem a várias atividades culturais e de lazer, como museus, teatro, viagens e ao valor instrumental e utilitário que atribui ao dinheiro. A ideia de poupança foi sempre algo que a mãe lhe transmitiu, mas com a qual Adriana não concorda totalmente:

«Nunca viajei com os meus pais. Lembro-me de irmos uma vez a Paris de carro e outra vez fomos passar uma semana a Póvoa de Varzim. Foram as únicas férias que fiz com os meus pais. Era uma mentalidade muito preocupada com poupar, não gastar dinheiro, porque não se sabe o que vai acontecer.»

No entanto, afirma que as suas expetativas não se cumpriram totalmente nesta esfera da sua vida, na medida em que esperava conseguir usufruir mais das oportunidades culturais disponíveis. Reconhece, porém, que é diferente estar em mobilidade Erasmus, de férias ou em emigração laboral («é uma vida completamente diferente»). Por outro lado, evoca as limitações criadas pela mobilidade circunscrita aos transportes públicos num grande espaço metropolitano:

> «Os transportes públicos fecham à meia-noite e eu tenho de vir para casa de metro, não tenho carro e não vou de táxi, que é um bocado caro, o que condiciona a vida social. Há tanta coisa para fazer, teatros, museus, há milhares de coisas que se pode fazer mas, realmente, os transportes públicos e o facto de a cidade ser enorme condicionam-nos bastante.»

Este maior acesso a diferentes atividades e viagens, assim como um maior poder de compra são outros aspetos que Adriana refere como importantes no seu desejo de sair de Portugal. Algumas das pessoas do seu grupo de amigos em Portugal tinham já emigrado antes de Adriana e as suas experiências de sucesso foram também um impulso que aumentaram a vontade original:

> «Era o facto de elas estarem numa posição em que puderam viajar e conhecer outras coisas a que eu não tinha acesso. Um salário de 1000 euros não permite pagar uma viagem de avião de 1000 euros; ou junto durante um ano e tal, ou dois, para pagar aquela viagem, e depois só bebo água e como pão, ou então não é fácil. O facto de estarem constantemente a mandar fotografias da Venezuela, do Peru, da Argentina, do Brasil influenciou-me, fez-me querer a mesma coisa. Não era só o dinheiro, era o facto de terem acesso a coisas que eu não tinha.»

Adriana tem muitos amigos que saíram de Portugal, na maioria antes de ela ter saído, e que mantêm uma carreira de sucesso, o que representou, de alguma forma, uma certa validação e banalização da sua própria saída e da saída das pessoas da sua geração.

A sua rede de amigos continua a reportar-se a Portugal: quer os amigos de infância e da faculdade ou ainda os de Lisboa, que ainda preserva e com quem mantém contactos diários, via internet ou quando vem a Portugal; quer os amigos portugueses em Londres, uma vez que reconhece que «é um bocado difícil fazer amigos cá porque se forem ingleses são completamente diferente de nós»; quer ainda, os amigos de Portugal que entretanto emigraram para outros países.

Adriana defende que a emigração qualificada a que se tem vindo a assistir em Portugal representa um desperdício para o país, uma vez que acredita que grande parte das pessoas, como, de resto, é confirmado pelos seus amigos, não pretende regressar a Portugal, dado que, saindo solteiros, «vão encontrar alguém de outra nacionalidade, e nunca mais voltam». Destaca a componente afetiva como tendo um grande peso na emigração, como aconteceu no seu caso: «basta um ir e mais cedo ou mais tarde o segundo acabará por ir também».

Por outro lado, se bem que a emigração qualificada possa trazer algum retorno para alguns países, Adriana acredita que este «não é o caso de Portugal, porque ninguém vem para Portugal, uma vez que é preciso falar português e nós não somos um país recetor de estrangeiros qualificados, pelo facto de só falarmos português».

Desta forma, defende que o Estado português deveria desenvolver medidas mais ativas para «ajudar as pessoas a ficar» e não incentivá-las a sair: («o primeiro-ministro dizer para as pessoas saírem é uma coisa que me irrita, a sério, não gosto nada de ouvir essas coisas, porque vai deixar de haver mão de obra ativa, crianças a nascer»). O incentivo à contratação de médio e longo prazo de jovens quadros pelas empresas é uma das medidas que destaca. Uma maior fiscalização das condições do emprego, com o objetivo de combater a precariedade e um maior controlo das bolsas de mestrado ou doutoramento de portugueses no estrangeiro, criando incentivos e restrições que garantam o regresso dessas pessoas, são outras das medidas que Adriana sugere:

«Devem criar-se medidas que ajudem as pessoas a ficar. Por exemplo, doutoramento ou mestrados. Sou a favor de bolsas para estudar no estrangeiro mas ao mandar a pessoa para fora teria de haver um retorno. Ou seja, as pessoas regressariam ou então teriam de pagar tudo o que o país lhes deu. Se eu fizer um mestrado pelo banco, se sair tenho de devolver o dinheiro.»

As condições de trabalho e as limitações no que respeita à progressão e sucesso na carreira são os fatores que levam a que Adriana não equacione o seu regresso a curto ou médio prazo, apesar de desejar regressar (e já ter desejado fazê-lo num prazo de cinco anos): «Eu quero voltar para Portugal, sem dúvida. É lá que está a minha família, amigos e é lá que eu gosto de estar porque é a minha cultura, faz parte de mim. Mas não dá».

Os seus planos passam, por isso, pela mudança de carreira («não é isto que eu quero fazer»), pelo prosseguimento de estudos – «em cinco anos vamos pensar em voltar a estudar, mudar o meu rumo na carreira e ir para outra área» – e mudar-se para outro país, uma vez que acredita que esta mudança será mais difícil em Londres do que seria noutro país, incluindo Portugal:

«Acho que é mais fácil em Portugal do que em Londres porque eu consegui saltar da [empresa de cosméticos] para a [empresa de telecomunicações], enquanto em Londres saltar entre indústrias e funções é difícil, porque há um foco nas especializações.»

Apesar de Adriana nunca ter estado desempregada e de não conhecer qualquer colega da mesma área que não tenha emprego, admite que o número de vagas é cada vez menor, aumentando a competição e deteriorando as condições de trabalho. Portugal é, então, para já, uma hipótese descartada no futuro profissional de Adriana e do seu namorado (que como engenheiro civil sente mais as dificuldades vividas em Portugal), sendo Londres o local que lhes permite ter sucesso profissional, construir currículo e *networking* para uma eventual saída para outro país. Londres é vista por Adriana como um local de passagem, de amadurecimento e de enriquecimento profissional e não como o local onde viverá definitivamente:

«Londres dá-me a possibilidade de ter dinheiro, dá-me a possibilidade de saltar para outro país, como os Emirados Árabes Unidos, ou outro qualquer, que venha a pagar-me ainda mais, não podemos pensar que em Londres vamos ficar ricos, porque isso não vai acontecer. É por assim dizer um passo intermédio, vai-me dando currículo, apende-se a língua, dá-me dinheiro para depois saltar para outro lado e mudar o rumo da minha vida. Mas são duas esferas: Portugal é o meu país, é onde eu gosto de estar, embora neste momento não seja possível. A carreira, neste momento, tem de ser construída fora.»

A MOBILIDADE ACADÉMICA, PRECURSORA DA EMIGRAÇÃO PROFISSIONAL

Rui C. Gomes:
«De um Erasmus para uma multinacional na Bélgica»

Rui C. Gomes, nascido em 1986, filho de mãe assistente comercial, atualmente desempregada, e pai bancário, divide as atenções com a irmã, mais nova do que ele nove anos, e a avó, membro essencial para o equilíbrio da família. É esta a sua "base de impulso para ir tomando decisões corretas", sendo que uma delas foi a de emigrar.

Muito cedo considerou essa hipótese, talvez por ver no pai o exemplo de uma pessoa que deixou o seu país: chegou a Portugal, vindo de Angola com os seus pais e irmão, aos 17 anos, e por cá se estabeleceu definitivamente.

Rui tencionava seguir-lhe as pegadas, mas não para terras africanas. A alta taxa de empregabilidade e os ordenados milionários oferecidos no tempo em que Rui ponderava emigrar não foram suficientes para convencê-lo a ir para um local onde a segurança não era garantida. E, quase por obra do destino, Rui acabou mesmo por ficar pela Europa, com um emprego na sua área de formação, salário compatível e uma qualidade de vida bastante satisfatória.

Uma experiência do programa Erasmus foi suficiente para que o seu percurso se alinhasse. Foi para a Bélgica enquanto estudante de engenharia automóvel, área na qual se licenciou e onde acabou por encontrar o seu atual emprego. Ainda voltou ao país natal para uma curta experiência profissional numa empresa do ramo automóvel, mas foi, passados apenas dois meses, repescado pela empresa que poucos meses antes não o tinha selecionado, para integrar a equipa de trabalho.

Não tem dúvidas de que a opção foi a correta, pois naquele país consegue conjugar a vida pessoal com a profissional sem ter de «contar trocos», como provavelmente aconteceria em Portugal.

Para já, os planos passam mesmo por ficar por lá. Vive com a namorada, em casa própria, espera do futuro a ascensão profissional na sua área e a realização pessoal, ou seja, manter os bons amigos que o acompanham na jornada e constituir família. Nos próximos anos não pensa deixar o país.

Numa fase em que Portugal atravessa grandes dificuldades, Rui não hesita em justificar a emigração dos jovens com a falta de condições que as empresas ou empregadores oferecem. E é tudo uma questão de mentalidade: enquanto na Bélgica o recém-licenciado é visto como um recurso valioso para a empresa e esta aposta na sua formação e desenvolvimento de forma continuada, em Portugal a mentalidade é a de que o jovem que sai da faculdade não tem capacidade de decisão e de gestão das tarefas inerentes à função a que se candidata.

Rui ingressa no curso de engenharia automóvel na Escola Superior de Tecnologia e Gestão do Instituto Politécnico de Leiria, em 2005, com 19 anos. Rapaz com pouco gosto pelos estudos, fez o ensino primário em Lisboa, o ensino básico na Malveira – altura em que se mudou de Lisboa – e o secundário em Mafra. No secundário, optou pela vertente do desporto, uma vez que não tinha nenhuma ideia do que gostaria de fazer profissionalmente e, por isso, escolheu a área em que se sentia mais confortável. A informação era pouca e Rui sentia-se sem bases para fazer a sua opção. Mas o seu aniversário, naquele último ano de secundário, trouxe-lhe um presente especial:

«Não estava bem ciente daquilo que queria fazer a título pessoal, sendo que, por pura coincidência, no dia dos meus anos, a minha prima levou um jornal que tinha listados todos os cursos disponíveis no país e, ao ler o jornal, tomei conhecimento do curso de engenharia automóvel, que até ali desconhecia completamente e deu-se imediatamente um clique... Pesquisei depois também a Universidade de Setúbal, uma vez que também estava relativamente perto e também estava relacionada com a área automóvel, mas como não era engenharia, optei por Leiria. Estas foram as minhas únicas escolhas para a minha candidatura. Se não entrasse, preferia não entrar em mais nenhuma – e acabei por entrar na minha primeira escolha.»

Na realidade, aquele jornal que a prima lhe trouxera veio apenas despertar o interesse por uma atividade há muito apreciada por Rui: «tinha alguns vizinhos que lá mexiam no seu carro e que me iam ensinando certas coisas. Então o bichinho começou a aparecer, pois também desde muito cedo tive motas. Foi uma ligação fácil de estabelecer, sendo que começou a ser construída muito cedo».

A cidade de Leiria foi a eleita para fazer o seu percurso universitário exatamente pela mesma razão que a Bélgica foi o país eleito para o acolher enquanto estudante de Erasmus: ambas eram as únicas opções disponíveis. Leiria, porque era a única universidade a oferecer Engenharia Automóvel, e Bélgica devido a uma candidatura bastante tardia:

«Em grande parte devido ao curto espaço de tempo que tive, desde o momento em que fiz a minha candidatura até ao início do semestre, foi uma sorte terem-me aceite. O que me valeu foi o bom relacionamento da Universidade Belga com [o instituto de] Leiria.»

No seu último ano de licenciatura, Rui embarca numa experiência que iria ditar o rumo da sua vida e, por isso mesmo, considera que esta foi uma fase fulcral e de grande relevância no seu futuro - o Erasmus:

«A experiência que uma pessoa ganha, estando num ambiente europeu, tendo contacto com outros alunos de diferentes culturas e nacionalidades, (...) ucranianos, espanhóis, indianos, belgas como é óbvio, turcos, entre outros. Ali consegue-se ter uma noção de como é o nível de ensino dos outros países, perceber se o nosso nível de ensino é bom ou não - na minha opinião, é, está inclusive bastante bem enquadrado a nível europeu, muitos pontos acima da média (...) E depois a nível profissional, claro. Penso que hoje em dia as empresas estão cada vez mais a olhar para essa vertente. Uma vez que há muita oferta do mesmo em Portugal, se há algo que se destaca, esse algo é o Erasmus.»

Ainda assim, apesar de ter sido uma experiência importante para a sua posterior emigração, principalmente no que toca à escolha do país, a influência familiar para a emigração é algo que Rui salienta. Os seus avós paternos são angolanos e o pai veio para Portugal muito novo, pelo que a ideia de que iria para Angola quando terminasse o seu curso era algo bastante aceitável no seio familiar:

«Já tinha ideia de emigrar desde o início do curso, um pouco por influência do meu pai. Ele é angolano, já vive em

Portugal desde muito novo, no entanto, o meu percurso académico coincidiu com o auge de trabalho em Angola, sendo que se falava muito da empregabilidade lá e dos bons ordenados. Claro que havia sempre o problema da segurança, isso é que me deixava reticente. Fui sempre educado, digamos assim, para um dia mais tarde ir para fora, sendo que uma das possibilidades seria Angola. Sempre discuti isto, desde muito cedo, com os meus colegas, mas não vi na altura grande vontade da parte deles. Eu era um dos poucos a querer viver essa aventura e no fim acabou por acontecer como eu tinha idealizado. A escolha da Bélgica ficou a dever-se totalmente ao meu percurso no Erasmus.»

Esteve na Lessius University no segundo semestre de 2011 e, desta experiência, guarda como recordação a ajuda entre colegas e a excelente relação entre alunos e professores:

«A experiência positiva que tive foi a imediata disponibilidade de todos. No entanto, no meu caso apenas tive um professor, pois apenas me faltava uma disciplina. (...) Tinha aulas teóricas planeadas apenas e só comigo, ou seja, tinha aulas individuais devido à língua, óbvio, porque estava na zona flamenga e não percebia nada da língua local, logo, não podia estar incluído no mesmo grupo de alunos. Sempre houve bastante disponibilidade para me ajudarem a nível de exercícios e aulas práticas, quer da parte do professor, quer da parte dos outros alunos que estavam a fazer a mesma cadeira. (...) Lembro-me de um episódio bastante engraçado: no meu primeiro dia, após chegar à localidade da universidade, que não ficava muito longe da estação de comboios, tinha o diretor à minha espera de carro. Foi muito prestável e tinha alguns conhecimentos de português, o que é algo raro para uma pessoa belga. Acho que isso foi algo marcante. Entrei logo bem no Erasmus, com o pé direito.»

Por isso, Rui não tem dúvidas de que a opção que fez foi a melhor:

«Recomendo vivamente o Erasmus, onde quer que seja. No entanto, se o mesmo não for auxiliado a nível da escola ou a nível de qualquer programa, terá de ser bem estruturado a nível familiar, devido aos custos. No meu caso, os encargos foram 100% suportados por mim, ou seja, pela minha família. A minha escola não pagou nada.»

E a família foi realmente a sua âncora, quer a nível financeiro, quer a nível emocional, antes e após a emigração. No seu agregado familiar, Rui foi o primeiro a frequentar o ensino superior, seguido agora da sua irmã, nove anos mais nova, que está neste momento a frequentar uma licenciatura na área de química e a quem Rui já fez saber que tem um lugar na Bélgica, caso necessário:

«Aqui na Bélgica tem o apoio e conforto necessário para procurar emprego ou fazer Erasmus. (...) Não pretendo influenciá-la. (...) Estou a abrir-lhe os olhos para todas as possibilidades, coisa que me aconteceu bastante tarde, já no meu último ano de curso.»

Os pais têm o 11.º ano de escolaridade. O pai «trabalha num banco, é empregado de caixa» e a mãe, outrora assistente comercial, experiencia em primeira mão algumas das consequências da situação económica do país, o desemprego: «aquela sucursal deixou de existir de um momento para o outro, ela ficou no desemprego e, desde então, nunca mais conseguiu arranjar trabalho. Recebe respostas como "Você é muito velha", quando é uma pessoa com 55 anos.»

O incentivo familiar para que Rui estudasse era constante e recorda mesmo a passageira desilusão da avó paterna quando soube da sua opção pela engenharia automóvel:

> «Na ideia dela, eu iria ser mecânico automóvel. Não gostou nada pois tinha idealizado que eu seria médico ou advogado. Discutimos e houve relações cortadas durante umas semanas, o que na altura não foi bom, claro, porque sempre tivemos uma boa relação. Mais tarde ela deu o braço a torcer, e lá nos entendemos. Ela compreendeu que não era bem ser mecânico, que passava mais pela vertente de engenharia.»

Numa altura em que Rui parecia não ter incentivo para finalizar a sua licenciatura – «já estava há seis anos a fazer um curso de três (...) não é que eu andasse a passear os livros, que não era o caso, simplesmente não estava a conseguir acabar o curso e fazer aquilo de que gosto» – foram os seus pais os primeiros a abordar com o estudante a possibilidade de terminar o curso noutro país:

> «Sempre tive um grande apoio dos meus pais, eles foram os primeiros a incentivar-me para vir para fora, também, para fazer o Erasmus. Posso dizer que foi graças a eles que o fiz, porque foram eles que me abriram os olhos para essa possibilidade, dizendo: "Vá, uma vez que não estás a conseguir aqui, temos de arranjar outras alternativas, vamos ver quais são as outras alternativas". E depois de as analisar, o Erasmus era uma delas.»

E o tiro foi certeiro: Rui terminou a sua licenciatura na Bélgica (2005-2011), veio para Portugal em junho e logo em julho de 2011 foi recrutado por uma empresa de peças automóveis, na Venda do Pinheiro.

Estava já nesse momento a trabalhar na sua área de formação, apesar de considerar que exercia funções abaixo das qualificações que possuía:

> «Cada peça de um veículo tem um número, uma referência, e o meu trabalho era pegar nessa referência da marca e pô-la no nosso sistema, dando depois uma referência nova relativa à nossa marca de concorrência – *aftermarket*. Esse trabalho envolvia algum conhecimento técnico a nível automóvel, uma vez que era necessário saber o nome das peças do motor, da suspensão, da transmissão, tudo o que faz parte do automóvel. No entanto, não posso dizer que teria sido preciso tirar o curso para desempenhar o meu trabalho.»

Reforça, contudo, que não estava de todo insatisfeito, tendo em conta o salário bastante razoável para quem se inicia no mercado de trabalho em Portugal. Mas esta experiência não durou mais de três meses. A Honda, empresa onde Rui já tinha integrado um processo de seleção rigoroso a partir de uma oferta a que teve acesso na faculdade, na Bélgica, e onde não tinha conseguido o lugar disponível numa primeira fase, apressou-se a «resgatar» o engenheiro português. Desta vez, Rui sabia que o lugar era seu. Dez dias bastaram para organizar a sua vida e partir novamente para a Bélgica, mas agora apenas com viagem de ida.

Hoje, Rui desempenha funções que se coadunam mais com a sua formação académica:

> «Neste momento, estou a desempenhar um trabalho de homologação de veículos. Resumidamente, é tudo o que envolve a parte legal, de testes e certificação do veículo, antes de ser posto à venda, quer seja a nível nacional, europeu ou mundial.»

Uma função com uma forte componente de trabalho em equipa, já que Rui se encontra diariamente em contacto com colegas um pouco por todo o mundo, mas que envolve também uma grande responsabilidade:

> «Hoje em dia começo a trabalhar para um veículo que irá sair em 2018, sendo que isso, para o mundo em geral, é totalmente desconhecido. Trabalho com muita informação confidencial. (...) Aí tenho bastante responsabilidade. (...) Exige bastante a nível de conhecimentos técnicos, uma vez que temos novas tecnologias, tecnologias que nem existem no mercado, sobre as quais temos de dar a nossa opinião técnica, se a mesma está de acordo ou não com a regulamentação, se pode ou não vir a ser aceite, se um determinado teste poderá vir a ser feito de uma determinada forma ou de outra, tudo isto é um processo de negociação levado a cabo com as autoridades competentes, em que nós temos de ser o fio condutor desse processo. E aí sim, já sinto que uma parte do meu curso começa a ser necessária. É óbvio que nem tudo o que aprendi é útil àquilo que faço hoje em dia, mas sinto que uma boa parte do que sei se deve ao curso que tirei. Sei que hoje posso ter uma opinião técnica, devido à experiência que adquiri como estudante, e isso sim, já me deixa bastante satisfeito.»

Mas todo o trabalho, responsabilidade e conhecimentos técnicos exigidos são reconhecidos pela empresa. E a experiência que Rui tem vindo a adquirir, juntamente com a formação que a empresa lhe oferece, são muito compensatórias relativamente ao panorama vivido nas empresas portuguesas:

> «Se calhar, três anos de experiência aqui equivalem a dez ou quinze anos em Portugal. Nestes três anos já fiz viagens

ao Japão, Alemanha, Inglaterra, França, tudo isto dentro da Honda, com formações internas, com responsabilidades também. (...) Não é fácil ter o mesmo em Portugal. É óbvio que existem multinacionais em Portugal com a mesma responsabilidade, mas penso que a nível de mentalidade ainda não se compara.»

É inegável a realização profissional na realidade deste jovem engenheiro, sobretudo quando mostra plena consciência de que entrou no seu curso na altura certa (quando as estimativas apontavam para 100% de empregabilidade nesta área) e de que está, de facto, a usar aquilo que aprendeu, o que nem sempre se passa com colegas seus em terras lusas:

«Quando comecei, o curso tinha uma empregabilidade de 100%. Neste momento, a empregabilidade mantém-se, no entanto raramente corresponde àquilo que se vai pensando e idealizando durante o curso porque, hoje em dia, os meus colegas estão a sair da universidade como engenheiros automóveis mas raros são aqueles que estão a desempenhar funções que realmente exigem um curso de engenharia. A maioria desempenha funções de rececionista ou chefe de oficina. (...) Em Portugal, não existem muitas opções para desempenhar funções em que se aplique o que se aprendeu.»

A par da realização profissional, Rui encontrou qualidade de vida bastante superior à que teria se tivesse optado por continuar no seu país:

«Tenho uma vida despreocupada, felizmente. Claro que também temos de poupar... Mas penso que conseguimos ter uma qualidade de vida bastante superior, conseguimos ter noção do quão difícil é para uma pessoa receber 400 ou 500 euros em Portugal.»

Além disso, encontrou também, não só novos amigos, mas uma nova família:

«Aqui os amigos não são só amigos, são como uma família, aqui estão todos em pé de igualdade, porque todos sabem quais são as dificuldades, todos se ajudam entre si, por isso, o nosso núcleo é muito mais uma família do que amigos.»

E o seu núcleo é essencialmente português: jovens entre os 25 e os 30 anos, a maioria licenciados, sendo que os enfermeiros se destacam enquanto atividade profissional dominante, assim como pessoas da zona norte do país.

Quando não está a trabalhar, Rui sabe tirar partido da sua qualidade de vida com o núcleo que o rodeia: aproveitar os bares da cidade, visitar novos locais, fazer praia nos países vizinhos, visitar museus ou realizar outras atividades culturais.

De Portugal trouxe ainda duas paixões, além da namorada: o futebol e o *kitesurf*. No futebol, faz parte de uma equipa portuguesa que todos os anos disputa um campeonato. A equipa representa Portugal e conta com jogadores amadores, portugueses que, tal como Rui, vieram para a Bélgica à procura de melhor sorte na sua área profissional. Quanto ao *kitesurf*, pratica sempre que tem oportunidade. Além de todas as atividades, Rui ainda tem tempo de visitar o ginásio de vez em quando.

Em Portugal, a prática do *kitesurf* estaria mais facilitada e isso deixa-lhe algumas saudades. Mas não é apenas isso que recorda:

«O facto de os supermercados fecharem tarde, o bom atendimento ao cliente numa loja, ir a um multibanco e poder fazer mil e uma coisas, o facto de ter uma gastronomia que é excelente, quer seja em carne, quer seja em peixe, que não usa molhos por tudo e por nada... Temos sol, calor e uma costa grande.»

E a família e os amigos que deixou cá e com quem vai mantendo um contacto esporádico e à distância:

«Em relação aos amigos, vamos sempre atualizando o que estamos a fazer, hoje em dia a internet facilita muito esse contacto, quer seja por Skype, por Facebook, ou através de qualquer outra rede social. (...) É muito fácil também ver o que eles estão a fazer, trocar experiências. (...) Existe algum contacto, embora não tão intenso. (...) O contacto com a família também existe mas não é tão presencial, vemo-nos no máximo três vezes por ano presencialmente: no Natal, uma ou outra vez ao longo do ano, e depois nas férias de verão.»

Rui admite que «há alturas na vida em que temos de ser egoístas» e a opção de emigrar foi a melhor para ele e para a namorada enquanto recém-licenciados. Ela, enfermeira e sem oportunidade de exercer a sua profissão em Portugal, teve também uma proposta, no mesmo dia que Rui, para trabalhar num hospital na Bélgica:

«Óbvio que nunca é bom deixar amigos e família. No entanto, tens de ser um pouco egoísta, pensar um pouco em ti próprio e ver o que é melhor para o futuro. Por muito que os amigos te possam ajudar, não são eles que te vão pôr o comer no prato nem realizar tudo aquilo que desejas comprar ou fazer.»

Vivem os dois em Zaventem, um município perto de Bruxelas, numa casa que compraram recentemente, um investimento que considera ter sido uma boa opção, principalmente tendo em conta o preço do arrendamento e o tipo de alojamento que têm:

> «É um edifício de dois andares. Tem dois proprietários, o primeiro andar é meu e o segundo de outro proprietário. (...) O rés-do-chão são garagens. Tem dois quartos, que era o mínimo aceitável tendo em vista o futuro próximo. (...) Zaventem foi o local onde conseguimos conjugar aquilo que queríamos numa habitação: qualidade, espaço físico e preço. A acessibilidade também foi um fator importante devido ao local de trabalho de ambos. Fora de Bruxelas não há tanta confusão nem problemas, consegue-se ter uma vida um pouco mais calma. Foi um pouco por aí que escolhemos a casa, ou a casa escolheu-nos a nós.»

De pés bem assentes no presente e de olhos postos no futuro, Rui só quer arranjar a sua nova casa a seu gosto e da namorada e, mais tarde, ter filhos. Admite, porém, que a língua poderá ser um aspeto dissuasor para criar os filhos na Bélgica: «ter filhos cá talvez sim, criá-los cá já não sei. (...) Enquanto eles são bebés, não é necessário tomar uma decisão em termos de escola ou de língua».

Na profissão, Rui tem o objetivo muito bem definido – subir na carreira, ainda que numa progressão horizontal:

> «O objetivo passa mais pelo reconhecimento de que estás a fazer um bom trabalho, de que serás, ou és a pessoa de contacto para um determinado assunto ou para um determinado problema. Passar por ser reconhecido não só no escritório local, mas também internacionalmente, levar o meu nome um pouco mais além e, ao mesmo tempo, ganhar mais responsabilidades internamente. A ascensão não é tão vertical como em Portugal, uma vez que o esquema de pirâmide não é tão aplicável.»

O que acontecerá a longo prazo só o tempo dirá, mas os próximos anos serão certamente vividos por terras belgas:

> «A longo prazo, eventualmente poderemos voltar para Portugal, trocar de país ou de localização. Irá depender das ofertas que possam ou não surgir, da disponibilidade, da vontade. Não será seguramente antes de três a cinco anos, ou seja, dentro desse período iremos seguramente ou quase seguramente ficar aqui.»

Voltar para Portugal nos próximos anos está fora de questão e é fácil perceber porquê: Rui considera impensável trabalhar com um salário que não faça jus ao seu valor. E, a seu ver, não é o único a pensar desta forma:

> «Ou Portugal muda muito ou vai ser cada vez menos capaz de cativar os jovens licenciados para ficar no país, porque os ordenados não são compatíveis com os níveis de conhecimento e as responsabilidades envolvidos. Terão de ser as empresas a apostar neles e não eles a apostar na empresa. Isso é de longe o meu mote, sempre pensei dessa forma: se uma empresa quer ficar comigo tem de apostar em mim, de me formar e cativar para seu próprio benefício. É óbvio que eu terei de fazer a minha parte, terei de fazer o meu trabalho adequadamente e ser profissional.»

Para o engenheiro, há um problema relativamente à mentalidade dos empregadores e das empresas de recrutamento e enquanto não se operar essa mudança na classe empresarial e na classe política, Portugal não vai evoluir nesta matéria:

> «Veem-se ofertas de emprego pedindo uma pessoa jovem, recém-formada com três, quatro, cinco anos de experiência.

> Como é que isto é possível? Como é que uma pessoa pode ter 21 ou 22 anos e ter já cinco anos de experiência? Isso é totalmente impossível, a menos que não tenha formação superior. Neste ponto, passa um pouco pela mudança de mentalidade, uma vez que é diferente daqui, em que a empresa vê um jovem como alguém promissor e em quem é necessário investir, ao passo que em Portugal, veem essa mesma pessoa como alguém inseguro, inexperiente e sem poder de decisão. (...) O empregador não aposta na sua formação porque primeiro está a empresa, primeiro há que consolidar uma série de coisas e só depois é tempo de olhar para os empregados, quando penso que deveria ser o oposto.»

Por estas razões, a «fuga» de recém-licenciados aumenta a cada dia no país que viu Rui tornar-se num engenheiro automóvel, sendo necessário repensar as políticas de empregabilidade, de forma a reter os que se preparam para sair e a atrair os que saíram:

> «O simples facto de em Portugal o empregador ter a possibilidade de contratar mão de obra qualificada por seis meses ou um ano como estágio profissional e pagar uma bagatela por esse trabalho qualificado, só isso, faz com que essa pessoa seja substituída ao fim dos seis meses ou de um ano. É um ciclo que se repete, onde a mão-de-obra qualificada é mantida a baixo custo. (...) Já sabes que maioritariamente entras já com a saída à vista, sabes que vai chegar àquele mês e vem outro. Simplesmente vem outro. E eles não olham ao nome, à qualidade, mas sim àquilo que pagam e que gastam.»

De tudo o que a emigração trouxe a Rui, houve uma mudança de paradigma que ele, agora emigrante, traz consigo sempre que vem de férias ao seu país e que, por outro lado, cultiva também na sua vivência na Bélgica:

> «Simplesmente tentamos influenciar, pelo menos do nosso lado, as pessoas que não são portuguesas a ir passar férias a Portugal, a investir lá, quer seja em produtos, quer seja em casas - qualquer coisa. Só dás valor àquilo que tens em Portugal quando vais para fora e sentes a falta dessas mesmas coisas.»

Considerando que se sente bem integrado e feliz com as suas escolhas, Rui não esquece que nem sempre tal acontece, salientando algumas dificuldades que a emigração, feita em busca do reconhecimento, pode acarretar:

> «Neste momento as pessoas estão a ir para fora, não pelo tipo de trabalho, mas sim pela qualidade de vida que um trabalho fora pode dar, pela recompensa financeira. Muitas pessoas estão a ir embora, não porque quisessem ir, mas porque foram obrigadas a tal. (...) Muitas delas não estão realmente satisfeitas no local onde estão, quer seja pelas condições de trabalho aqui, por estarem sozinhas ou por estarem longe da família. Sei que muitos emigrantes, neste momento, não estão contentes, de certeza que isso acontece.»

João Sousa:
«Não mudei de país, simplesmente vim para a cidade grande»

João Sousa tem 38 anos e emigrou com a mulher e o filho de um ano para Londres em 2010. Licenciado em economia pela Universidade Nova de Lisboa (1998), mestre em estatística e otimização (2004) pela mesma universidade e doutorado em matemática financeira pela Frankfurt School of Finance and Management (2010), é atualmente *Senior Manager* numa consultora financeira em Londres.

Depois de trabalhar três anos num grande banco de investimento inglês, mudou recentemente para uma consultora em busca de novos estímulos profissionais e de uma melhor situação remuneratória. O trabalho atual é o resultado do investimento feito no doutoramento, uma escolha que o obrigou a pedir uma licença sem vencimento, estar afastado da família durante longos períodos e usar as poupanças acumuladas do seu trabalho num banco português. Mas o risco estava calculado e abriu a oportunidade e a alternativa de trabalhar fora do país, numa instituição financeira transnacional, onde foi possível participar em projetos mais avançados e aprender no campo científico, o que o seduziu desde o final da licenciatura.

Os derivados financeiros acompanham-no desde o primeiro emprego em Portugal. Começou numa corretora que foi depois adquirida por um dos maiores bancos portugueses. Antes dos 30 anos, estava à frente da área de derivados e ações deste banco. A pequena escala do mercado português constituiu a limitação e o impulso para estudar mais e aventurar-se na grande praça financeira europeia. Um dos fatores decisivos que contribuiu para a emigração foi a falta de coincidência entre as competências adquiridas no doutoramento e o estado do mercado de trabalho em Portugal quando regressou da Alemanha.

João aufere um bom salário que lhe permite viver confortavelmente. O filho, agora com cinco anos, já está integrado no sistema educativo inglês e esse é também o sinal de que a sua decisão de emigrar aponta para um horizonte de longo prazo, embora considere que ainda não criou raízes profundas em Londres.

João Sousa residiu em casa dos pais, num bairro de classe média dos arredores de Lisboa, até ir viver em 2003 com a namorada, com quem casaria em 2006. A adolescência foi passada no moderno bairro de apartamentos da Portela, confinante com os Olivais, construído nos anos 70 e 80 em torno do primeiro grande centro comercial da zona metropolitana de Lisboa.

A história familiar expressa bem o percurso de mobilidade geográfica e social ascendente. O pai, originário de uma pequena aldeia do concelho de Braga, sem eletricidade, cursa o ensino secundário nesta cidade, vindo a terminar um bacharelato e mais tarde a licenciatura em contabilidade, já em Lisboa, como trabalhador-estudante, depois de regressar da guerra colonial. Trabalha numa empresa pública até à reforma, concluindo a sua carreira como diretor da empresa. A mãe nasce e cresce também em Braga, estuda apenas até ao final do atual 3º ciclo e tem uma carreira de funcionária pública. Os pais conhecem-se em Braga, casam-se em 1974 e vêm viver para Lisboa.

O período da adolescência passou-o com o irmão, um ano mais velho, e com a irmã, oito anos mais nova, no apartamento alugado, que mais tarde os pais acabariam por comprar. O bairro era então a expressão do *baby boom* à escala nacional: grande densidade de pessoas da mesma geração com interesses comuns e com possibilidades de criar e interagir a partir do mesmo tipo de sensibilidade e de cultura.

«Eram muitas as pessoas da minha geração. Não havia nenhum momento em que não houvesse dez miúdos para jogar à bola. Não havia interesse nenhum que eu pudesse ter que não fosse partilhado por alguns dos meus amigos. Eu podia fazer tudo e havia ali gente com quem dialogar, desde jogar à bola a jogos de computador ou o que quer que fosse. Aquilo tinha uma densidade apreciável de pessoas e eram todos casais da geração dos meus pais. E o número de escolas que havia naquela área! Havia quatro escolas secundárias só na Portela. E ainda havia mais duas ou três primárias. Por isso dá para ver o volume da população jovem ali. Portanto, isto é uma riqueza extraordinária, porque o diálogo é aquilo que torna as pessoas ricas. Uma pessoa aprende com os outros e depois ensina.»

João frequentou e completou a licenciatura em Economia na Universidade Nova de Lisboa, entre 1994 e 1998. A escolha do curso e da universidade foi o resultado das amizades adolescentes e juvenis. Embora o pai tenha sugerido a frequência do ISEG, os amigos estavam todos a optar pela Nova: «A Nova tinha uma matriz diferente. A Nova ensina como os americanos, enquanto o ISEG era mais antigo, vamos dizer assim, tinha outra cultura. E aquilo era mais apelativo. Aquilo era economia muito mais moderna. E eu agora sou um filho da Nova.»

A licenciatura é bem-sucedida, mas o que é determinante para as suas opções profissionais atuais são as escolhas realizadas no final do curso: concentra-se em disciplinas opcionais de derivados financeiros que lhe serão bastante úteis no primeiro emprego na corretora. Frequenta em 2000 uma pós-graduação em matemática financeira, organizada pela Faculdade de Ciências e Tecnologia da Universidade Nova e pela Universidade de Lisboa. É na verdade esta pós-graduação que lhe abre um mundo profissional novo devido à excelência dos professores internacionais convidados, todos eles reconhecidos na comunidade científica, sendo alguns os autores dos livros por onde estudava. Reconhece que foi um desafio incrível, desde logo porque começa a contactar com matemática aplicada avançada, disciplina que não fizera parte do curso de economia, mas sublinha também que «não há nada como uma pessoa meter-se nas coisas», orientação de vida que aplicará em outros momentos.

Em 2001 inicia o curso de mestrado em estatística e otimização que dá continuidade às escolhas iniciais e lhe abrirá as portas para o doutoramento em Frankfurt. Terminada a dissertação em 2004, transformou-a num *paper* e enviou-a para a melhor conferência matemática e financeira do mundo, em Chicago. Este é um momento marcante que recorda e que lhe permitirá o encontro com o professor alemão que há de ser o seu orientador de doutoramento. Publica um artigo numa revista científica e começa a candidatar-se a cursos de doutoramento em universidades americanas. Tenta sem sucesso durante dois anos, sendo aceite em Santa Mónica na UC, não chegando a concretizar a matrícula porque não obtém nesse momento a necessária licença sem vencimento. Só em 2007 se reúnem as condições para a obter, iniciando o doutoramento em Frankfurt com o apoio financeiro do banco, que pagará dois terços das propinas.

Nesta fase, João teve também de lidar com alguns insucessos que integra com naturalidade na sua história de vida como «incidentes que fazem parte; não se ganham todas»: um artigo que foi recusado mas que mais tarde é publicado, algumas notas que não foram tão boas como antevia, ou os cursos que queria fazer mas não fez são episódios que recorda. É neste ambiente que cria a sua narrativa de vida, assente na ideia de que cada um deve construir o seu caminho, desbravando alternativas e oportunidades.

«Mesmo tendo estudado numa instituição alemã, eu não tinha um projeto específico de ir para fora, mas depois do doutoramento havia claramente essas alternativas, que eram alternativas que eu não teria tido se não o tivesse feito. E isso faz parte do que aquilo traz. Fazer o doutoramento abre alternativas, abre oportunidades, e naquela situação foram especialmente úteis porque a primeira escolha, que tinha sido a minha, a de voltar para o banco, deixou de existir. O banco estava numa situação completamente diferente de quando eu o deixei.»

A escolha do doutoramento revela-se, portanto, um momento crucial para a decisão de emigrar. Quando termina o curso, três anos depois, a situação alterara-se profundamente. Em 2010, a banca de investimento portuguesa desaparecera do mapa e as competências entretanto adquiridas não serviam para nada em Portugal.

«Depois do doutoramento regressei a Portugal e estive lá a trabalhar seis meses. Portanto, eu regresso em 2010, e essa é a altura em que a Lehman já tinha ido à falência e Portugal já tinha entrado naquele caminho, e já estava a pagar 10% de juros. E então tudo o que tinha a ver com derivados de todos os bancos portugueses foi reduzido ao mínimo indispensável.»

A decisão de fazer o doutoramento envolveu um risco calculado, mas é explicada de forma completamente racional através de um cálculo de custo-benefício. Do lado dos custos está o investimento realizado, cerca de 25.000 euros em três anos, o afastamento da família num total de oito ou nove meses e o facto de viver durante esse tempo num pequeno apartamento de 25m². Do lado dos benefícios, a possibilidade de prosseguir uma carreira na área científica que desde a licenciatura o seduzira e de vir a trabalhar num sítio onde se fizessem coisas mais avançadas.

João conhece bem o poder da matemática e da formação académica nesta área. Sabe que não é possível aprender certas coisas no posto de trabalho, sendo necessário tempo extra e orientação de um professor. A perspetiva assenta no valor de uso do conhecimento, na capacidade de adaptação e na constante assunção de risco.

> «A formação académica acaba por ser o suporte. É uma das partes que dá corpo ao que uma pessoa consegue fazer no todo e é um dos ativos que se tem ao dispor. É um ativo extremamente necessário, atendendo ao facto de que eu não poderia fazer este tipo de trabalho, aqui em Inglaterra, se não tivesse aprendido aquilo. Acho que é muito difícil aprender aquilo, ao nível que é necessário, sem parar para o estudar. Mas não é suficiente, tem de se ter trabalhado no assunto, porque um doutoramento numa área em que nunca se trabalhou acaba por ser muito básico. Penso que o conjunto é uma fórmula que é a mais equilibrada: ter exposição ao problema e saber como é que as coisas se concretizam, onde é que estão os obstáculos e os desafios, e depois conjugar todas aquelas ferramentas para tentar resolver aquele problema. (...) Por isso, sem a formação académica, era muito difícil estar a fazer este trabalho em Inglaterra. Ia precisar de tempo e não era uma coisa que eu conseguisse fazer sem professor.»

A relação que mantém com a matemática financeira é, no entanto, dúplice. Para além do lado instrumental, existe o lado expressivo que vem da beleza e elegância do objeto de estudo. A disciplina serve também como forma de ocupar os tempos livres.

«Eu gosto daquilo e até continuo a fazer alguma matemática como *hobby*, nesta área. Tenho as minhas coisas na minha biblioteca. É o meu *hobby*. A minha esposa acha que eu estou sempre a trabalhar e eu tento convencê-la do contrário: apesar de se parecer com trabalho, não é trabalho.»

A experiência emigratória não é desconhecida de João. Dos doze tios paternos, sete emigraram para a Alemanha, Bélgica, França e Brasil e, por conseguinte, sabe que se trata de um processo «violento».

«Não há outra palavra para isto. E há alturas em que uma pessoa fica com um buraco no estômago, sobretudo no início, corta a respiração, é duro, é traumático. É escusado dourar isto de outra maneira. Mas, pelo menos até agora, temos resistido.»

A distância é vista como um problema afetivo óbvio, sobretudo para o filho e para os avós. Mas não é isso que o demove porque as facilidades atuais de mobilidade e comunicação fazem da emigração para Londres um processo semelhante à vinda do pai de Braga para Lisboa: «É exatamente como eu me sinto aqui. Eu vim para a cidade grande, pura e simplesmente. Não mudei de país, simplesmente vim para a cidade grande, é o que é. E os outros também foram para as cidades grandes».

O contexto social e cultural em que João cresceu favoreceu os investimentos da família e do próprio na educação. O pai tem uma licenciatura e os amigos do bairro assumem a ida para a universidade com naturalidade. Os irmãos também se licenciam, o mais velho em ciências da computação e a mais nova em gestão. Quer o pai quer o irmão mais velho são referências na vontade de aprender e desenvolver capacidades. O acesso a bens de consumo cultural e a informação extraescolar são recursos típicos da classe média urbana e escolarizada dos anos 80: os primeiros computadores entram nas casas e a tecnologia passa a dialogar com as antigas enciclopédias e com o conhecimento livresco que continua a ser valorizado.

«Os meus pais compraram-nos um Spectrum no princípio. Em termos de livros, havia lá em casa a Enciclopédia Luso--Brasileira. Aquilo não é nada mais do que a internet. É a internet daquele tempo. Quer saber alguma coisa? Sabe, não tem de perguntar, está lá. É quase extraordinário como é que aquilo é possível. Quando uma pessoa queria saber uma coisa que via, onde quer que fosse, a Enciclopédia Luso-Brasileira dava uma resposta, lá naqueles 50 volumes. Por isso, a internet estava lá. E depois vieram os computadores, e com os computadores não foram só os jogos, foi todo o diálogo de tecnologia, porque depois o vizinho do lado tem um computador melhor, aquele vizinho tem um problema, e a dinâmica monta-se e estabelece-se, aquilo desenvolve conhecimento e capacidade. Em termos de exposição a cultura ou a ciência, estava lá a televisão, a enciclopédia, e depois os brinquedos. Havia legos e essas coisas; e havia também livros».

A experiência de trabalho em Londres tem sido medianamente bem-sucedida, visto que alimentava expetativas de que as coisas corressem melhor. Reconhece que tem um bom salário, embora enfatize também o custo de vida muito elevado da cidade: alugar um apartamento custa 2000 libras, um passe mensal 140 libras. Mas é nas competências profissionais que encontra o maior valor da sua experiência de emigração. Se em Portugal já tinha dificuldades em encontrar pessoas que soubessem tanto ou mais do que ele na sua disciplina, quando chega a Londres,

> «havia muita gente dentro do banco que sabia mais do que eu e isso é o impulso de que se precisa para continuar a evoluir. Não é que toda a gente seja desse calibre mas, por exemplo, pode-se dizer que, das pessoas com quem eu lidava regularmente, havia duas pessoas que tinham um nível de conhecimento extraordinário e são essas pessoas com quem depois se aprende.»

E este é sem dúvida um dos principais impulsos da decisão de emigrar: a limitação do setor bancário em Portugal. A isto acrescenta a situação de crise do sistema financeiro português:

> «O facto de Portugal estar no estado em que está - e lá irá continuar durante algumas décadas, que são as décadas mais importantes da minha vida profissional. Se eu tenho escolha, prefiro não estar lá. Isto porque, durante as próximas duas décadas, que é a parte mais importante da minha vida profissional, Portugal vai estar em dificuldades. Os bancos continuam todos em dificuldades, de uma maneira ou de outra, e vai haver muito pouca coisa interessante nos próximos tempos.»

O cenário de regresso a Portugal não está posto de parte por João e pela mulher, mas o mais provável é não regressarem tão cedo. Embora reconheça a violência da separação do país e dos familiares, João recorre à experiência emigratória da família para ilustrar as perspetivas de longo prazo.

«Em relação à possibilidade de regresso a Portugal, vou dar o exemplo que aprendi com os mais velhos. Os meus tios, que viviam em França, na Alemanha, na Bélgica, todos disseram durante décadas: "Nós vamos voltar quando nos reformarmos". E compraram casas em Portugal e construíram casas em Portugal. E quando se reformaram, não foram. Nenhum voltou. Nenhum. Porquê? Primeiro porque depois os netos deles estavam lá [no país de acolhimento], e os netos deles não vieram todos para Portugal. E depois há outro problema que é o sistema de saúde destes países ser muito mais avançado do que em Portugal.»

O agregado familiar de João vive por enquanto num apartamento alugado, o que torna mais leves e flexíveis as soluções, mas a progressiva criação de raízes pode levar à compra de casa. O principal projeto de futuro centra-se no filho e todos os serviços importantes para esse projeto são considerados melhores em Londres: «A escola aqui é melhor, o centro de saúde aqui é melhor. (...) As coisas em Portugal estão a degradar-se visivelmente». Embora estes fatores não tivessem sido considerados no momento de emigrar, conhecendo o que se está a passar com o Estado social em Portugal, passaram a constituir um benefício complementar.

O facto de a mulher, também economista, não estar a trabalhar resulta da circunstância de não ter conseguido encontrar um emprego compatível com a sua formação e experiência. A existência de um projeto comum continua a ser o modo de ultrapassar uma situação profissional assimétrica.

«Aquilo que de facto une as pessoas é um projeto em comum. E o mais trivial de todos é uma casa, é o mais simples de fazer, apesar de não ser simples. Mas vir aqui para Londres foi claramente uma escolha comum e, de facto, a partir daqui as nossas escolhas serão inexoravelmente cada vez mais escolhas comuns. Nós viemos para aqui porque era por demais evidente, dada a situação de Portugal, que não havia lá mais nada para nós durante os próximos 20 anos, e íamos tentar a sorte noutro sítio.»

A representação do Portugal da crise é acentuada por uma narrativa fortemente crítica do atavismo da economia portuguesa: «Portugal vai continuar a ser aquilo que é porque o país não quer mudar». E exemplifica alguns dos males que, segundo ele, estão na origem da crise: as empresas que caem na tentação da afiliação com o poder por meio das rendas, as empresas que não transcendem a dimensão nacional porque lhes é mais fácil negociar em casa, ou a existência de quase monopólios em algumas áreas. Associado a esta visão crítica do empreendedorismo nacional surge também a crítica do Estado feita a partir de uma visão tipicamente anglo-saxónica e liberal:

«O que se quer fazer agora para que daqui a 20 ou 30 anos [Portugal] seja um país como deve ser? E as coisas que são precisas são: a retirada do Estado; o Estado deixar de absorver todo o capital disponível. O capital disponível em Portugal não pode estar todo investido em autoestradas, eólicas, hospitais e aeroportos.»

A visão que tem sobre a emigração qualificada articula-se com a crítica das elites económicas portuguesas mas também se alimenta de uma forma cosmopolita e intercultural de entender as relações entre europeus. Integra a sua experiência num movimento mais geral de internacionalização que, em sua opinião, é irreversível. A mestiçagem é, por conseguinte, um bem e um antídoto para a xenofobia dos movimentos da extrema-direita europeia.

«Vai ser muito mais difícil haver guerra na Europa, pela mesma razão que é difícil haver uma guerra civil em Portugal, porque as famílias estão todas cruzadas. E aqui é trivial encontrar alemães casados com holandeses, casados com franceses, casados com suíços, espanhóis, com irlandeses, tudo misturado. E quando isto acontece, já é muito mais difícil o discurso antagónico, como o do chefe do partido de extrema-direita que diz coisas como sentir-se desconfortável com gente a falar uma língua estrangeira no comboio quando a própria esposa dele é alemã. No sítio onde eu trabalho, os ingleses são uma grande minoria. Há menos de metade de ingleses nos sítios onde eu trabalho. Isto é uma torre de Babel e ele diz estas coisas. As famílias estão todas a tornar-se internacionais dentro da Europa, tal como acontece na América, em que os Estados ainda continuam a ter muita importância, têm o seu governo e tudo isso, mas as populações misturaram-se e é óbvio que eles nunca vão andar a lutar contra si próprios. E na Europa já andámos muito, mas ainda há muita mestiçagem para fazer.»

O círculo de amigos em Londres é menos extenso que em Portugal, contudo o tipo de atividades realizadas é semelhante. A ida a espetáculos é mais frequente porque a oferta é bem mais diversificada. A comensalidade predominava em Portugal, enquanto em Londres o parque passou a ser a grande referência dos encontros.

Os projetos profissionais futuros passam pela consolidação de uma trajetória ascendente. Mas Londres não é a terra prometida nem o local dos seus sonhos, é apenas o sítio onde a família vive agora, é «o sítio necessário que está associado ao trabalho». A família é a sua verdadeira cidade, a constante e o refúgio.

Elsa Razborsek:
Emigrar «em busca de melhor vida»

Elsa Razborsek tem 31 anos e a sua primeira experiência emigratória ocorre logo após a conclusão da parte curricular do mestrado integrado em engenharia biológica, quando decide desenvolver o seu estágio em França.

Após este primeiro contacto com o mundo do trabalho, Elsa rumou a Londres em 2007, para integrar uma empresa multinacional como analista financeira, funções que viria a exercer até ao ano de 2011. Depois de uma pausa de alguns meses, passada em Portugal, Elsa volta aos estudos e faz um MBA na Rotterdam School of Management – Erasmus University, em Haia, na Holanda.

Decide emigrar por motivos económicos, pois tinha a perceção de que em Portugal os vencimentos não eram atrativos, mas também para progredir na carreira, possibilidade que vislumbra mais difícil nos países do sul da Europa, onde a meritocracia encontra, ainda, algumas barreiras. Adicionalmente, a consciência de que em Portugal as oportunidades de obtenção de emprego na área de formação são, porventura, mais reduzidas que nos países do norte europeu terá, também, influenciado a sua decisão.

Elsa vive atualmente com o marido e a filha na Holanda, para onde se mudou em 2012 a fim de ingressar no *Master in Business Administration*. Criou e está a desenvolver a sua própria empresa na área do *coaching* e *mentoring*, projeto que lhe tem permitido conciliar mais facilmente a vida profissional e pessoal, cujo equilíbrio assume elevada importância nas opções de vida que tem feito. Não perspetiva, a médio prazo, o seu regresso a Portugal, pois, aliado à perceção de que a situação socioeconómica portuguesa não é, neste momento, atrativa, está o facto de o marido, esloveno, ter um emprego bem remunerado e uma situação económica e fiscal confortável na Holanda.

Na sua opinião, é um desperdício permitir que o país e as famílias invistam fortemente na formação de pessoas que não encontram nesse mesmo país condições económicas e sociais para usar de modo produtivo as suas competências. Reconhece, no entanto, que é normal que as pessoas procurem encontrar oportunidades que respondam às suas necessidades e lhes permitam realizar os seus desejos. A solução para o problema não passará, na sua perspetiva, por uma deterioração do nível de qualidade da educação, mas sim por um maior investimento no mercado de trabalho e na criação de condições que permitam aos portugueses manterem-se no país após a conclusão da sua formação graduada.

Elsa Razborsek é filha única de pais com formação académica de nível elevado. O pai possui licenciatura em engenharia mecânica e desenvolveu durante mais de 20 anos a sua atividade profissional na marinha mercante, o que o forçava a passar longos períodos de tempo no mar e o levou, mais recentemente e até à sua aposentação, a optar por uma atividade profissional mais sedentária, ligada à manutenção de centros comerciais e edifícios. A mãe, sem diploma de estudos superiores, possui formação avançada em francês, o que lhe permitiu, numa época em que a formação de nível superior não era condição *sine qua non* para o exercício da docência, lecionar a disciplina de francês no ensino secundário, em regime de substituição de professores. Cessa a sua atividade profissional com o nascimento de Elsa, tendo optado por dedicar o seu tempo à casa e à família.

Elsa passou a sua infância e adolescência com os pais, primeiro numa casa arrendada e, posteriormente, em casa própria, sempre nos arredores de Lisboa. Os seus avós, quer paternos quer maternos, embora não possuíssem capital cultural e escolar significativo, tinham, porém, a perceção de que oferecer aos filhos uma formação académica o mais elevada possível constituiria uma espécie de passaporte para uma vida melhor. Na verdade, Elsa tem a perceção de que os seus avós «queriam que os filhos terminassem os estudos porque era a via que lhes permitiria chegar mais longe».

Elsa caracteriza como «bom» o nível de vida da sua família. Porém, os seus pais tiveram de fazer algumas concessões para que pudesse usufruir, desde muito cedo, de bens culturais e de uma formação académica de excelência. Constata que a vida profissional do pai, longe da família por longos períodos, e a opção do filho único, foram dois fatores que lhe permitiram ter acesso a uma educação alargada, o que não teria sido viável se tivessem tido mais filhos. Os pais sempre procuraram expor Elsa a estímulos culturais, com a promoção frequente de experiências diversas, quer fora quer dentro de casa. Entre essas experiências contam-se as idas frequentes a museus, espetáculos de música e dança, teatro e cinema. Elsa reconhece que o seu gosto pela formação e pelo desenvolvimento pessoal decorre dessa socialização precoce no contexto familiar e sente-o como uma «herança» parental. O desenvolvimento pessoal que os pais sempre tentaram estimular em Elsa levaram-na mesmo a frequentar aulas de piano, embora reconheça que a música não é a sua área de preferência cultural.

Frequentou o ensino secundário no Lycée Français Charles Lepierre em Lisboa, experiência que caracteriza como muito intensa em termos de carga de trabalho: «eu estava na escola, às vezes, das oito da manhã às sete da tarde. E depois nos fins de semana tínhamos sempre imensos trabalhos de casa e dissertações para escrever. De modo que eu passei a infância a estudar. Nada divertida». Porém, vê esta passagem pelo Liceu Francês como uma oportunidade de contactar e estabelecer laços de amizade com colegas de diversas nacionalidades, o que viria a exercer alguma influência na sua predisposição para explorar oportunidades profissionais fora do país.

Subjacente à escolha do curso superior – engenharia biológica, curso de mestrado integrado que frequentou no Instituto Superior Técnico entre 2001 e 2007 – estão razões assumidamente «românticas» do período juvenil: «tinha a ideia romântica de que queria mudar o mundo e descobrir vacinas para melhorar a humanidade e durante muitos anos pensei que queria estudar medicina». Porém, o desconforto que sentia relativamente à profissão médica levou-a a escolher outro curso, descoberto na fase final da frequência do ensino secundário, que lhe permitiria «fazer esse tipo de investigação laboratorial sem ter de passar pela via clínica».

Os primeiros anos do seu percurso no ensino superior são caracterizados por Elsa como não tendo sido de grande sucesso, facto que se deve, do seu ponto de vista, a uma escola secundária «relativamente pesada e muito disciplinada», que lhe criou a necessidade de «tirar férias». Com efeito, o seu envolvimento durante o primeiro ano da universidade é descrito como pouco empenhado e com consequências negativas: «Logo no primeiro ano não fiz nada. Não estudei nada, aparecia nos exames (...) e correu mal». É também neste período inicial do curso que Elsa tem consciência de que a área da engenharia não a realiza, ficando claro que esse não seria o caminho a seguir: «Esses três primeiros anos são os mais gerais, que são mais de engenharia e química e tornou-se bastante claro para mim que eu não tinha paixão nenhuma pela engenharia». Por esta altura, Elsa percebia claramente que a sua satisfação em termos de desenvolvimento de competências residia mais no trabalho laboratorial. Todavia, o contacto com a área laboratorial e com diversos investigadores fê-la perceber também a dificuldade inerente à «vida de investigação», pouco apelativa do ponto de vista financeiro e com uma elevada insegurança profissional, por via, sobretudo, do recurso frequente às bolsas de investigação. A hesitação instala-se nos dois últimos anos de frequência do curso, quando se encontrava já integrada em laboratórios. Se durante os três primeiros anos no ensino superior Elsa aspirava a uma carreira profissional na área da investigação laboratorial, nos dois últimos anos ficou com a noção clara de que essa seria pautada pela insegurança financeira.

Elsa reconhece-se num percurso de sucesso durante a frequência do ensino superior, visto que superou rapidamente os problemas iniciais e concluiu o curso com a classificação de 17 valores. Como episódios marcantes e formativos recorda a criação, juntamente com alguns colegas do mesmo curso, de um núcleo de engenharia biológica e a organização das primeiras Jornadas de engenharia biológica no Instituto Superior Técnico. Por outro lado, o seu envolvimento em estágios de curta duração, ainda durante a frequência da sua formação académica, e o trabalho em *part-time* num laboratório são, igualmente, identificados por Elsa como episódios de sucesso e que vieram confirmar que essa era a área de trabalho que gostaria de desenvolver em termos profissionais na área da engenharia biológica.

Após a conclusão da parte curricular do mestrado, o próximo passo no trajeto académico de Elsa implicava desenvolver um estágio e elaborar uma dissertação de mestrado. É neste momento que decide tentar desenvolver esse trabalho num país europeu. Escolhe o European Molecular Biology Laboratory, em Grenoble, deixando Portugal em 2007 para fazer o estágio em França. Para esta sua decisão terão contribuído várias razões. Desde logo porque durante o curso foi confrontada com a dificuldade que, certamente, teria em encontrar, no país, oportunidades de trabalho nesta área. Alguns dos seus professores no Instituto Superior Técnico fizeram-lhe saber que Portugal possuía recursos financeiros escassos que lhe permitissem investir fortemente em investigação laboratorial muito dispendiosa. A juntar a esta consciência da dificuldade que envolve o desenvolvimento de uma carreira na área da investigação no país, o facto de ter sido criada «num ambiente internacional», sobretudo por via da frequência do Liceu Francês, aliado ao facto de «esta profissão não ter imediatas saídas profissionais muito bem remuneradas e seguras em Portugal» terá tido influência na sua decisão de procurar oportunidades no estrangeiro. Elsa considera marcante o tempo passado em França. Constituiu a sua primeira experiência de trabalho no terreno, «no sentido de ver como é que é mesmo o dia a dia quando se está a trabalhar a tempo inteiro num laboratório». Acresce o facto de que esteve pela primeira vez longe da família, numa vivência de autonomia que lhe tinha sido, até então, completamente estranha.

Elsa elege como fator determinante na sua decisão de emigrar, e de permanecer emigrada até à atualidade, as razões económicas e, como refere, a possibilidade de auferir salários mais compensadores no estrangeiro do que em Portugal. Por outro lado, vislumbra que também as possibilidades de progressão na carreira são melhores em alguns países estrangeiros, nomeadamente países do norte da Europa, onde a progressão não está tão fortemente associada ao lugar ocupado na hierarquia da carreira como no seu país de origem. Adicionalmente, o facto de, em Portugal, Elsa ver reduzidas as suas possibilidades de desenvolver a atividade profissional na sua área de formação, por força da inexistência de saídas profissionais na sua área de interesse, terá, também, pesado na sua decisão de partir após a conclusão dos estudos superiores, num trajeto emigratório que se iniciou em França, passou pelo Reino Unido e terminou na Holanda, onde reside atualmente.

É no pai, com formação superior em engenharia mecânica, que reconhece uma forte influência na escolha da área da engenharia.

Relativiza, porém, esta influência; os pais não exerceram pressão para que escolhesse um curso em particular, mas procuraram, desde cedo, incutir-lhe a ideia de que as suas escolhas teriam de considerar uma área que lhe permitisse o acesso a «um bom emprego para ser independente». Deste modo, Elsa não utiliza o termo «pressão», mas antes «aconselhamento» para se referir à influência do pai nas suas escolhas formativas.

Ao longo do curso superior, existiram, também, outras pessoas que marcaram o seu percurso, nomeadamente, alguns professores que a influenciaram na escolha de determinados temas de investigação que se coadunavam mais com os seus próprios interesses. No entanto, nenhuma das outras pessoas significativas identificadas por Elsa teve influência na sua decisão de prosseguir uma carreira internacional. Pelo contrário, refere que terá sido, provavelmente, a sua experiência no ensino secundário, numa escola que congregava alunos de todas as partes do mundo, que mais terá contribuído para esta sua apetência e interesse por um trabalho além-fronteiras.

Após a conclusão e defesa da dissertação de mestrado, Elsa parte imediatamente para Londres, depois de receber uma oferta de emprego permanente na Goldman Sachs, como *Equity Research Analyst*.

No que se refere às influências na sua decisão de emigrar, Elsa identifica duas, que elege como fundamentais: o facto de ter frequentado o Liceu Francês, fortemente marcado por um «ambiente internacional», e a circunstância de o pai ter passado grande parte da sua vida profissional em navios, com períodos que chegavam a durar quase um ano. De resto, a existência de experiências familiares de emigração, que se resumem ao caso de uma tia, não exerceram qualquer influência na sua opção por uma trajetória profissional no estrangeiro.

Entra, assim, no mundo do trabalho em 2007, num banco internacional de investimentos no Reino Unido. Embora venha a concluir que o número de horas e a intensidade de trabalho eram inconciliáveis com a sua vida pessoal, razões primeiras para o seu pedido de demissão em 2011, tem consciência de que esta primeira experiência de trabalho a enriqueceu profundamente em termos profissionais, facto que atribui, desde logo, ao contacto próximo com profissionais de excelência. É, então, em 2011 que faz uma pausa no seu percurso profissional para, novamente, investir na formação académica, ao ingressar no MBA na Erasmus University, em Roterdão, na Holanda. Conclui esta formação em 2013, considerando que lhe foi útil, simultaneamente, para incrementar as suas competências profissionais e «para descansar», como refere em tom de brincadeira. Ainda durante a parte final da frequência desta formação, Elsa reingressa no mundo do trabalho, desta vez na Holanda, numa empresa onde desenvolvia funções de controladora e analista na indústria de *Oil & Gas*. Porém, o facto de o trabalho que desenvolvia não a estimular, aliado ao nascimento da sua filha e à necessidade de reservar uma maior fatia do seu tempo à família levaram Elsa a apresentar o seu pedido de demissão e a enveredar por uma carreira empresarial na área do *coaching* e *mentoring*, área em que, presentemente, desenvolve atividade «a partir de casa».

Elsa vive atualmente em Haia com o marido, um esloveno, e com a filha do casal. Quando confrontada com a questão do seu regresso, ou a Portugal, ou à Eslovénia, refere sem hesitação que, tendo em conta que o casal pretende que a filha frequente uma escola internacional, o que é manifestamente mais difícil na Eslovénia do que em Portugal, a opção será, futuramente, pelo seu país natal. Todavia, a possibilidade de deixarem a Holanda não se coloca no curto prazo, devido, fundamentalmente, aos incentivos fiscais de que goza o marido, e que remetem para um futuro distante esse «regresso a casa».

Elsa guarda da infância e dos tempos do liceu algumas amizades que persistem até aos dias de hoje. De facto, mantém o contacto com esses amigos, a maioria dos quais optou, como ela, por um percurso emigratório, espalhando-se hoje «por todo o mundo». Contudo, refere que essas experiências emigratórias não exercem influência significativa na consolidação da sua decisão de se manter emigrada.

Confrontada com a questão do seu regresso a Portugal, não se mostra muito desejosa de que tal aconteça; refere, mesmo, que esse desejo é mais evidente no seu marido, que mostra abertura à ideia de vir para Portugal com Elsa e a filha de ambos. Por enquanto, em Haia, Elsa mantém o contacto assíduo com a família, com visitas frequentes a Portugal e à Holanda, e não deixa de se interessar pelo que se passa no país natal, o que, de resto, acontece, também, com o seu marido relativamente à Eslovénia.

Elsa tem a perceção de que o facto de ter «saltitado de país para país» contribuiu fortemente para o seu crescimento pessoal. A necessidade e o desafio de ter de equilibrar a vida profissional com a vida privada levaram-na a «procurar mais informação e mais recursos sobre crescimento pessoal». O sucesso profissional que obteve em Londres, mas que acabou por hipotecar a qualidade da vida pessoal, levou-a a procurar outras soluções, nomeadamente na área do *coaching* e em dinâmicas empreendedoras, numa clara lógica de itinerância, pois admite que, nesta área de negócio, lhe será mais fácil trabalhar a partir de qualquer parte do mundo.

Elsa associa sem reservas a intensidade do fluxo de saídas de pessoas qualificadas verificado nos últimos anos em Portugal ao estado de crise severa que o país vivencia. A perceção que tem construído a partir dos meios de comunicação social e pelas notícias que vai recebendo através de amigos e família é que o estado de recessão que o país atravessa e a falta de oportunidades de emprego constituem alavancas para o êxodo de pessoas qualificadas, sobretudo da camada mais jovem da população, em busca de melhores oportunidades de vida em países estrangeiros. É também este quadro que a leva a não equacionar, no curto prazo, regressar a Portugal, qualificando essa opção como «inviável», pois está segura de que, quer para si própria, quer para o seu marido, será muito mais fácil encontrar «empregos mais bem remunerados e com melhores posições no estrangeiro».

Do seu ponto de vista, o facto de o país ter investido milhares de euros em cada licenciado, mestre ou doutor na sua formação em Portugal, permitindo depois que essas pessoas saiam para contribuírem para o desenvolvimento de outro país é «decididamente um desperdício para o país». Com efeito, Elsa entende que Portugal investe tempo e recursos, financeiros e não só, na formação dos seus recursos humanos, não tendo, posteriormente, a capacidade para fixar esses recém-graduados no país, desenvolvendo a sua atividade profissional na área de formação em que o Estado investiu. Todavia, defende que «é justo as pessoas tentarem encontrar a melhor situação possível para as suas necessidades e desejos», pelo que compreende que os jovens abandonem o país, opção que ela própria tomou. Não sente grandes condições para reverter este movimento emigratório enquanto não «melhorar a condição de empregabilidade e de remuneração em Portugal».

Ainda assim, Elsa entende que a qualidade do ensino superior em Portugal é excelente, por comparação com a avaliação que faz da formação que é oferecida noutros países europeus, quer pela sua própria experiência formativa no estrangeiro, quer pelo contacto próximo, em contextos laborais, com profissionais formados noutros países. Refere mesmo que a sua experiência de trabalho com outros portugueses graduados em Portugal foi, na totalidade dos casos, muito positiva, efeito da excelente qualidade da sua formação académica. Deste modo, assume-se como uma *believer*, uma defensora incondicional da educação, pelo que as soluções para o seu país não passarão, na sua perspetiva, por uma deterioração do nível de qualidade da educação, mas sim por um maior investimento no mercado de trabalho e na criação de condições que permitam aos portugueses manterem-se no país após a conclusão da sua formação graduada.

Sofia Maia:
Viver como emigrante na bolha europeia

Sofia Maia é filha única de pais licenciados e inseridos em profissões intelectuais e científicas. Tem 30 anos, é solteira e vive atualmente com o namorado, italiano, que conheceu em Bruxelas, para onde emigrou e onde trabalha atualmente. Licenciou-se em economia em Lisboa e foi estudante Erasmus em Roma em 2008, experiência que veio a despertar nela a vontade de viver e enfrentar novos desafios ao nível laboral noutros países, tendo sido o verdadeiro motor de aspirações e concretizações alcançadas posteriormente. O mestrado em Estudos Europeus feito em Bruges, Bélgica, veio consolidar a vontade de trabalhar fora de Portugal. A decisão de emigrar aconteceu naturalmente, fruto das experiências, de oportunidades e de desafios surgidos durante o percurso académico e profissional. A constituição de família não é uma prioridade de momento, estando adiada para um futuro próximo. No entanto, considera que Bruxelas é uma boa opção para a educação dos filhos.

A nível laboral conta já com quatro experiências diferentes, uma em Lisboa e três na Europa, encontrando na última, na Comissão Europeia em Bruxelas, a sua realização profissional, uma vez que consegue aí aplicar uma boa parte das competências adquiridas formalmente. A estabilidade profissional e a desafogada situação económica que vive atualmente fazem com que considere que «a sua base será sempre» aí.

O regresso a Portugal não se impõe, não sendo perspetivado num futuro de médio prazo; a acontecer, será, contudo, transitório e com retorno precisamente a Bruxelas, ao emprego atual. No entanto, os laços com as origens não se quebraram, mantendo contacto regular quer com a família quer com os amigos em Portugal, que visita três a quatro vezes por ano.

Sofia Maia é solteira e filha única de pais licenciados em psicologia, tendo ambos migrado para Lisboa onde fixaram residência e viveram. O pai, funcionário público, trabalha no Instituto de Emprego e Formação Profissional; a mãe, professora do ensino especial no ensino primário, reformou-se aos 55 anos, com 35 anos de carreira. Tanto o pai como a mãe de Sofia têm as suas origens sociais em famílias de escassos recursos e escassos capitais tanto económicos como culturais, tendo sido os primeiros a experienciar, em ambas as famílias, a migração interna para a capital com o objetivo de prosseguir estudos superiores e de uma consequente mobilidade social ascendente. Na família de Sofia contam-se duas experiências diferentes de emigração por parte de tias. Uma delas, apenas com a quarta classe, emigrou para a Venezuela, querendo «fazer dinheiro rápido, para ter uma casa e deixar aos filhos»; a outra, com formação superior, emigrou primeiro para Boston, a fim de fazer o mestrado, e posteriormente para Londres onde se doutorou. Tendo sido professora do ensino superior, é uma forte referência para Sofia e, por ter tido uma experiência semelhante, «teve um papel importante» na sua opção de emigrar.

«A minha mãe é do Alentejo e o meu pai é da região de Aveiro, os meus avós são agricultores e trabalhavam no campo. O meu avô paterno trabalhava numa fábrica mas tinha uma terra que cultivava. A minha avó materna era analfabeta, os meus outros três avós tinham a quarta classe, sabiam ler e

escrever, mas realmente foram os meus pais que acabaram
por dar um salto qualitativo; mudaram-se para Lisboa, para
estudar; por essa altura, o meu pai vivia em Aveiro e a minha
mãe vivia em Beja e os dois acabaram por estudar. Para eles,
a mudança para Lisboa foi como um novo mundo, estar numa
cidade, portanto, se calhar foi isso que me transmitiu também
a mim esta aura mágica de estar na universidade.»

Sofia nasceu, viveu e estudou em Lisboa. Licenciou-se em economia, no ISEG, tendo participado no programa Erasmus em Itália, Roma, durante seis meses, o que constituiu a sua primeira experiência no estrangeiro. Para Sofia, não fazer uma licenciatura nunca foi uma opção, até porque, sendo ambos os pais licenciados, atribuíram sempre grande importância à universidade. À escolha do curso não foi alheia a «questão do emprego», para além da proximidade familiar com a sociologia, com a psicologia e até com a área económica. As opções efetuadas no seu percurso académico estiveram sempre voltadas para perspetivas futuras de inserção no mercado de trabalho:

«Escolhi aquelas vertentes porque achava que me ajudariam
a encontrar um emprego mais tarde naquelas áreas; a escolha tinha muito a ver com o que eu achava que depois podia
fazer no futuro. Na altura em que fiz a licenciatura – acabei
em 2007 – ainda não havia muitos problemas no mercado de
trabalho, pelo menos para pessoas de economia e de gestão;
era muito fácil arranjar emprego, portanto, as oportunidades
estavam lá.»

Durante o Erasmus, em Roma, contou com a companhia de duas colegas de curso. Ficaram a viver em conjunto, tendo-se-lhes juntado ainda mais uma portuguesa. Da forte relação que se consolidou emerge uma «relação muito próxima com Lisboa» nos dias atuais. São as suas melhores amigas, tendo sido pessoas marcantes na sua vida e sempre muito presentes a partir de então: «Em Erasmus, acho que mais do que pessoas individuais são a diversidade que se encontra e os estilos de vida diferentes que se conhece e que não se conhecia antes que nos abrem um pouco outras oportunidades e outras maneiras de viver».

Quando terminou a licenciatura, pré-Bolonha (2003-2007), começou «imediatamente a trabalhar em Lisboa», em consultoria, onde se manteve durante um ano. Foi recrutada antes de terminar a licenciatura, tendo iniciado a sua atividade profissional numa reconhecida empresa internacional de auditoria e consultoria. Após os seis meses de período experimental na área específica de *business processes*, passou a contrato por tempo indeterminado, na área de incentivos.

> «A [empresa] tinha diversas áreas: a financeira, a indústria, área do governo e saúde - uma área que eu achava muito interessante, trabalhavam com função pública e com hospitais, etc.. Achei que era uma boa oportunidade, a oportunidade estava ali, era fácil, sabia que não ia ser para sempre, que era uma coisa temporária, mas queria experimentar, também era nova, tinha 22 anos. Pensei em experimentar, ver como é a primeira entrada no mercado de trabalho e queria que fosse assim uma coisa que me desse uma visão mais abrangente.»

Sendo «um trabalho um bocado repetitivo», terá contribuído para fazer com que aspirasse a outras apostas profissionais e, entre elas, tomar a decisão de sair da empresa para fazer o mestrado. À opção de fazer mestrado no estrangeiro subjaz, enquanto motivação, o «desafio de fazer uma coisa nova» e o facto de ter tido uma experiência muito bem-sucedida em Erasmus, que veio a influenciar decisivamente não só a opção de fazer o mestrado fora do país de origem como também a de trabalhar no estrangeiro.

«Principalmente o mestrado, não sei como teria sido se não tivesse ido para Erasmus; se não o tivesse feito seria mais difícil porque nunca tinha vivido fora. Não influenciou muito a minha decisão de ficar a trabalhar, mas a decisão de vir sim, digamos que facilitou. Se bem que não me vejo a não fazer Erasmus, é uma coisa que faz parte do percurso académico, queria fazer e acho que faria de qualquer maneira. Mas sim, facilitou, mais do que impulsionar, facilitou também ter esta visão europeia, porque as pessoas que acabava por conhecer eram maioritariamente europeus.»

Em Bruges, Bélgica, encontrou a oportunidade: a tia, sabendo dos seus objetivos, deu-lhe conhecimento de que tinham aberto vagas para o mestrado. Inscreve-se, em 2008, num mestrado especificamente focalizado em Estudos Europeus, que teve a duração de nove meses.

«Eu já tinha pensado, já era minha intenção tentar qualquer coisa a nível de assuntos europeus porque achava também que muita da economia de hoje em dia se faz a nível europeu, a nível nacional está-se a fazer cada vez menos, o que é bom e mau. Achava que o trabalho a nível europeu poderia ser muito mais interessante, ter um impacto maior do que só a nível nacional.»

A opção por Bruges foi impulsionada pelo facto de as propinas incluírem «alojamento, os cursos e refeições», tendo este processo terminado na rescisão do contrato com a empresa onde trabalhava, em Lisboa. Se para a licenciatura pôde contar com uma bolsa de quatro anos, no que respeita ao mestrado contou com o apoio financeiro dos pais, pois apesar de ter «trabalhado um ano (...) não tinha poupado assim tanto dinheiro para poder» sustentar todos os encargos inerentes. Para os pais, as deslocações ao estrangeiro para formação superior – Erasmus, mestrado, etc. – sempre foram uma possibilidade, influenciando-a mais pela positiva, uma vez que consideravam essa experiência uma mais-valia.

A integração em Bruxelas foi facilitada pelo facto de falar italiano, língua aprendida aquando do Erasmus:

> «O facto é que em Bruxelas há muitos italianos, costumavam dizer-me que há duas comunidades, a portuguesa e a italiana. Na altura não sabia, mas isso depois marcou também muitas das minhas relações aqui, o facto de eu já falar italiano e conhecer bem o país.»

Após o mestrado candidatou-se e foi admitida num estágio profissional (o primeiro) de seis meses nas instituições europeias, em Bruxelas. Sofia considera que na altura «era mais ou menos móvel», o que lhe abria horizontes para mudar para outro país se se apresentasse uma oportunidade alternativa com um emprego aliciante.

> «No meu caso e no caso de muita gente em Bruxelas, as pessoas são muito móveis, pelo menos a nível europeu e mesmo a nível internacional, portanto, há muita gente que provavelmente pensaria em ficar aqui porque é uma cidade confortável, com uma boa qualidade de vida, tem um baixo preço relativamente a outras cidades e oferece o mesmo nível de diversidade cultural. Na altura, não é que estivesse apaixonada por Bruxelas. Portanto, acho que mais do que a localização geográfica, foi a parte pessoal e profissional que me levou a ficar cá.»

A experiência acumulada com a frequência e conclusão do mestrado, para além das qualificações académicas certificadas, facultou-lhe também «um conhecimento bastante aprofundado sobre o mercado de trabalho em Bruxelas», o que lhe permitiu estar a par das oportunidades profissionais que iam surgindo, uma vez que aí a acessibilidade a esse tipo de informação é um facto.

«Durante o estágio continuei a receber essa informação, enquanto em Portugal, essa informação não era tão profunda. [Aqui] tudo gira muito em torno das instituições europeias, seja a Comissão, o Parlamento, o Conselho, ou seja, todos os órgãos, todas as entidades que giram em volta destas instituições. Em Portugal, a informação é mais dispersa.»

Depois do estágio conheceu em Bruxelas o namorado italiano e não pretende regressar a Portugal, «mas o mestrado foi, sem dúvida, essencial para ficar». Após o estágio enfrentou um curto período de desemprego, de cerca de um mês e meio, tendo empreendido uma procura ativa de emprego e recorrido para o efeito aos *sites* das vagas para «o Banco de Portugal, para os Estados Unidos, África (...) independentemente do sítio». Contudo, tinha preferência por Bruxelas, uma vez que o alojamento, o contexto social já conhecido e o namorado eram razões subjacentes a uma integração social desejada. Assim, apresentando-se a possibilidade de escolha entre o Banco de Portugal e a Agência Europeia de Defesa em Bruxelas, não hesitou, tendo optado pela segunda hipótese, com contrato a termo de quatro anos. O trabalho em si era compatível com o nível de qualificação superior adquirido, embora a nível de conteúdo, de aplicação, estivesse aquém das suas expetativas. O primeiro ano de atividade nessa Agência revelou-se interessante, já que lhe permitia uma aprendizagem nova. Já o segundo ano constituiu a repetição do primeiro, o que a motivou a procurar outras oportunidades laborais.

Contudo, trabalhou na Agência sensivelmente dois anos e três meses, tendo-se seguido um concurso bem-sucedido para a Comissão Europeia, onde encontrou o seu atual emprego, que ocupa desde agosto de 2012. Obtendo uma posição que excedeu as suas expetativas, desenvolve um trabalho «interessante, novo e dinâmico», para além de ser bem remunerado e permitir manter-se numa cidade e num contexto multicultural.

No seu atual emprego na Comissão Europeia, trabalha na área da inovação e investigação, política para a inovação, economia e inovação, isto é, no impacto que a inovação tem na economia e no tecido empresarial. Trata-se de um trabalho em que a capacidade de iniciativa é promovida, enquadrando-se perfeitamente no nível de qualificação obtido e também compatível com as competências adquiridas e certificadas em termos académicos.

> «Portanto aqui sim, os colegas são muito interessantes; (...) é gente cheia de vontade de trabalhar, cheia de iniciativa, tem ideias e o trabalho é ou pode ser muito autónomo, temos muita liberdade para ter ideias e projetos, fazer propostas e andar com elas para a frente. Obviamente a Comissão Europeia tem uma estrutura hierárquica pesada, depende muito dos Estados-Membros mas, ao fim e ao cabo, o trabalho em si é interessante.»

Sofia considera tratar-se de um emprego bem pago, com boas condições e benefícios, com direito a férias, acrescendo a tudo isso a possibilidade de «fazer até 14 anos uma licença sem vencimento», opção de que está a pensar usufruir mais tarde. Por todos esses motivos, trata-se de um «emprego que é difícil recusar. (...) Há quem lhe chame um bocadinho a gaiola dourada». Ainda assim, Sofia projeta aproveitar essa possibilidade de licenças sem vencimento para ir trabalhar noutros países e alargar a sua experiência, tanto profissional como pessoal. Sofia aspira ainda a ter experiência em ambientes de trabalho situados em contextos geográficos diferentes, o que poderia enriquecer a sua preparação profissional. Em termos pessoais, considera a possibilidade de, usufruindo de uma licença sem vencimento, regressar temporariamente a Portugal «num contexto profissional», não mais do que dois ou três anos e novamente experienciar a saída, mas para países não europeus. Considera que isso «seria de grande valor» já que lhe permitiria regressar ao país atual com «outro tipo de conhecimentos e outro tipo de competências que ali não conseguiria adquirir tão facilmente», e trabalhar para ascender na carreira, diversificando as suas responsabilidades laborais.

Entre os seus amigos em Portugal, contam-se poucas experiências de emigração, tendo a maioria optado por permanecer e trabalhar em Lisboa. Na esfera amical, Sofia considera que nunca teve dificuldade em «fazer amigos» na cidade onde reside, contudo, «não com a mesma profundidade», dada a rotatividade de fixação e mudança de algumas pessoas.

> «As pessoas vêm, criam-se amizades, dependendo dos gostos de cada um mas depois as pessoas vão-se embora, vão trabalhar para outros sítios, voltam para os seus países ou não. Portanto, não me arrependo, não estou triste, é difícil de gerir porque depois temos de visitar um aqui, outro ali, um está em França, outro está em Inglaterra e depois estas três estão em Lisboa, portanto perde-se certos momentos importantes. Quando as pessoas passam por um momento mais difícil, se não estamos lá, podemos telefonar mas não é mesma coisa.»

Para além da rede de apoio familiar e dos amigos que ainda mantém em Portugal – é lá que estão os melhores amigos – foi construindo redes de apoio nos novos espaços, não sendo exceção a atual cidade de residência. Em contrapartida, foram esmorecendo outras redes de amigos com quem não consegue manter contactos tão assíduos.

> «Portanto acaba por haver uma seleção natural; ali tenho uma rede de apoio, aqui fui criando, e tenho, mas as pessoas também se foram indo embora. Eu sei que aqui tenho de ser um bocadinho aberta. (...) E gosto das pessoas daqui. Talvez não tenha a mesma afinidade mas rede de apoio existe nos dois sítios. Acho que é importante manter a rede de apoio e criar novas redes no sítio onde a pessoa vive.»

Os amigos mais próximos de Sofia em Bruxelas são maioritariamente portugueses e italianos. A esses, acrescem outras nacionalidades, por exemplo, irlandeses, belgas, romenos, maioritariamente pessoas deslocadas dos respetivos países de origem, desenraizadas, mas mais predispostas a conhecer outras pessoas; mas não considera que a nacionalidade seja prioritária:

> «Raramente penso na pessoa como uma nacionalidade, porque, ao fim e ao cabo, temos todos de viver neste *melting pot*. Mas sim, depois alguns franceses, outras nacionalidades, espanhóis, belgas sim, um ou dois mas uma delas é metade italiana, metade belga, portanto, a vida acaba sempre por ser muito nesta bolha Europeia. Obviamente que há belgas que são exceções à regra, mas a maioria do meu círculo de amigos são expatriados também. Portanto, a minha vida não é bem em Bruxelas, quer dizer não é bem na Bélgica, é nesta bolha.»

Os tempos livres são preenchidos de forma dinâmica e regular com «bastantes atividades culturais, de várias nacionalidades», como concertos italianos, angariação de fundos, festas organizadas por associações culturais dos vários países, teatro, cinema e viagens. Aproveita ainda os fins de semana longos e a facilidade de ligação para outros locais, viajando «muito mais agora do que viajava quando estava em Portugal, até porque tenho de voltar».

Sofia vive atualmente com o seu namorado, com quem comunica em italiano ou em inglês, num pequeno apartamento que compraram conjuntamente. Quando chegou a Bruxelas foi viver para uma casa-apartamento, pequena, designada *maison de mâitre*, que partilhou com mais três jovens até à partida de todos eles – dois portugueses e uma francesa, dois dos quais já conhecia previamente. Depois mudou-se para o apartamento onde reside atualmente. A ideia da compra do apartamento foi casual, uma vez que já lá moravam quando o antigo proprietário manifestou intenção de o colocar à venda. Assim, avançaram para a compra, tendo ficado decidido que «se as circunstâncias mudassem» também poderiam alterar a opção.

De momento não pensa em ter filhos, adiando para mais tarde (um ou dois anos) essa decisão. Em todo o caso, considera que Bruxelas será uma boa opção para a constituição de família, por ser um lugar onde «crescem bem crianças». O regresso a Portugal não faz parte dos seus projetos imediatos. Contudo, atualmente, visita o seu país com alguma frequência, aproximadamente três a quatro vezes por ano, essencialmente para estar com a família e com os amigos: «agora tento ir mais vezes porque arranjei este emprego há dois anos, antes estava em período experimental, antes também não sabia se ia mudar de emprego ou não, portanto, agora estou mais estável».

Reconhece que tanto Portugal como Bruxelas têm aspetos positivos e aspetos negativos, que, contudo, não se sobrepõem. Se em Portugal a esfera amical é mais estável, por exemplo, já no que respeita à esfera laboral as vantagens belgas destacam-se, tal como a vida social que se apresenta mais dinâmica.

«Em Portugal também se vive muito bem, acho que em termos de qualidade de vida, Lisboa é uma cidade muito mais agradável do que Bruxelas, portanto acho que em termos de condições de vida, como espaço, Lisboa será melhor. Em termos de emprego, pelo contrário, encontrei aqui e acho que não vou mudar tão cedo.»

Apesar da boa experiência de vida que vem tendo, Sofia sente-se imigrante em Bruxelas: «sem dúvida sinto-me expatriada porque agora perco muitas coisas em Portugal. A minha vida agora é aqui, portanto sinto-me sem dúvida emigrante».

Todavia, considera-se bem integrada em Bruxelas, tanto no campo profissional como social e pessoal, conseguindo «com algum dispêndio de energia conciliar bem esses campos». O facto de não ter constrangimentos económicos também contribuirá para isso. A maior dificuldade é no que respeita à vida familiar e amical em Portugal, com que vai mantendo contacto regular via *email* ou telefone, para «conciliar a distância geográfica». Considera mesmo que «a parte mais difícil é conciliar a minha presença física aqui e a minha não presença em Portugal, que é a maior parte do tempo». Apesar de tudo, para Sofia «a vida social corre bem, a vida pessoal também, a vida profissional também é conciliável, o que é difícil é a distância física. A distância geográfica é o mais difícil».

Bruxelas não resultou de uma escolha clara e aconteceu meramente porque encontrou aí emprego quando se propunha continuar a sua experiência de vida. Considera, então, que na base da decisão de emigrar de Portugal estão vários fatores e não apenas um.

«Acabado o estágio, a decisão não foi assim clara. [Concorri] para Portugal, para Bruxelas e para outros sítios. Aconteceu que encontrei emprego aqui e queria continuar a minha experiência, achava que não estava pronta para voltar e depois as coisas vão acontecendo e a pessoa vai, de certa forma, solidificando a vida noutro sítio e neste momento seria difícil voltar.»

Sofia considera que as suas expetativas quando se decidiu pela emigração foram realizadas e superadas, tanto a nível profissional como pessoal. Tratando-se de um país diferente, integrar-se foi mais fácil do que tinha imaginado:

«Até pela questão da língua - nunca tinha estudado ou trabalhado em inglês, mas agora não tenho dificuldades, acho que até me sinto mais preparada para trabalhar numa língua estrangeira que eu não domine bem, porque, ao fim e ao cabo, percebo que não é assim tão relevante.»

No que respeita às suas representações sobre emigração, considera que «um país tem a ganhar se conseguir atrair imigrantes qualificados para dentro em vez de os repelir para fora». Atualmente são os jovens que saem, o que significa que o retorno do investimento é maioritariamente feito no país de acolhimento. Seria uma mais-valia se entrassem tantos jovens qualificados quantos os que saem, dado o efeito dinâmico que daí ocorreria. O contrário revela-se negativo para o país que investiu na formação graduada dos jovens que saem.

«Obviamente que se as pessoas que foram depois voltam, isso é muito bom, isso pode, sim, dar possibilidades ao país de ter gente que foi educada em Portugal ou foi educada noutros sítios, que teve experiências no estrangeiro, não necessariamente melhores, mas experiências diferentes e que volta com ideias, novas ideias e maneiras de ver as coisas. Acho que se as pessoas vão e voltam, é bom; se vão e nunca mais voltam, por muito boas que sejam as redes, não sei até que ponto é que isso realmente pode beneficiar Portugal nesta altura. Portanto, se for possível, se se conseguir atrair jovens para que eles voltem, dando-lhes condições de trabalho enquanto eles não se afastarem muito, mesmo emocionalmente do país, acho que isso seria o ideal.»

Na sua perspetiva, a situação poderia ser alterada no sentido de fixar jovens qualificados em Portugal, com emprego disponível, com oportunidade para se criar o próprio emprego, «facilitar a criação de novas empresas para que as pessoas fiquem e criem também outros postos de trabalho». E no caso do financiamento de graduação superior ou pós-graduação, como no caso da FCT, exigir, como contrapartida, um período de fixação obrigatória no país durante algum tempo, após a sua conclusão. Mais do que um sistema de saúde ou educação, ou mesmo um sistema de proteção social, a prioridade no que respeita à adoção de políticas de fixação está num «emprego, um emprego de qualidade que permita um nível de vida satisfatório», isto é, na «empregabilidade, na quantidade e na qualidade do emprego», pois, quanto a Sofia, «este é o fator que, principalmente para os jovens, mais influencia a decisão de ficar ou sair.»

Nuno Saraiva:
Emigrar em busca da promoção da excelência profissional

Nuno Saraiva tem 31 anos e teve a sua primeira experiência migratória logo após terminar a licenciatura em engenharia civil, sendo Angola o seu país de acolhimento por um período de dois anos. Durante esta experiência em África, aprendeu a fazer «um pouco de tudo» no âmbito da sua profissão, mas sentiu que lhe faltavam oportunidades para evoluir em termos da aquisição de competências específicas e de especialização profissional. Essa lacuna levou-o então a optar por um país europeu para prosseguir a sua aspiração de evoluir profissionalmente e a nível internacional, rumando a Londres em 2011, primeiro como estudante de mestrado e, um ano depois, enquanto profissional na sua área de formação – a engenharia civil.

De facto, na base da sua decisão de emigrar, não estiveram presentes motivos económicos, mas apenas o desejo e a necessidade de experimentar o mercado de trabalho fora de Portugal. A família nuclear de Nuno, cujos membros, na sua totalidade, detêm um diploma de estudos superiores, exerceu alguma influência nesta sua decisão, sobretudo a mãe, também ela ex-
-emigrante e possuidora de capital acumulado no que se refere ao contacto com realidades económicas, sociais e culturais distintas da portuguesa. Contudo, Nuno emigrou porque estava nos seus planos desde muito cedo, quando elegeu a prossecução de uma carreira internacional como um importante objetivo pessoal.

Nuno vive em Londres desde 2011 com a companheira e, por enquanto, não pondera o regresso definitivo a Portugal. Porém, é ao país natal que o casal deseja regressar no momento em que decidir constituir família.

Avalia a situação económica de Portugal como «difícil», mas passível de ser revertida. Para isso, é fundamental que as políticas portuguesas estimulem o tecido empresarial do país para a criação de emprego e que os portugueses desenvolvam capacidade empreendedora para que a economia possa recuperar.

Relativamente à saída do país de recursos humanos qualificados, Nuno acredita que, mais do que um custo para o Estado português, a emigração deste tipo de mão de obra poderá ser encarada como um investimento, na medida em que, ao conviverem com realidades distintas, os emigrantes são confrontados com diferentes formas de trabalhar, estabelecem contactos, angariam oportunidades de negócio e adquirem ferramentas, metodologias e técnicas que poderão, posteriormente, implementar no seu país e, assim, contribuir para a dinamização da economia portuguesa.

Nuno Saraiva é oriundo de Leiria, cidade onde cresceu até ingressar no ensino superior. Inicialmente, o seu agregado familiar era composto pelos pais, por ele e por uma irmã. Esta estrutura familiar alterou-se quando tinha 15 anos, com o divórcio dos pais, altura em que a irmã ingressou na Universidade de Lisboa, permanecendo Nuno em Leiria. Deste modo, o núcleo familiar, até então constituído por quatro pessoas, ficou reduzido a ele e à mãe, situação que se manteve nos três anos seguintes.

As origens dos seus pais são bastante distintas: enquanto o pai é oriundo de uma cidade do interior do país, a mãe nasceu em São Tomé e Príncipe, onde viveu até aos dois anos, quando a família se mudou para Angola. Com a revolução de 25 de abril, aconteceu à família materna de Nuno o que sucedeu à esmagadora maioria dos portugueses residentes nas então colónias portuguesas em África: o regresso forçado e apressado a Portugal. A mãe, então com 19 anos, tinha já iniciado em Angola o seu percurso no ensino superior, que retomou posteriormente em Portugal.

Ambos os pais de Nuno são detentores de um diploma de estudos superiores, tendo-se conhecido na faculdade. O pai possui uma licenciatura em finanças e a mãe em economia. Depois dos estudos em Lisboa, mudaram-se para Leiria quando o pai conseguiu aí emprego numa empresa, a desempenhar funções diretamente ligadas à sua formação. O mesmo não sucedeu com a mãe, que se adaptou à oferta de emprego proporcionada por uma cidade de média dimensão, iniciando uma carreira profissional na docência, na área da matemática e ciências, do 3.º ciclo do ensino básico e do ensino secundário, profissão que viria a manter até à atualidade.

A família de Nuno viveu inicialmente numa casa arrendada, que ele recorda com alguma nostalgia, porque, na sua memória, retém a imagem da casa com jardim nos arredores da cidade, onde brincou até aos cinco anos de idade. Por essa altura, a família mudou-se para o centro de Leiria, para um apartamento já propriedade própria, onde ele viria a residir até ingressar na universidade. Em todo o caso, Nuno recorda a sua infância como uma fase feliz e afirma que o facto de ter crescido numa cidade pequena, mas com as condições necessárias para uma vida com qualidade, contribuiu para este crescimento saudável: «Não tenho razão de queixa absolutamente nenhuma. Acho que Leiria foi uma cidade boa para se crescer, porque não é demasiado grande, mas ao mesmo tempo tem um bocadinho de tudo». Por outro lado, também em termos de suporte familiar durante a infância, Nuno é hoje um adulto satisfeito: «Os meus pais sempre me proporcionaram tudo aquilo que eu queria.» Durante esta fase da sua vida, teve variadas experiências de âmbito formativo e lúdico, das quais destaca a natação, a música e o inglês, e que lhe proporcionaram grande satisfação. Embora sublinhe que a família «não era rica», tem consciência de que os pais sempre tentaram dar-lhe todos os apoios e condições para um crescimento formativo saudável e diversificado. Além disso, recorda que os hábitos de leitura dos pais, e o estímulo que sempre deram aos filhos para que lessem também, constituíram uma importante influência no seu próprio gosto pelos livros e pela leitura. Em resumo, Nuno encara a sua infância e juventude como «tranquila[s], não houve nada de extraordinário».

No que se refere à trajetória académica e às opções tomadas, Nuno, licenciado em engenharia civil, refere que, não tendo esta formação específica sido «uma coisa que sempre quis», desde o ensino básico que «sabia que havia de ser na área da engenharia, mas não sabia exatamente qual». A dificuldade relativa com as línguas e o gosto, desde cedo, pela área das ciências puras indicaram-lhe que o caminho da sua formação seguiria as últimas. Contudo, no momento de se candidatar ao ensino superior, o gosto pelos carros e a influência de diversos amigos que optaram pelo mesmo curso ditaram a sua escolha pela engenharia mecânica. Ao fim de um ano de frequência, porém, percebeu que «não era bem aquilo que eu achava que era», começando então a equacionar a transferência para outro curso, sempre na área das engenharias. A racionalidade que presidiu à escolha pela engenharia civil baseou-se na sua perceção de que era um curso mais prático, que lhe daria a oportunidade de desenvolver profissionalmente uma atividade que lhe permitisse «ver um resultado mais imediato"» Por outro lado, na altura, era um curso que oferecia melhores perspetivas em termos de saídas profissionais, além de ser a única alternativa que conhecia e aquela que era mais procurada pelos candidatos ao ensino superior na sua área de interesse científico.

Caracteriza o seu percurso no ensino superior e, especificamente, no curso de engenharia civil como «difícil». Embora tenha conseguido obter equivalência a algumas disciplinas do curso de engenharia mecânica, «mesmo assim, foram necessários os cinco anos». Para este elevado grau de dificuldade, terá contribuído igualmente a instituição que frequentou (o Instituto Superior Técnico), que, segundo a sua perspetiva, exige dos seus estudantes um forte investimento em termos de trabalho e envolvimento nos estudos. A escolha desta instituição foi feita por influência direta de um «colega de carteira, desde a primeira classe até ao 12.º ano, que tinha um irmão a estudar no Técnico. E ele falava muito bem do Técnico». No momento de escolher, Nuno procurou uma instituição com reputação, quer em relação à formação proporcionada aos estudantes, quer no que se refere ao índice de empregabilidade dos seus graduados. O facto de a instituição se localizar em Lisboa, cidade relativamente próxima de Leiria e onde ele tinha família à qual poderia recorrer, exerceu também influência na sua escolha.

Nuno experimentou alguns percalços ao longo do percurso académico: «Em algumas cadeiras, não passei à primeira, portanto, houve algumas a que fui chumbando; uma fiz à terceira». Considera esta como uma das suas (poucas) experiências de insucesso no ensino superior, mas que um comportamento de maior assiduidade às aulas e maior envolvimento no estudo ajudaram a superar e, até, a transformar um episódio de insucesso em sucesso, ao ter conseguido a classificação de 17 valores à terceira tentativa. Refere ainda que o «choque em comparação com o secundário, que não tem nada a ver, que é muito mais fácil» contribuiu claramente para estas dificuldades iniciais sentidas na sua trajetória enquanto estudante do ensino superior. Porém, tais vicissitudes ficaram-se pelos primeiros anos, até Nuno perceber que o seu grau de envolvimento com o ofício de estudante teria de ser maior. Neste percurso, quer durante o ensino secundário, quer posteriormente ao longo da licenciatura, salienta os amigos, muito mais do que os professores, como outros significativos com influência relevante para que a sua experiência seja agora caracterizada como bem-sucedida.

Afirma inequivocamente que a licenciatura em engenharia civil o muniu de competências técnicas para o desenvolvimento da sua profissão. Porém, a principal competência adquirida foi a capacidade de, perante um problema ou um desafio, ser capaz de encontrar uma solução. Aliás, considera que essa é (ou deveria ser) «a mais-valia que se tira de qualquer curso do ensino superior», isto é, a apetência para, autonomamente, procurar respostas para as distintas situações que se vai enfrentando no âmbito da profissão. Do seu ponto de vista, tal ferramenta não se adquire explicitamente em qualquer curso, mas é inerente a todos eles: «Essa capacidade, acho que se aprende, é o principal que se tira de um curso superior».

Após ter concluído a licenciatura, fez «o percurso profissional inicial» numa empresa de construção civil e decidiu ingressar num curso de mestrado, pois sentiu a necessidade de «mais um estímulo intelectual», bem como de uma maior especialização na profissão. Deste modo, após um curto período de trabalho, primeiro em Portugal e depois em Angola, Nuno angariou os meios financeiros necessários para a sua entrada num curso de mestrado sem precisar de recorrer a outros meios de suporte, tais como a família ou bolsas de estudo. Enveredou por um mestrado na área dos transportes, especificamente transportes aéreos, que classifica como um investimento pessoal e profissional. Porém, não lhe foi possível levar para a prática profissional os conhecimentos adquiridos, por ser «um mercado muito pequeno». Ainda assim, encara esta experiência formativa como um sucesso no seu percurso académico.

Dado que não esteve envolvido durante a sua trajetória académica em qualquer experiência de mobilidade, Nuno sentiu essa necessidade já enquanto profissional. Uma vez que a empresa em que trabalhou após a conclusão do curso superior não lhe oferecia essa possibilidade, optou então por procurar uma oportunidade de mobilidade em programas financiados pelo Estado. Foi assim que teve conhecimento do programa INOV Contacto, financiado pelo Estado português e que tem, como principal propósito, a promoção da internacionalização das empresas portuguesas. Este programa promove estágios de seis meses, quer em empresas portuguesas a operar no estrangeiro, quer em multinacionais com representação em Portugal e noutros países. Nuno inscreveu-se e obteve um estágio de seis meses em Luanda, ao fim dos quais a empresa na qual desenvolveu o estágio lhe propôs que continuasse em Angola, oferta que Nuno aceitou, prolongando assim a sua estada por dois anos.

Refere que deixar Portugal e rumar a outro país para trabalhar não constituiu para ele «um grande choque», para o que terá contribuído, do seu ponto de vista, a mudança de Leiria para Lisboa aos 18 anos, enquanto estudante do ensino superior. Contudo, sublinha as diferenças evidentes entre Portugal e Angola, embora considere que lhe foram benéficas, porque o expuseram a dificuldades e adversidades que o obrigaram a «desenrascar-se em muito mais coisas», trazendo-lhe vantagens que passou a utilizar ao longo da sua carreira e que o fizeram «crescer um pouco» enquanto profissional. Por outro lado, admitindo que esta experiência o ensinou a ser «generalista», ou seja, a saber fazer um pouco de tudo, não retirou desta sua passagem pelo mercado de trabalho angolano dividendos substanciais do ponto de vista da especialização profissional.

Semelhante experiência num país tão distante do seu, onde não conhecia ninguém, levou-o a construir uma rede de amigos, que acabaram por funcionar como substitutos da família, a sete mil quilómetros de distância. Passados dois anos, percebeu que este ciclo em Luanda tinha terminado, começando então a ponderar outras possibilidades profissionais.

Todavia, o regresso a Portugal não se afigurava fácil. O país tinha entretanto mergulhado numa crise económica, com evidentes reflexos no setor da construção civil. Esta situação, no entanto, não foi preponderante na decisão de Nuno não regressar ao país natal, já que uma das razões que o tinham impulsionado para fora de

Portugal se prendia com o seu desejo de «aprender como é que as coisas se fazem bem feitas», e Angola não lhe proporcionara essa aprendizagem.

Nuno não outorga à sua formação académica especial relevância na decisão de emigrar. Embora admita que, «hoje em dia, qualquer pessoa que tire engenharia civil terá de sair, porque não há muito trabalho de engenharia civil em Portugal», a sua vontade de, terminado o curso superior, se envolver numa experiência internacional funcionou como a alavanca principal para a decisão de deixar o país. Afirma que não emigrou com base em qualquer outra necessidade que não fosse a de experimentar o mercado de trabalho fora de Portugal.

Indica a influência da mãe como um dos fatores que contribuíram para a procura de uma experiência profissional no estrangeiro: «A minha mãe sempre me incentivou muito a isso: "Vai e trabalha lá fora. Ganhas outra experiência, ganhas dinheiro... vês outras maneiras de trabalhar. Não te limites só a Portugal."» Considera a abertura da mãe à emigração como fruto da sua própria experiência enquanto emigrante em África, afirmando que «a mentalidade nas ex-colónias era muito diferente da mentalidade em Portugal. Era mais aberta». No entanto, mesmo que esta influência não tivesse estado presente, Nuno sente que não teria escolhido um percurso diferente, pois, «mesmo que isso não tivesse existido, era uma vontade que eu tinha».

Além deste incentivo que sentiu desde sempre por parte da mãe para procurar o sucesso profissional no estrangeiro, Nuno não crê que a tradição migratória da sua família materna tenha constituído uma influência relevante na decisão de emigrar. Com efeito, os relatos familiares da experiência do avô como emigrante, primeiro em São Tomé e Príncipe e depois na Venezuela, fazem-no guardar uma memória negativa («nunca foi nada de muito bom»), já que os planos do avô passariam por acumular fortuna, o que nunca veio a acontecer.

Depois de terminar em 2012 o mestrado já em Londres, no Imperial College, Nuno foi confrontado com a oportunidade de permanecer em Inglaterra, onde não possuía quaisquer contactos, integrando-se no mercado de trabalho por intermédio da empresa que trabalhava no projeto de ampliação da ligação, por comboio de alta velocidade, de todo o território inglês ao continente europeu.

Além do conhecimento da língua, que pensa ser uma vantagem importante quando se chega a um país estranho e um fator preponderante na escolha do destino, foram decisivas para a sua opção pela emigração para um país europeu as suas experiências de trabalho, primeiro em Portugal e depois em Angola, que consistiram em «fazer um bocadinho de tudo e não fazer nada em específico bem feito». Esse défice de especialização constituiu, então, a sua principal motivação para procurar oportunidades que lhe permitissem obter esse nível específico de conhecimento técnico e prático. Em todo o caso, considera que essas experiências iniciais foram benéficas para a sua formação enquanto profissional, admitindo que é «perfeitamente normal uma pessoa ter trintas e muitos e ir fazendo várias coisas até descobrir a coisa de que gosta». «Até é bom que seja assim», acrescenta, pois isso facilita a aquisição de uma «visão transversal» da profissão e o processo de descoberta daquilo que, efetivamente, proporciona maior satisfação profissional.

Na base da sua opção por Londres, depois dos dois anos passados em Luanda, esteve a aspiração de evoluir profissionalmente, não imputando a eventuais motivos económicos qualquer preponderância nessa decisão. Como refere, «não foi financeiramente (...) Não foi por mais nada, foi para progredir profissionalmente, não em termos de salário, mas de aprender». Para ele, não se tratava de rentabilizar financeiramente o investimento feito com os estudos em Londres, mas sobretudo potenciar a sua evolução na carreira, algo que não tinha ainda vislumbrado, quer enquanto emigrante em Angola, quer mesmo como profissional no seu país de origem.

Atualmente, o seu agregado familiar em Londres é constituído por ele e pela namorada, que conheceu numa das suas visitas a Portugal já depois de ter ido para Londres, e que se juntou a ele na capital inglesa, não sendo por isso um fator que tenha influenciado a sua decisão de emigrar.

Ainda que esteja satisfeito com a sua experiência de emigração em Londres, Nuno não descarta a possibilidade de, a médio ou longo prazo, regressar a Portugal. Gosta do país e, assim que tiver alcançado o seu objetivo de obter experiência profissional no estrangeiro, de viajar e contactar com realidades novas e diferentes, figura nos seus planos o regresso ao país natal. O que não está mesmo nos seus planos é prolongar indefinidamente a experiência migratória. Com efeito, o casal pretende regressar a Portugal com o fim de constituir família. Aliás, a possibilidade de o fazerem em Inglaterra não lhes é muito agradável, pois desejam que os seus filhos nasçam e cresçam em Portugal. Deste modo, se a decisão de emigrar foi tomada apenas por ele, já a de regressar a Portugal será tomada pelo casal, que partilha o desejo de voltar.

Nuno mantém o contacto com um grupo restrito de amigos, que o acompanham desde a infância passada em Leiria, os quais, além do convívio através das redes sociais, procura visitar sempre que vem a Portugal. Alguns deles são também emigrantes «espalhados pelo mundo», mas no Natal, pelo menos, reúnem-se todos na cidade de origem. Do mesmo modo, vai procurando manter o contacto com os colegas de faculdade, mas, como a maior parte deles se encontra igualmente a trabalhar fora do país, os vínculos pessoais são escassos, porque as diversas agendas são difíceis de conciliar. Em Inglaterra, Nuno não desenvolveu este tipo de amizade perene com qualquer grupo de pessoas, sejam ingleses ou outros emigrantes. Admite que possui uma rede alargada de contactos, mas não estabeleceu laços de amizade comparáveis aos que possui com os portugueses. A sua interação com outras pessoas em Londres, fora da esfera profissional, limita-se a algumas saídas, jantares ou fins de semana, mais esporádicas do que aconteceria em Portugal, desde logo porque os laços não são tão próximos e, também, porque o custo de vida londrino não permite saídas tão frequentes.

Embora esteja relativamente satisfeito com a sua experiência profissional atual, não descarta a possibilidade de vir a explorar novas oportunidades, até porque reconhece não estar integrado exatamente na área que pretende. De facto, Nuno admite que se encontra ainda numa fase de indecisão relativamente ao percurso de carreira que deseja prosseguir, pelo que está disponível para novas experiências profissionais e para um maior investimento no plano da formação especializada. Acredita que tal será viável, e até necessário, no local onde trabalha atualmente, uma empresa de grande dimensão e com diversas vertentes na área da engenharia, e na qual ele vê oportunidades de progressão profissional.

Encara a dinâmica relacional e social inglesa como profundamente distinta da portuguesa. Em Inglaterra, ao contrário do que sucede em Portugal, os horários de trabalho permitem que as pessoas se envolvam em atividade sociais mais frequentemente e «tenham tempo para fazer o que querem, e isso é uma coisa de que gosto». Como refere em tom divertido, «o ideal seria Portugal, com bom salário e a sair às cinco da tarde».

Se os motivos financeiros não exerceram influência na sua decisão de emigrar, são esses mesmos motivos que o fazem permanecer no estrangeiro. Tem consciência de que, se pretendesse regressar a Portugal neste momento, «teria esse problema». Aquilo que não constituiu um impulso para Nuno sair do país, funciona hoje como um entrave ao seu regresso. Porém, o seu posicionamento relativamente à situação económica do seu país natal é caracterizado por um otimismo prudente. Crê que, «provavelmente, o pior já terá passado, a fase pior já terá passado, mas vai demorar. Agora, não sei quanto tempo, não faço ideia... Isso ninguém sabe», o que o faz ir adiando o projeto de retorno.

Não considera que o facto de Portugal estar a deixar sair os recursos humanos que qualificou com um esforço financeiro considerável constitua um desperdício para o país. Defende que é função e dever de qualquer Estado de direito «permitir às pessoas que tenham direito à saúde, à educação, acho que é das funções principais do Estado, e não pode deixar de a ter». A alternativa seria, do seu ponto de vista, vedar o acesso ao ensino superior apenas a quem não tivesse meios financeiros para suportar a sua formação, o que reduziria drasticamente o acesso dos portugueses a este nível de ensino, cenário do qual discorda em absoluto. Naturalmente que o país perde com a saída dos recursos humanos que qualificou, e que devia apostar mais em políticas de fixação dos mesmos, mas tal não invalida a sua função de promotor da formação da sua população, alegando Nuno que «isso não é razão para deixar de fazer o investimento».

Cabe então ao Estado não estimular a emigração de mão de obra qualificada, mas, pelo contrário, promover a sua permanência no país, «na medida do possível». Esse esforço não pode, todavia, ser empreendido apenas pelo Estado; aos cidadãos, ao tecido empresarial e ao mercado de trabalho português, cabe igualmente a responsabilidade de criar e promover oportunidades de emprego, nomeadamente por via da criação de empresas. O papel do governo neste processo, na sua perspetiva, passa pela criação de condições para que «as pessoas possam investir, para que exista cada vez mais emprego para reter as pessoas».

Nuno acredita que a emigração é um importante contributo para o desenvolvimento do país de origem. De facto, ao contactarem com realidades distintas, os emigrantes «conhecem outras formas de trabalhar», estabelecem contactos, angariam oportunidades de negócio e adquirem ferramentas, metodologias e técnicas que poderão posteriormente implementar em Portugal, contribuindo assim para a dinamização da economia. Não serão políticas e medidas pontuais, como o incentivo à natalidade ou os subsídios de vária ordem, que trarão os emigrantes de volta ao país. Para Nuno, o fator que assume um papel preponderante na decisão dos emigrantes de voltar é a criação de condições para que possam desenvolver com sucesso uma atividade profissional.

Sandra Antunes:
"Não sou uma emigrante, sou uma viajante"

Sandra Antunes tem 25 anos e as viagens para fora de Portugal durante e após a conclusão dos estudos superiores estiveram sempre muito presentes nos seus planos. O desejo sentido desde muito cedo de contactar com realidades diferentes, a que se junta o facto de ser oriunda de uma cidade pequena do interior do país, foram centrais na sua decisão de se envolver em programas de mobilidade estudantil, que a levaram, ainda durante a frequência da licenciatura em sociologia, à Roménia e a Espanha e, durante o mestrado, ao Brasil.

Para Sandra e para a sua família, a escolha do ensino superior na sua trajetória de vida afigurou-se como o caminho esperado. Contudo, não tendo uma ideia clara sobre a área de estudos a prosseguir, foi somente no momento de escolher que Sandra se decidiu pela licenciatura em sociologia. Esta ausência assumida de um plano concreto para a sua vida é novamente visível quando envereda por um mestrado na mesma área científica, que faz por não estar ainda segura das suas preferências e apetências profissionais, mas também porque entendia que a licenciatura não constituía qualificação académica suficiente para vir a integrar o mercado de trabalho.

Opta por manter o seu plano pouco definido, mas no qual a vontade de viajar está sempre presente. Após um curto período de trabalhos não qualificados em Portugal, ruma à Indonésia, onde vivenciou experiências que caracteriza como muito positivas. Regressada a Portugal seis meses depois, volta a viajar, agora para Bruxelas, ao abrigo de outro programa de mobilidade, onde permanece até à atualidade. Embora considere o primeiro trabalho na capital belga profissionalmente pouco estimulante, permitiu-lhe estabelecer uma rede de contactos que a levaram ao encontro da possibilidade de estender a sua estada mediante a perspetiva de um contrato na empresa em que trabalha agora. É na Bélgica que pretende ficar por mais alguns anos, pois usufrui de uma qualidade de vida que não conseguiria alcançar em Portugal, onde as condições lhe parecem pouco convidativas ao regresso. Porém, está nos seus planos regressar para aí constituir família.

Sandra defende que as principais motivações que levam os portugueses a emigrar são a procura do enriquecimento do currículo e o desenvolvimento profissional, que não conseguem em Portugal, sobretudo os recém-licenciados. Contudo, lembra também a emigração dos portugueses sem qualificações académicas, mas com outro tipo de competências, que se veem forçados a emigrar porque o seu país não lhes reconhece essas competências, ainda que tenha necessidade destes recursos humanos.

Sandra nasceu e cresceu numa família nuclear de pequena dimensão, composta pelos pais, por um irmão mais novo e por si própria. Os pais possuem níveis de escolaridade distintos, mas nenhum deles possui um diploma académico: o pai concluiu a antiga 4.ª classe e trabalha numa adega, enquanto a mãe, detentora do 12.º ano por via do Programa Novas Oportunidades, é empregada na cozinha de uma escola profissional, sendo ambos, portanto, trabalhadores por conta de outrem. Sempre viveram na Covilhã, embora ele tenha tido uma fugaz experiência migratória na Suíça, regressando a Portugal pouco tempo depois, fundamentalmente devido ao nascimento de Sandra, o primeiro dos filhos do casal.

Após um percurso escolar tranquilo nos ensinos básico e secundário, Sandra ingressou no ensino superior em 2007, na Universidade da Beira Interior, na mesma cidade onde vivia, para fazer a licenciatura em sociologia. A permanência na Covilhã durante o desenvolvimento dos seus estudos superiores despertou-lhe a «necessidade e a curiosidade de explorar e sair um bocadinho», para a qual contribuiu também uma assumida «curiosidade por novas culturas, por explorar», iniciando assim aquela que viria a ser uma trajetória de mobilidade caracterizada por um número relevante de experiências no estrangeiro. Percurso que tem início em 2009, ano em que Sandra integrou, por um período de seis meses, o programa de mobilidade Erasmus Mundus, com a Roménia como palco, escolha feita sobretudo por motivos económicos, porque, «de todos os países, era o mais barato». Lembra com grande satisfação esta primeira experiência fora de Portugal, que lhe proporcionou oportunidades de estabelecer interações com outras pessoas, além de lhe ter permitido «passear um bocadinho, ler bastante». Guarda «com carinho» a memória deste período na Roménia e afirma que a vivência aí lhe criou o desejo de repetir a experiência e contactar diferentes contextos educativos.

Seguiu-se Espanha no ano seguinte, para onde se deslocou para fazer um estágio de três meses no âmbito do mesmo programa de intercâmbio estudantil. Esta segunda vivência num país estrangeiro assumiu uma natureza claramente distinta da anterior, porque envolvia trabalhar numa empresa da área da biotecnologia agroalimentar, na qual Sandra desenvolveu trabalho na área do *marketing* (como refere, «aí, já trabalhei a sério, com um horário a sério»). Embora diferente do seu primeiro contacto com a realidade fora de Portugal, ou porventura por isso mesmo, tratou-se de uma experiência enriquecedora que lhe proporcionou um primeiro vislumbre do mundo do trabalho.

Ainda em 2010, o gosto pela mobilidade e pelo contacto com diferentes culturas, pessoas e realidades levou-a ao Brasil, onde permaneceu durante um semestre ao abrigo de um programa de que tivera conhecimento na universidade, patrocinado por um banco hispano-português. Nas suas palavras, «foi outra experiência fantástica», sobretudo no que se refere às interações humanas estabelecidas. Encontra na realidade brasileira profundas semelhanças com a romena, «acima de tudo, em questões de pobreza, que está bastante visível; está ao virar da esquina e com uma força muito impactante, mesmo».

Os estudos académicos são uma opção antecipada por Sandra. Ainda que não tivesse, como salienta, um «plano concreto», estava consciente de que, não ingressando no ensino superior, as alternativas seriam exíguas e iria sentir-se «um bocadinho perdida». Tal opção foi facilitada por possuir uma bolsa de estudos, levando a que a frequência na universidade não constituísse um encargo financeiro acrescido para a família. Em suma, mais do que o caminho óbvio e esperado, os estudos académicos constituíram a solução que naquele momento mais sentido fazia na sua trajetória de vida.

A opção pelo curso de sociologia não se afigurou uma tarefa fácil, sendo percetível a ambiguidade presente na escolha da área científica. Com efeito, no momento de eleger o curso a prosseguir, Sandra admite ter-se sentido «muito perdida». Atribui parte da responsabilidade nessa sensação de desnorte à falta de apoio e orientação no ensino secundário, admitindo contudo que a ausência de uma indicação clara no seu projeto de vida de quais seriam os seus interesses profissionais futuros, e as consequentes dúvidas vocacionais, assumiu também um papel preponderante nesta hesitação inicial; «Nunca tive aquela ambição de ser isto ou aquilo, como normalmente as pessoas têm, e isso acaba por ajudar, porque sabes o que queres e lutas por isso. Andei sempre um bocadinho passo a passo a desfrutar cada momento». Assim, revela que a sua escolha foi feita apenas no ato da candidatura ao ensino superior, quando «estava a pôr as cruzinhas». A racionalidade da opção pelo curso de Sociologia baseou-se na sua perceção de que seria um curso interessante: «Provavelmente, iria desafiar-me, sabia que iria ler coisas interessantes que me fariam pensar, e assim foi». Porém, a sociologia não se inclui na sua identidade profissional, pois, como refere: «Nesta fase da minha vida, se me perguntares, não me considero socióloga, e não me parece que queira encontrar um emprego na área da sociologia.» Ainda assim, não se arrepende da escolha feita e considera que a experiência formativa no ensino superior «foi agradável», sobretudo por lhe ter oferecido diversas oportunidades de viajar e contactar com diferentes realidades.

Após a conclusão da licenciatura em sociologia, Sandra optou por prosseguir os estudos superiores, tendo então ingressado num curso de mestrado, durante o qual teve a oportunidade de passar um semestre no Brasil. Uma vez mais, e à semelhança do que tinha ocorrido no momento de escolher a frequência de uma licenciatura, Sandra optou por esta via por ainda não estar segura do que gostaria de fazer em termos profissionais e, também, por saber que uma licenciatura em sociologia não lhe franquearia facilmente as portas do mercado de trabalho. De qualquer modo, confessa que a escolha de um mestrado na mesma área científica da formação inicial se deveu igualmente à vontade de «aprofundar um bocadinho mais alguns conhecimentos», embora admita que «acabou por ser mais do mesmo», o que lhe causou algum desencanto e protelou a finalização do curso. Desta feita, apesar de ter concluído todas as disciplinas requeridas, Sandra não fez a tese e colocou o mestrado «em *standby*».

Embora tivesse algumas experiências profissionais em trabalhos não qualificados («sempre tive trabalhos pequeninos, todas as coisinhas que apareciam, desde lavar escadas, apanhar pêssegos e peras, descascar camarões, e num restaurante», todas elas foram marcadas pela precariedade e pela ausência de qualquer vínculo contratual com as várias entidades empregadoras: «Eram trabalhos ocasionais: quando precisavam, chamavam-me, não era nada certo (...) não tinha contratos nenhuns. Eram trabalhos pagos no dia e sem vínculos».

Nesta fase da sua vida, surge-lhe a oportunidade de desenvolver outro estágio, agora na Indonésia, para onde partiu para lecionar inglês a crianças, ao abrigo de um programa de intercâmbio dinamizado por uma associação de estudantes de âmbito internacional. Desejava repetir a experiência de mobilidade já antes vivida, mas desta vez, fora do território europeu e sozinha, pois as idas anteriores tinham acontecido com colegas. Como afirma: «Nunca tive a minha descoberta só por mim (...) e precisava disso, precisava mesmo». Naquele país asiático, ficou alojada em casa de uma família de acolhimento, experiência que descreve como «lindíssima». Ainda que a língua e a cultura fossem completamente diferentes de tudo aquilo que Sandra conhecia até então, «a natureza, as pessoas, os sorrisos», contribuíram para que fosse um evento único, que ela não deseja esquecer: «Senti cada bocadinho, cada momento em que estive ali». Os laços que criou, quer com a família que a acolheu, quer com os outros indonésios que contactou, levam-na a falar desta sua «intensa» experiência de mobilidade com especial carinho e, até, alguma emoção.

Em outubro de 2013, volta a viver um período de mobilidade, agora no âmbito do Programa Leonardo da Vinci, que a leva à Bélgica para um estágio de seis meses. Recorda esta experiência como não tão estimulante quanto gostaria, pois o trabalho que desenvolvia «não era muito desafiante» e não lhe proporcionava a oportunidade de desenvolver atividades aliciantes e diversificadas, conforme desejava: «Quero ir para o trabalho e sentir: "Hoje pode ser diferente, posso fazer alguma coisa diferente."» Todavia, durante este período, conseguiu criar uma rede de contactos profissionais, que lhe permitiu, concluídos os seis meses, fazer outro estágio numa empresa diferente, mas desta vez já com a perspetiva de no final vir a integrar a respetiva equipa de trabalho.

Atualmente, Sandra encontra-se a trabalhar nessa empresa, cuja missão passa por «contribuir para o desenvolvimento do setor privado africano»; as suas funções incluem estabelecer contactos com empresas, traduzir documentos, encontrar financiadores e «viajar, dado que é necessário que toda a equipa de trabalho esteja presente nos eventos a nível internacional», entre muitas outras «pequeninas coisas». Contudo, refere que não está a mobilizar os conhecimentos adquiridos ao longo da sua formação académica e que, no seu local de trabalho, faz uma aprendizagem diária e permanente, com o suporte institucional que lhe permite evoluir. Acima de tudo, considera que as suas competências pessoais estão a ser valorizadas, embora admita que não sente que «tenha aprendido alguma coisa» do ponto de vista profissional. Recentemente, assinou contrato com esta empresa onde concluiu o segundo estágio. «É um contrato sem termo, mas apesar disso os planos mantêm-se».

Além desse trabalho, Sandra também faz *babysitting*. Esta é, de resto, uma atividade que tem vindo a acumular desde o primeiro dia em que chegou a Bruxelas. Começou por tomar conta de uma criança na casa onde vive, a troco de um preço reduzido pelo alojamento, mas rapidamente alargou a oferta e cuida agora de outras crianças, o que lhe permite ganhar algum dinheiro extra para fazer face às despesas:

> «Estou a viver com duas raparigas e um bebé. Bem, um bebé que cresceu e entretanto já tem três anos. Tomo conta dele e, pronto, é esse o contrato. Pago um valor simbólico pelo quarto e em troca tomo conta do bebé alguns dias. Entretanto, algumas pessoas que fui conhecendo souberam e, às vezes, contactam-me para tomar conta dos filhos. E eu gosto.»

A atividade de *babysitting* tem também outra grande vantagem, que é a de lhe permitir um melhor conhecimento da língua francesa, «por via da repetição, dado que as crianças repetem várias vezes as mesmas palavras». A este propósito, refere que chegou a frequentar um curso de conversação, mas admite que, quanto ao aperfeiçoamento do francês, tem «aprendido mais no dia a dia, as pessoas corrigem-me, e com as crianças então (...) E já me vou atrevendo a ler alguns livros em francês, o que também ajuda».

Salienta que, de entre as motivações que a fizeram manter-se na Bélgica, está o modo como foi tratada e a perceção de que, futuramente, viria a beneficiar destas vivências e da acumulação de experiência profissional que lhe proporcionaram. Por outro lado, ao longo do seu percurso neste país, foi «criando laços com algumas pessoas». Novamente, na ausência de um plano concreto, Sandra desta vez ponderou sobretudo o fator económico, que elege como a principal razão para o prolongamento da sua experiência migratória na Bélgica, já que está ciente de que em Portugal, se conseguisse um emprego, teria um salário mais baixo, consequência também de ter pouca prática profissional, o que dificultaria a sua já pouco robusta situação económica.

A sensação de que a presente situação de mobilidade assume de algum modo um carácter diferenciado das experiências anteriores, porque não se trata de estágios e envolve uma atividade profissional (embora ainda precária e não muito bem remunerada), faz com que o distanciamento em relação a Portugal, tanto para ela como para a família, seja mais difícil: «É como se soubéssemos que desta vez é a sério, não é só "Ela está curiosa, vai ali ver como é que é e já vem." Desta vez, lá está... não sei o que é que pode vir, não tenho planos, mas... é um trabalho». Ainda que a distância geográfica que separa Portugal da Bélgica seja muito curta, o facto de Sandra poder vir a estabelecer, através da assinatura de um contrato de trabalho, laços formais com o país de acolhimento faz com que equacione a situação como «fazendo toda a diferença, ainda que seja ali ao lado».

A sua família e, sobretudo, o pai não foram inicialmente entusiastas da propensão para sair do país, principalmente nas «experiências em países como a Roménia ou a Indonésia», o que, segundo ela, pode ter tido também alguma influência na vontade de sair, pela «rebeldia do momento», própria da idade. Porém, passada a fase rebelde, Sandra percebeu que o seu trajeto continuaria a ser esse. A mãe, que a princípio também não apoiou a decisão da filha de emigrar, é agora um dos membros da família que mais a incentiva a prosseguir esse caminho: «A minha mãe, no início, era a minha mãe que ficava "Agora vai lá para o fim do mundo...". Agora diz: "Vai, vai... É para o teu bem, é para o teu futuro, é trabalho."»

Sandra mantém um círculo de amigos chegados em Portugal.

> «Estas amizades em Portugal são genuínas (...). Esteja eu onde estiver e vá onde for, independentemente de quanto tempo seja, sei que quando volto é como se estivesse tudo igual. O carinho não mudou, não há aquele desconforto (...). Aconteça o que acontecer, está sempre tudo igual.»

Naturalmente que, ao longo do seu percurso no estrangeiro, foi construindo novos afetos e alargando a sua rede de amizades, embora admita que não gosta de «forçar» o estabelecimento destas interações com base apenas na circunstância de se encontrar num país estrangeiro. Deste modo, os «grandes amigos» continuam a ser os que deixou no país natal. No de acolhimento, fez sobretudo amizade com belgas e franceses. Contudo, confessa o seu «lado um bocadinho solitário e que me dá algum prazer», e refere que aprendeu a estar sozinha e a desfrutar disso, saindo frequentemente para atividades de lazer sem companhia.

Considera que tem na Bélgica «uma qualidade de vida muito boa»; a capital do país proporciona-lhe boas condições e o acesso a bens culturais com frequência e a relativamente baixo custo. Esta oferta, bem como as boas condições que encontrou no que se relaciona com o alojamento, que lhe permitem ir amealhando algum dinheiro e construindo um pequeno pé-de-meia, constituem as principais razões que a levam a não equacionar abandonar Bruxelas a curto prazo.

Sandra não se vê como uma emigrante, antes como uma viajante. Este momento da sua vida constitui uma «fase de autoconhecimento, desenvolvimento pessoal e profissional». Embora lhe seja cara a ideia de ligação e o apego à terra natal, que observa no percurso de vida dos pais, reconhece que sentiu a necessidade de ultrapassar as fronteiras do pequeno mundo em que viveu durante a infância e parte da juventude. Deste modo, a vontade de explorar novas oportunidades e de contactar com diferentes realidades funcionou como uma importante alavanca para a sua decisão de emigrar ou, como prefere chamar-lhe, de viajar. Enfatiza que o que a moveu a sair de Portugal «não foi a questão de não haver dinheiro e vir à procura dele. Foi o desafio, essencialmente». Como não criou expetativas muito elevadas («uma coisa que aprendi a fazer foi nunca criar expetativas. Nunca pensei muito no que é que poderia encontrar»), a sua adaptação aos diversos países por onde foi passando resultou relativamente tranquila.

Nos seus planos de futuro, há lugar para a constituição de uma família. Assume o desejo de ser mãe, comentando que já vai «sendo mãe aos bocadinhos», ao cuidar de crianças no âmbito da sua ocupação como *babysitter*. Contudo, isso implica inequivocamente o regresso a Portugal: «Gostava de voltar a Portugal, gostava de fazer a minha vida em Portugal e apaixonar-me em Portugal, por um português». No entanto, antes de isso acontecer, possui um projeto em que as esferas profissional e pessoal se entrelaçam: permanecer por mais dois anos na empresa em que trabalha, no fim dos quais gostaria de se envolver numa missão com os Médicos sem Fronteiras belgas. Esta constituiria a oportunidade de experimentar «o melhor de dois mundos» e cumprir o seu objetivo a longo prazo (para ela, pensar com dois anos de antecedência significa planear a longo prazo).

Paralelamente a este projeto de vida, há o desejo de voltar a Portugal, e a situação ideal seria poder conciliar as duas vertentes. De facto, pese embora o seu lado «aventureiro» e o gosto por viajar, Sandra afirma que Portugal constitui o seu «porto seguro», e saber que pode regressar a qualquer momento ao seu país assume importância central numa tomada de decisão. Contudo, não lhe parece provável o regresso a curto prazo devido às frágeis circunstâncias em que o país se encontra. Teme não conseguir encontrar um emprego e que o pai possa perder o seu, e de maneira nenhuma deseja ser um encargo adicional para a família, ela própria numa situação socioeconómica marcada pela imprevisibilidade e incerteza.

Avalia negativamente a situação de empregabilidade no país porque, «acima de tudo, há alguma injustiça» no modo como as diferentes atividades profissionais são perspetivadas e valorizadas pela sociedade portuguesa. Alega que todas as profissões são importantes e devem ser reconhecidas, quer em termos de retribuição salarial, quer do ponto de vista social, e que, como tal, terão de ser promovidas, dando outra visibilidade e conotação àquelas consideradas social e pecuniariamente menores. Discorda do grande fosso salarial existente entre as diversas profissões, o que acaba por funcionar como fator de desmotivação. Esta questão assume particular pertinência quando se trata de profissionais altamente qualificados que se veem forçados a trabalhar em áreas distintas daquelas para que foram formados. Acredita no potencial do país, seja em recursos naturais ou humanos, defendendo que uns e outros devem ser aproveitados e desenvolvidos.

Do seu ponto de vista, as principais razões que levam os portugueses à emigração são a procura do enriquecimento do seu currículo e o desenvolvimento profissional que não conseguem em Portugal. A escassez de oportunidades que os recém-licenciados têm de encontrar um trabalho na sua área de formação leva-os a procurarem alternativas no estrangeiro. Contudo, Sandra não reduz a sua análise à emigração de mão de obra qualificada. Lembra também a «emigração de pessoas que não estudaram, que não têm qualificações, estudos superiores, mas que têm os seus talentos, e que são boas naquilo que fazem», pessoas que enfrentam enormes dificuldades no país de acolhimento para atingir os objetivos que as levaram a emigrar: «Juntar um dinheirinho para enviar para casa (...) conseguirem juntar ainda mais um bocadinho porque têm um filho que está quase a ir para a universidade...».

Esse constitui verdadeiramente o tipo de emigração que a preocupa, porque Portugal tem necessidade desses profissionais, mas não a capacidade para os absorver ou, pelo menos, para oferecer salários que lhes permitam fazer face às despesas e construir um projeto de vida firme e digno: «Temos necessidade dessas pessoas em Portugal, e temos emprego para elas. Elas é que não recebem dinheiro para mandar três filhos para a universidade». Como solução possível, propõe «equilibrar os salários, tentar ajustar as oportunidades às necessidades das pessoas», admitindo, porém, que tal não se afigura fácil e reconhecendo que não possui «sugestões miraculosas» para a situação.

Com algum desencanto, Sandra afirma que, sendo sempre agradável encontrar outros portugueses quando se está longe de casa, «já somos muitos, muitos cá fora, demasiados... E a maior parte também não está contente. É triste quando tudo tem de passar essencialmente pelo dinheiro.»

Diana Lourenço:
de Portugal para a Holanda, da Holanda para o mundo

Diana Lourenço nasceu em 1985, numa família de pequenos proprietários possuidores de recursos culturais modestos e com uma história migratória rica: o pai, os avós e os tios paternos estiveram todos na Venezuela. O contacto com uma cultura estrangeira foi, por isso, uma constante na sua infância.

Aos 15 anos, depois de se mudar de Pombal para Coimbra, passando a viver com a irmã, que estudava Relações Internacionais na universidade dessa cidade, Diana completou o ensino secundário e prosseguiu os estudos no ensino superior, concluindo a licenciatura e o mestrado em economia. A passagem pela Universidade de Coimbra foi um momento muito importante de crescimento pessoal, autonomização e aquisição de competências: esteve a viver fora da casa dos pais, envolveu-se em múltiplas atividades académicas, desempenhou vários papéis na rádio universitária e conheceu um conjunto alargado de pessoas. Depois de ter visitado a irmã enquanto ela estava fora do país num programa Erasmus, Diana decidiu que também queria experimentar a mobilidade estudantil. Assim, partiu para Roterdão, cidade holandesa onde permaneceu durante dez meses.

De regresso a Portugal, começou a sentir vontade de partir novamente para o estrangeiro. Terminou os estudos e, ao mesmo tempo, teve uma breve experiência profissional. No final do mestrado, decidiu aproveitar a possibilidade de fazer um estágio na Holanda, desta feita em Hilversum, que lhe foi facilitado por uma associação estudantil internacional a que pertencia. Durante este período, Diana fez novos amigos, a maior parte deles membros da associação, tal como o seu atual companheiro, um brasileiro que conheceu também nesta altura. No final do estágio, depois de uma oferta de trabalho por tempo indeterminado na empresa em que estava, conjugada com o mau momento do mercado de trabalho em Portugal e com a sua, então recente, relação amorosa, Diana convenceu-se a ficar na Holanda.

Atualmente, usufrui de uma situação profissional estável na Nike e sente-se bem a viver na Holanda, embora o futuro represente uma incógnita. Planeia uma viagem de um ano à volta do mundo com o companheiro, que servirá também para fazer voluntariado. Depois dessa aventura, Diana não sabe ainda se o seu futuro passará pelo país que a acolhe neste momento, pelo Brasil ou pelo regresso a Portugal, com o qual nunca cortou os laços.

Diana Lourenço nasceu em 1985 e, até agora, dividiu a sua vida entre Pombal, Coimbra e a Holanda. O pai, que, ao longo da vida, foi um «homem de muitos ofícios», é dono de uma lavandaria em Coimbra. Até 2010, teve uma empresa de venda de terrenos e construção civil, atividade que abandonou devido a um abrandamento do mercado. A mãe trabalha numa outra lavandaria, perto de Pombal, pertencente à mesma sociedade familiar. Diana tem ainda uma irmã, cinco anos mais velha, que vive em Lisboa e trabalha numa cooperativa que recolhe alimentos para posteriormente os distribuir pela cidade.

A família de origem de Diana detém um volume modesto de recursos escolares e culturais: o pai, um homem «curioso», dado à leitura de jornais, possui o 4.º ano de escolaridade, enquanto a mãe abandonou os estudos durante o 12.º ano, quando engravidou. Com exceção de um tio-avô, que era advogado e por isso gozava de um certo prestígio no meio familiar, a geração de Diana é a primeira da família a aceder ao ensino superior e a completar a licenciatura. A sua irmã mais velha é licenciada em Relações Internacionais pela Universidade de Coimbra e, de um modo geral, os seus primos ou detêm uma licenciatura, ou frequentam o ensino superior.

Durante a infância, Diana esteve exposta à cultura de carácter mais rural dos seus pais, sendo claras as diferenças de consumos e lazeres que nesta fase da vida, a distinguiam dos seus amigos:

> «Eu não via filmes, não jogava *videogames*. Nasci e fui criada no meio do campo, não é? No meio das coisas mais da terra... noto isso. Não, não conhecia aquele jogo. Não, não via televisão. Via os desenhos animados, mas era só. Era muito aquela base, a cultura e a educação próxima dos pais, porque era isso que eles conheciam, não é?»

Ainda assim, experimenta um contacto precoce com tecnologias que, naquela altura, ainda não se encontravam massificadas, como o computador e o telemóvel, introduzidos em casa pelo pai, através da sua atividade empresarial. Por outro lado, a irmã trazia para casa coisas que aprendia na escola, e o tio-avô advogado, possuidor de uma biblioteca «gigante», aproximava a família de uma cultura mais livresca, com as suas conversas e os livros que emprestava.

Por intermédio do ramo paterno da família, Diana esteve desde cedo em contacto com a realidade da emigração. O pai viveu na Venezuela durante alguns anos, tal como os avós e os seis tios paternos; dois deles, aliás, nasceram mesmo aí. Para os avós, a emigração para a América do Sul representou uma fuga da pobreza inerente à vida de camponeses em Portugal. O pai, por outro lado, partiu de Portugal no final da década de 1960, em parte para escapar ao serviço militar obrigatório, numa altura em que se travava a Guerra

Colonial. Foi através destes familiares que Diana conheceu outros idiomas e sabores:

> «Desde que me lembro de ser pessoa, havia sempre o espanhol nas conversas. E a minha avó não é avó. É sempre abuelita, não é? Há sempre aquela sensação de que está ali outra cultura, e as comidas eram diferentes, os sabores...»

Aos 15 anos, Diana deixou a casa dos pais, em Pombal, e foi viver para Coimbra, onde fez o ensino secundário. A irmã mais velha já aí vivia, frequentando na altura a licenciatura em relações internacionais. Viviam as duas numa casa comprada pelos pais, alugando os quartos vagos a outras estudantes. Nessa altura, os pais tinham trocado Pombal por uma pequena vila próxima, e partiu deles a iniciativa de enviar Diana para junto da irmã, algo a que ela não se opôs. Terminados os estudos do ensino secundário na área económica e social, a continuidade do seu percurso enquanto estudante, agora na universidade, surgiu como algo quase natural, porque não questionável, no seu trajeto de vida:

> «Sempre fez parte da educação que tive em casa. A minha mãe sempre quis estudar um pouco mais do que aquilo que estudou, o meu pai sempre foi muito curioso. Eu e a minha irmã somos a primeira geração na família a entrar no ensino superior. Houve sempre essa cultura, de ter de estudar para ser alguém; esteve sempre presente. Nunca coloquei a hipótese de não estudar.»

No momento de escolher a licenciatura, a decisão não foi fácil, mas acabou por recair sobre economia, área que, acreditava ela, lhe iria proporcionar uma base de conhecimento segura para o futuro. Em 2003, começou a frequentar esse curso, «meio bacharelato, meio pós-graduação», na Universidade de Coimbra. Guarda boas memórias da sua passagem pelo ensino superior, relacionadas com as amizades construídas e as várias atividades em que se envolveu. Para lá dos eventos académicos em que participou e que ajudou a organizar, foi especialmente marcante a sua colaboração com a Rádio Universidade de Coimbra, na qual foi responsável por um programa semanal de informação durante um ano, além de integrar o departamento de informação e também a administração. Mediante o desempenho de papéis diversificados e a execução de tarefas diferenciadas na rádio, Diana adquiriu um conjunto de novas competências e estabeleceu laços com muitas pessoas, desenvolvendo-se a nível pessoal. Foi também no período da licenciatura em economia que experimentou pela primeira vez viver sem a forte presença quotidiana de um familiar, uma vez que, a determinado momento, a irmã decidiu mudar-se para Lisboa. Entre 2006 e 2007, Diana esteve em Roterdão, na Holanda, ao abrigo do programa de mobilidade estudantil Erasmus. Olhando retrospetivamente, considera que a vivência prévia da irmã no estrangeiro, também como estudante do ensino superior integrada num programa Erasmus, foi uma influência decisiva para que também ela experimentasse um período fora do país:

> «Fui visitá-la, e fui buscar um bocadinho da experiência dela. Conheci alguns dos amigos, tive um certo contacto, também. Ela andou a mostrar-nos as coisas que tinha feito lá. E acho que ficou um pouco o bichinho.»

Para que a experiência se tornasse viável, revelou-se fundamental o apoio financeiro dos pais, já que a bolsa de mobilidade que recebia era demasiado pequena para fazer face a todas as despesas que tinha na Holanda. Em Roterdão, Diana viu-se perante uma forma de ensinar diferente daquela que conhecia em Portugal: se a sua licenciatura em Coimbra lhe parecia demasiado focada em conteúdos teóricos, lá deparou-se com uma abordagem que privilegiava uma vertente mais prática, além de ser mais exigente em relação ao tempo que era necessário dedicar às aulas e aos estudos. Precisamente por isso, o Erasmus foi outro momento marcante de desenvolvimento pessoal e aquisição de competências.

De regresso a Portugal, Diana decidiu concluir o mestrado, como forma de valorização curricular e aproveitando o facto de ainda ter os seus métodos e hábitos de estudo bem presentes para poder terminar aquele grau em apenas seis meses, fruto de uma pós-graduação já concluída. Esta não foi, no entanto, uma decisão isenta de dúvidas. Ainda tentou conciliar o mestrado com a aquisição de experiência profissional, propondo a substituição da tese por um estágio, mas tal não foi possível. A relação estabelecida com um dos seus professores da universidade acabou por ser fundamental para que decidisse continuar os estudos.

Ainda adolescente, durante as férias do verão, Diana tinha ajudado a mãe na lavandaria, recebendo em troca uma pequena quantia simbólica, mas as primeiras experiências profissionais mais significativas deram-se quando era estudante universitária. Na fase final da sua estada na Holanda, e com o objetivo de aliviar o esforço financeiro feito pelos pais para lhe pagar as despesas, começou a fazer pequenas traduções de inglês para português, atividade que manteve durante cerca de três meses:

> «Era daquelas coisas: envia SMS 7070 e recebes um smile com um ursinho, a dizer isto ou aquilo. E eu traduzia essas coisas de inglês para português. Era uma coisa terrível. Acho que foi num daqueles papelinhos, numa das festas dos Erasmus, que vi: traduções? Olha, ok. Fui a uma entrevista a Amesterdão, eles gostaram de mim. Mandavam-me as coisas por email, eu traduzia em casa, eles pagavam-me por tradução,

ou pelo tempo que demorava a fazer a tradução, e recebia uns trocos. Mas nada de especial.»

Depois disso, e enquanto ainda era aluna da Universidade de Coimbra, conseguiu um trabalho de três meses na empresa Critical, na qual desenvolveu um estudo de mercado na área da visão, especificamente do glaucoma. Nesta fase, sentiu dificuldades em equilibrar os estudos, o trabalho e os lazeres, obrigando-a a fazer uma «ginástica» até então desconhecida. Foi um período de grande intensidade, embora valorizado pela aprendizagem e pela experiência profissional adquirida numa empresa com uma certa reputação. Diana acredita que ter feito o Erasmus foi importante para a obtenção desse estágio, até porque lhe permitiu adquirir um bom domínio da língua inglesa.

O trabalho executado para a Critical seria a sua última experiência profissional em Portugal. Em 2009, após a conclusão do mestrado, partiu de novo para a Holanda, desta vez para Hilversum, para realizar um estágio de um ano. A oportunidade surgiu ainda em Portugal, através de uma associação internacional de estudantes de que Diana fazia parte: a AIESEC. Contudo, inicialmente, esteve algo relutante em aceitá-lo:

> «Lembro-me de ver aquele estágio na Holanda, em Hilversum, e pensar: "Não, já estive na Holanda, não quero este." Só que eles contactaram-me da AIESEC a dizer: "Olha, tens aqui este estágio, tens um perfil que dá um match, como é que é? Queres fazer uma entrevista?"»

Decidiu aproveitar a oportunidade e fazer uma entrevista por telefone. O processo de recrutamento foi breve e, em pouco tempo, já estava a trabalhar para a Nike, na Holanda. O papel da AIESEC na obtenção deste trabalho foi fundamental: além de ter funcionado como intermediária, colocando Diana em contacto com a empresa que a contratou, a associação forneceu apoio no país de destino e ainda uma rede de contactos que lhe facilitou a integração:

«Sem dúvida que, para o meu estágio, a AIESEC foi essencial. Não só servia de ponte entre o empregador e o empregado, como nos arranjava casa, dava aquele apoio todo no local. Havia uma rede de amigos e outros estagiários noutras empresas por intermédio da mesma organização. Então, havia uma rede de pessoas na mesma situação que tu, o que tornava tudo mais fácil.»

Neste estágio, integrou uma equipa de mais quatro pessoas, composta por um *manager*, uma «pessoa mais sénior» e duas colegas, que procurava dar resposta a questões que as duas primeiras equipas de *consummer services* da Nike não conseguissem esclarecer. A equipa constituía, portanto, uma «terceira linha» de apoio ao cliente, ao mesmo tempo que colaborava em alguns projetos. Durante o estágio, Diana sentiu-se perfeitamente integrada na empresa, sendo tratada como qualquer outro funcionário. Com o aproximar do fim do estágio, e ainda sem ter a certeza se as suas funções teriam continuidade, ainda admitiu regressar a Portugal, caso ficasse sem emprego. Chegou mesmo a pesquisar o mercado de trabalho português, deparando, porém, com uma escassez de ofertas. De qualquer modo, o regresso nunca tinha saído do campo das hipóteses, uma vez que a Nike a contratava por tempo indeterminado. Além disso, Diana tinha entretanto iniciado uma relação amorosa, fator que também contribuiu para a sua decisão de permanecer na Holanda.

«Tive algumas questões emocionais para gerir. Mas voltar não foi a primeira opção. Obviamente, depois conheci o William lá, portanto, já havia também esse fator: temos uma relação, como é que fazemos? Isso adicionou um pouco também à decisão de ficar, acho eu. E, no mês seguinte, deram-me um contrato sem termo, aos vinte e cinco anos. Saí de Portugal aos vinte e quatro anos e aos vinte e cinco já tinha um contrato sem termo numa multinacional na Holanda. Onde estou até agora.»

Desde então, mantém-se a trabalhar na Nike, mas as suas funções já não são as mesmas. Em 2012, concorreu a outro cargo e passou a gestora de projetos para apoio ao cliente. Presentemente, está a trabalhar num projeto que estuda as consequências, para a Nike e seus clientes, de uma eventual mudança de empresa no que diz respeito à entrega dos produtos. Reconhecendo a importância fundamental da sua formação académica para o exercício das atuais funções, afirma porém que não é totalmente adequada, achando que uma licenciatura em gestão lhe poderia ter oferecido ferramentas mais úteis para o trabalho que faz agora. No entanto, uma vez que, na Nike, há espaço para a aprendizagem no contexto laboral, isso não configura problema de monta. Aliás, Diana considera que tem conseguido exercer as suas funções de uma forma competente, o que vai sendo reconhecido pelo empregador:

«Há avaliações anuais, e nos últimos dois anos, fui reconhecida. Eles têm um sistema de avaliação, e eu fui reconhecida com *highly successful* nos últimos dois anos. Sem dúvida, há reconhecimento, e não foi crítico o facto de não ter aqueles conhecimentos para ser reconhecida e fazer o meu trabalho.»

Atualmente, vive numa casa alugada com o seu namorado brasileiro. A possibilidade de ter filhos e construir com o companheiro uma família no país em que agora vive surge rodeada de indecisão e acompanhada de potenciais dificuldades: não lhe agrada a ideia de criar os futuros filhos desenraizados das suas origens, das gerações mais antigas da família. Por isso, o país que há de acolher o seu projeto familiar ainda não foi escolhido. Por enquanto, a lista de candidatos inclui a Holanda, Portugal e o Brasil, e há também a eventualidade de uma solução de compromisso entre as três nações.

Para já, Diana e o companheiro planeiam fazer uma viagem pelo mundo com a duração de um ano, durante a qual irão também fazer voluntariado. A decisão de empreender tal viagem, que ela pensa vir a revelar-se uma experiência profundamente enriquecedora, está tomada, e o casal já se encontra a fazer os respetivos preparativos. Diana confessa não saber como será o seu futuro depois de uma aventura que, espera, a irá transformar radicalmente, para melhor. Admite que poderá não querer regressar à Nike, preferindo talvez partir para novas experiências profissionais. Reconhece que pode acabar a «vender coco na praia», mas é um risco que está disposta a correr para cumprir aquilo que descreve como um sonho.

Diana sente-se hoje integrada na sociedade holandesa, ainda que tenha consciência de que essa integração não é ainda completa, e muito dificilmente o será se não aprender a língua, isto apesar da ubiquidade do inglês: «Se não falares a mesma língua, não fazes parte plena da sociedade. Não dá para fazeres aquela conversa oca que te liga ao teu vizinho».

A parcialidade da sua integração é também visível nas redes que entretanto construiu na Holanda e que incluem, predominantemente, estrangeiros «a ir e a vir», apesar de fazer um esforço consciente para construir laços com holandeses, frequentar os mesmos locais que eles e adquirir alguns dos seus hábitos. No trabalho, movimenta-se num ambiente igualmente multinacional, uma vez que apenas 40% dos funcionários são holandeses. Os laços interpessoais que foi estabelecendo incluem, assim, pessoas das mais variadas proveniências, como, por exemplo, Marrocos,

Brasil, Itália e Rússia. Entre os seus amigos na Holanda, também se encontram portugueses, embora não sejam em grande número nem se encontrem, para já, entre os amigos mais próximos, apesar da maior proximidade e familiaridade que ela tem sentido recentemente com alguns colegas de trabalho conterrâneos. A sua filiação na AIESEC revelou-se fundamental para a construção desta rede, já que muitos dos seus amigos, tal como o atual companheiro, vêm de trajetos de mobilidade associados à AIESEC ou conhecem quem tenha feito esse mesmo percurso.

Das pessoas com que se relaciona na Holanda, Diana considera ter cerca de dez amigos próximos, sendo os restantes laços de natureza mais fraca. E é com o companheiro e com os novos amigos que ela passa parte dos seus tempos livres na Holanda, fazendo piqueniques em parques, conversando nas esplanadas, fazendo jantares e passeando. As suas práticas culturais estão muito centradas na música, aproveitando a boa oferta que existe no país de concertos ao vivo. Também neste plano, a língua funciona como uma barreira, uma vez que ao não dominar o neerlandês vê-se impossibilitada de compreender outros tipos de expressões artísticas, impedindo-a, por exemplo, de ir ao teatro com a regularidade de que gostaria. Por outro lado, tem ainda aproveitado a centralidade geográfica da Holanda para viajar por alguns países próximos, como a França e a Alemanha, geralmente a dois, mas também com os amigos mais próximos.

Os lazeres de Diana são diferentes daqueles que tinha em Portugal, o que, na sua opinião, se deve à necessidade de adaptação à nova realidade cultural em que se encontra inserida e, sobretudo, porque é uma trabalhadora, enquanto no período em que permaneceu no seu país de origem foi quase sempre uma estudante. O facto de haver uma cultura na Holanda que valoriza o tempo familiar, e de geralmente não se verificar o prolongamento do dia de trabalho para lá da hora de saída contratualizada, facilita a conciliação entre os diferentes universos da vida, designadamente entre o trabalho e os lazeres:

> «Há muito a cultura da família na Holanda, é difícil não teres tempo para ti e para a tua família. Mais uma vez, eu tenho amigos, e o meu namorado, então, é diferente, o agregado é diferente. Mas noto que há um equilíbrio muito bom entre o trabalho e a família e, sem dúvida, aquilo que sei é que tenho tempo para estar com os amigos.»

O estabelecimento desta nova rede de sociabilidades marcadamente cosmopolita não implicou a perda de contacto com as pessoas com quem construiu laços mais fortes em Portugal. A comunicação com os familiares e amigos próximos é feita sobretudo pelo telefone e pela troca de mensagens e chamadas VoIP no computador. Diana conversa com os amigos em Portugal cerca de duas vezes por semana, frequência que se torna quase diária quando estão em causa os familiares mais próximos. A família de origem continua a ter uma grande importância para ela, não estando excluída a possibilidade de regressar a Portugal, caso um dia alguém precise da sua ajuda, alimentando até o desejo de reservar à família um papel na educação dos seus futuros filhos. A vida na Holanda e a integração no quotidiano holandês não conduziram a uma menor identificação com Portugal; pelo contrário, a identidade nacional é de certo modo exaltada:

> «É um exemplo ridículo, mas eu fico babada de orgulho quando alguém me diz: "O teu país é tão bonito, e as pessoas são tão simpáticas, e a comida é tão boa." Não consigo renegar a minha origem.»

Além do contacto que estabelece com várias pessoas em Portugal, Diana procura manter os laços com o país de origem de outras maneiras. De manhã, enquanto se prepara para sair de casa, ouve as notícias portuguesas; de vez em quando, vai a um restaurante português ou desloca-se a Amesterdão para comprar produtos portugueses a um fornecedor de restaurantes que, ao sábado, abre a porta ao público em geral. Continua a ter uma conta bancária em Portugal e já pensou até em comprar casa. Todavia, acabou por decidir não o fazer, pois os pais já possuem casas e terrenos. Mas a possibilidade de investir em Portugal continua em aberto, até porque não está descartada a hipótese de eventualmente regressar. Por enquanto, limita-se apenas a tentar ajudar os pais com o envio de algum dinheiro em situações ocasionais de maior necessidade. A maior parte dos colegas de licenciatura da Universidade de Coimbra já não se encontra na cidade, tendo partido para Lisboa, ou mesmo para outros países, por razões profissionais. Quanto a Diana, a vontade de emigrar começou a despertar mais cedo, com o regresso de Roterdão, no final do período de mobilidade Erasmus:

> «Quando voltei, obviamente, tive aquele sentimento de estar a voltar para o mesmo. Eu sou uma pessoa diferente, eles ficaram aqui, são os mesmos, e as coisas são as mesmas. Então, houve também aquela fase de adaptação. Depois de eu voltar, essas perguntas começaram a surgir. Pelo menos, aquilo que sinto é essa ligação. Se não tivesse [feito o] Erasmus durante a minha icenciatura, provavelmente, não teria posto essas questões logo depois. Acho que é esse o ponto-chave.»

O estágio que realizou através da AIESEC permitiu-lhe sentir a mesma «energia» que experimentou enquanto esteve em mobilidade, devido ao contacto e à entreajuda entre os vários membros da organização a participarem em estágios internacionais na Holanda, e à «almofada de conforto» fornecida pelo apoio institucional da associação. Tal como no caso do programa Erasmus, o seu contacto com a AIESEC remonta à universidade, ou melhor, às redes sociais que construiu na universidade com outros estudantes, que lhe permitiram aceder a informação que, de outro modo, lhe teria muito provavelmente escapado:

> «Mais uma vez, se não fosse a faculdade, não estaria lá, não é? Eventualmente, não conheceria a AIESEC. Acho que foi o ambiente que me levou a conhecer as coisas, a conhecer as pessoas, a tomar as decisões e a começar a pensar em sair. Pelo menos, é assim que vejo as coisas. Não foram necessariamente a economia ou o mestrado em si que me fizeram decidir.»

Por outro lado, nem o Erasmus nem o estágio em Hilversum teriam sido possíveis sem o acordo e o apoio financeiro dos pais, uma vez que tanto a bolsa do primeiro como a remuneração do segundo eram demasiado escassas para fazer frente ao custo de vida na Holanda. Os pais nunca se opuseram às suas decisões, nem sequer quando, no final do estágio, ela decidiu permanecer na Holanda, mostrando-se sempre disponíveis para aceitar a distância geográfica como o preço a pagar pelo desenvolvimento profissional da filha e pela estabilização da sua vida profissional. Além disso, Diana teve ainda a proximidade do exemplo migratório do pai, que lhe mostrou ser possível sair do país e, «sobretudo, voltar».

No final do período de estágio na Holanda, em 2010, Diana teve dúvidas sobre o caminho a seguir a partir daí. Não obstante, a conjuntura com que se deparou impulsionou-a a ficar onde estava: por um lado, adivinhava-se que a crise económica em Portugal começaria a fazer-se sentir de forma cada vez mais dura. Ainda antes de saber que a Nike lhe iria oferecer um contrato por tempo indeterminado, pesquisou brevemente hipóteses de trabalho em Portugal, mas sem sucesso. Quando surgiu a proposta de continuidade na empresa, decidiu aceitar e abandonar a busca. Para tal decisão, não foi despicienda a relação que entretanto tinha estabelecido com o atual namorado, nem a circunstância de gostar da sua vida na Holanda. A opção pela permanência é tida como correta, tanto no plano profissional como pessoal:

«Vim para a Holanda e encontrei um mundo à minha frente, encontrei o meu namorado, já estamos juntos há quase cinco anos. A nível pessoal, só vejo coisas positivas. E penso: será que, com a minha idade e a minha experiência e com tudo aquilo que fiz ou deixei de fazer, conseguia ter em Portugal as mesmas coisas que tenho na Holanda? Não sei... Faço estas perguntas de vez em quando e não sei responder. Mas acho que as minhas expetativas foram alcançadas e, sem dúvida, eventualmente ultrapassadas, porque estavam meio cá em baixo. A barra não estava muito alta. Se calhar, a nível profissional, estava um pouco mais acima. Mas sem dúvida que foram alcançadas a nível pessoal e profissional.»

A emigração de jovens portugueses com escolaridade elevada não é entendida por Diana como uma situação dramática. Por um lado, a presença de trabalhadores portugueses qualificados no mercado de trabalho internacional é representada como algo que reforça o prestígio do país, até porque é reveladora da elevada qualidade do seu sistema de ensino:

«Uma das coisas de que mais me orgulho dizer é que [fui educada] em Portugal. Porque, se tivesse educação superior aqui na Holanda, tenho a certeza de que não sabia nem um terço daquilo que aprendi.»

Por outro lado, e apesar de a emigração qualificada significar a curto prazo uma perda de capital humano para Portugal, Diana acredita que, a longo prazo, esse fenómeno será gerador de benefícios para o país: os emigrantes não perdem os laços com as suas origens, enviam remessas e, quando regressarem, mesmo que seja no período de reforma, não estarão inativos, podendo enriquecer a sociedade de múltiplas formas, desde o investimento e a criação de emprego até à docência. Quando olha para Portugal e para o mercado de trabalho português, vê várias diferenças relativamente à realidade holandesa, suficientemente vincadas para a fazerem questionar se, apesar da experiência e do conhecimento entretanto adquiridos, seria capaz de se adaptar ao seu país de origem. Um dos aspetos divergentes reside na própria cultura de trabalho que existe num país e noutro, que é profundamente distinta:

«Na Holanda, há muito a mentalidade do trabalho das nove às cinco, e se ficas até mais tarde é porque não estás a conseguir lidar ou a gerir bem o teu tempo. Será que vou conseguir aplicar isto em Portugal? Não sei, pode ser-me apontado o dedo: "Ah, não estás interessada, não te estás a esforçar."»

A Holanda é retratada como um país com uma grande capacidade de atrair empresas e, por isso, uma boa oferta de emprego. Portugal, por sua vez, surge em claro contraste com esta realidade: a partir do contacto que mantém com o país, Diana fica com a sensação de que a oferta de trabalho é muito escassa, o que é particularmente notório fora dos dois grandes aglomerados urbanos do país, Lisboa e Porto, para onde se deslocaram muitos dos seus amigos do tempo da licenciatura que não optaram por emigrar. Na sua área de formação, o trabalho compatível com as qualificações pode demorar a aparecer, pode forçar uma mudança de cidade e pode não ser precisamente na empresa que se pretende, mas acaba por aparecer. No entanto,

Diana sabe, até pela experiência pessoal da irmã mais velha e de alguns amigos, que os licenciados de outras áreas passam por mais dificuldades no mercado de trabalho.

«Também tenho muito contacto com jornalistas, com pessoas que se formaram em jornalismo por causa da rádio. Aí, já se torna mais difícil e acho que o mercado de trabalho já se encontra esgotado. A área da cultura, então, pelo conhecimento que tenho da parte da minha irmã, ainda é mais difícil. Sinto-me preocupada e de mãos e pés atados.»

Diana tem alguma dificuldade em encontrar as razões que explicam as diferenças de mercado e oferta de trabalho entre Portugal e Holanda, mas acredita que estas são múltiplas. A Holanda tem uma política fiscal simpática para os empregadores, funcionando como uma espécie de «paraíso fiscal» na Europa, capaz de atrair empresas de diversas proveniências. Portugal não tem a mesma capacidade de atração, mas deveria procurar construí-la, processo que passaria pelo melhor aproveitamento das relações existentes com outros países. A situação portuguesa não está dissociada de más escolhas políticas, mas a responsabilidade não recai apenas sobre os decisores: certos comportamentos comuns à generalidade dos cidadãos também prejudicam o país coletivamente, mesmo que cada um não tenha consciência disso individualmente.

«Muitos portugueses não pagam impostos, por exemplo, as empresas não pagam. Não sei, acho que nos falta essa responsabilidade individual. Mas não só a nível político, porque apontar o dedo aos políticos é sempre muito mais fácil do que olhar para nós próprios, não é?»

Diana, neste momento, é uma portuguesa na Holanda que planeia viajar durante um ano pelo planeta, a fazer voluntariado. Encontra-se numa encruzilhada entre Portugal, onde tem as suas origens, a Holanda, onde trabalha atualmente, e o Brasil, o país do seu companheiro; porém, é o mundo que está nos seus planos para o futuro próximo.

Ana Ribeiro:
Tinha mais a perder em ficar lá [Portugal]
do que em vir para cá [Holanda]

Ana Ribeiro é a filha mais nova de vimaranenses de gema que se inserem em frações da pequena burguesia. Tem 27 anos, é solteira e vive atualmente em Delft, Holanda, país para onde emigrou há mais de um ano. É estagiária na Universidade Técnica de Delft onde frequenta o Professional Doctorate in Engineering (PDEng.). É mestre em engenharia biológica (mestrado integrado), tendo estudado na Universidade do Minho e sido estudante Erasmus no Instituto Wetsus em Leeuwarden, uma cidade dos Países Baixos, com o objetivo de fazer a tese de mestrado.

O seu percurso académico subjaz à consciencialização da vontade de emigrar, reforçado pelo facto de ter conhecido o namorado quando era estudante Erasmus. A decisão de emigrar foi sendo consolidada em torno de motivos quer profissionais, quer de prosseguimento de estudos (PDEng.).

A constituição de agregado familiar ainda não se esboça no horizonte próximo.

Projeta permanecer no país de residência atual mais de 10 anos e não tem ainda planos para um eventual regresso a Portugal. Não obstante, os laços com a família e com o país de origem mantêm-se ativos.

Ana Ribeiro é solteira, tem 27 anos e nasceu em Guimarães, tendo crescido na vila de Pevidém, onde toda a economia girava em torno de fábricas têxteis. Os pais são naturais de Guimarães, mas provenientes de famílias com características diferentes. A mãe, comerciante, trabalhadora por conta própria sem assalariados, provém de uma família que valorizava a educação, o que lhe permitiu estudar até ao atual 12.º ano. O pai, auxiliar de educação e trabalhador por conta de outrem, é proveniente de uma família de operários «que não dava tanta importância à educação», pelo que o pai estudou até à 4.ª classe, indo de imediato trabalhar, aos 11 anos: «O meu avô trabalhava em cutelaria, o meu pai também e a minha avó trabalhou em cutelaria, trabalhou na venda de pão, fazia uns biscates, às vezes era só doméstica, fazia um pouco de tudo».

Os escassos recursos económicos da família paterna levaram o avô a optar pela emigração para França quando o pai tinha 15 anos. Posteriormente toda a família se lhe juntou – pai, tia e avó – tendo ido trabalhar em cutelaria. A experiência emigratória é recorrente na família paterna. Já na família materna o usual é a migração interna, sendo nula a emigração.

Aos 26 anos o pai conheceu a mãe numas férias em Guimarães e após um ano de namoro por carta, casaram-se, tendo ficado a viver em Portugal.

> «O meu pai passou algumas dificuldades porque não arranjou logo emprego em Portugal. A minha mãe trabalhou sempre no comércio, foi sempre técnica de vendas; aos 18 anos começou a trabalhar numa ótica, aprendeu o ofício e aos trinta abriu a própria loja de ótica e trabalhou nisso até ao ano em que acabei o curso; fechou a loja por várias razões [económicas e familiares].»

Em Portugal o pai deixa a profissão operária e instala-se no comércio, numa loja que fornecia material de construção, até a filha atingir os 13 anos de idade. Depois a loja fechou e esteve desempregado seis meses, tendo sido colocado numa escola como auxiliar de educação.

«Teve muitos anos o infortúnio de ser o porteiro, porque é um trabalho terrível e agora nem sempre está na portaria; ajuda muito, é um tarefeiro lá e pronto, mas eu tive sorte porque o meu pai, embora nunca tivesse estudado, sempre foi uma pessoa que gostou de ler e de estar a par das coisas, sempre envolvido politicamente, não ativamente num partido ou alguma coisa desse género mas sempre a par. Ele agora até é dirigente sindical da escola já há muitos anos.»

Sendo o pai originário de um «meio maioritariamente fabril», considera que os progenitores se caracterizam por capital cultural «acima da média do local em que vivia», o que se repercutia na educação dos filhos. A família manifestava opções singulares naquele meio social, sentindo-se Ana «um bocadinho à parte» e com «o sentimento de que não pertencia ao lugar onde estava». A passagem da mãe pelas Testemunhas de Jeová, embora com a oposição do pai, terá ampliado este sentimento visto que era a única criança da freguesia que não era batizada nem frequentava a catequese.

No que respeita às práticas culturais vividas ou incentivadas na família, regista-se sobretudo o incentivo à leitura e a ida às bibliotecas face à escassa frequência do cinema ou do teatro. A prática de leitura de Ana Ribeiro foi, de certo modo, oscilante: regular na infância, distante na adolescência e recuperada mas não frequente na juventude, embora mantivesse o «gosto de ler jornais e de ver documentários». Contudo, as práticas de televisionamento predominam:

«A minha educação foi feita em frente à televisão e tive a sorte de ter um irmão mais velho que também era muito interessado em tecnologia; ele gostava também de ver documentários e eu ia atrás dele e os meus pais também gostavam de ver filmes e documentários na televisão.»

Na prática televisiva a família optava pelos noticiários, documentários e política e, consequentemente, as conversas em família emergiam destes conteúdos. Tendo sido socializada neste meio por «pais [que] tinham hábitos muito diferentes dos outros [pais]», Ana não encontrava, entre os seus pares, quem partilhasse os mesmos gostos até aos «últimos anos do secundário e na universidade», o que reforçava a sua sensação de singularidade extensível à própria família.

As férias anuais eram passadas em família, cerca de cinco dias, sempre no estrangeiro. Por influência do pai, França era quase sempre o país escolhido. O carro era o meio de locomoção escolhido. «Íamos viajar, conhecer locais novos, era aí que víamos museus também e por isso tive uma infância feliz».

As tendências disposicionais de Ana e da família de origem marcavam pela diferença.

«Toda a gente ia para a praia e os meus pais iam viajar; em casa acompanhavam-se as notícias, viam-se documentários. Quando os meus tios maternos iam a casa havia sempre discussões sobre política e eu ficava sempre a ouvir e gostava muito de ver documentários e sentia que não tinha crianças da minha idade que partilhassem os mesmos gostos. Durante grande parte da minha vida, tive a sensação que queria falar acerca de coisas e não tinha com quem. Só consegui encontrar esse meio no final, nos últimos anos do secundário e na universidade. Só aí é que sentia que conseguia encontrar gente que me acompanhava.»

Os pais sempre incentivaram os filhos a continuar a educação. Ana tem um irmão cinco anos mais velho, «muito diferente [de si]».

Sem ambições de prosseguir estudos na Universidade, desiste de estudar com 18 anos, quando ainda frequentava o 11.º ano, e começa a trabalhar num comércio de venda e reparação de computadores, a sua área de interesse, chegando a fazer uma formação paralela aos estudos no ensino secundário. Anos mais tarde decide terminar o 12.º ano no ensino noturno, alcançando o seu objetivo com 27 anos.

Ana Ribeiro estudou até ao ensino secundário em Guimarães, cidade que a viu crescer. Nasceu em Creixomil, Guimarães, e até aos 10 anos a mudança de residência era frequente, tendo vivido sempre em casas alugadas e «em sítios onde não havia ninguém da minha idade». Tinha 10 anos quando os pais adquiriram casa própria, «uma boa casa, uma vivenda». Também aí as crianças ou eram mais novas ou mais velhas, «por isso as amizades que criei foram amizades de escola e por isso é que também tive uma infância muito solitária frente à televisão». As poucas amizades que tem, desde esses tempos, procedem, portanto, do tempo da escola, tendo permanecido e sobrevivido às ausências, e às quais se somam as amizades construídas e sedimentadas na Universidade. A ocupação de tempos livres em Portugal dependia dos amigos presentes:

> "Fomos sempre muito chochinhos (risos) foi muito à base de ir tomar café, jantar, sair à noite de vez em quando, mas não frequentemente. Mais para o final do curso comecei a dar-me melhor com outras pessoas do curso que gostavam de atividades culturais e comecei a ir mais a concertos e a museus nos últimos anos da universidade; mas, basicamente, quando vou a Portugal estamos alapados num café, a tomar café e a conversar, nunca fomos muito ativos."

Em 2006 deslocou-se para Braga, para prosseguir estudos superiores no mestrado integrado em engenharia biológica. A escolha do curso ficou a dever-se à tomada de consciência de que «desde o secundário gostava muito de biologia». A informação complementar de que o curso garantia maior possibilidade de «escolher empregos e novas formações», contribuiu para a decisão final:

> «Sabia que queria ir para a universidade, sabia que queria estudar, depois apercebi-me que queria fazer algo relacionado com biologia e a Universidade do Minho tem um curso muito bom de engenharia biológica e decidi então segui-lo».

O seu percurso académico foi marcado por uma trajetória «muito aplicada e acima da média». No último semestre do curso, entusiasmada por uma amiga e colega, decidiu-se a fazer Erasmus no Instituto Wetsus, em Leeuwarden, uma cidade dos Países Baixos, com o objetivo de fazer a tese de Mestrado.

> «O Instituto em Leeuwarden é um instituto [de investigação] de renome internacional em tratamento de águas, que era um campo em que estava extremamente interessada. Por isso associei o útil ao agradável; como as minhas amigas também estavam, viemos três para cá para cima durante seis meses.»

Em Leeuwarden ficou a viver com as duas colegas e amigas portuguesas com quem tinha viajado, tendo sido duas das pessoas mais marcantes nesse período, para além do namorado, que conheceu lá, e da orientadora. Conheceu «gente de todo o lado da Europa e todas essas pessoas me marcaram porque fui conhecendo mais de outros mundos».

No final do curso não se sentia «preparada de maneira nenhuma para entrar para o mercado de trabalho», sentindo um fosso entre as competências académicas e científicas adquiridas e certificadas e a sua potencial aplicabilidade no exercício profissional. O facto de nunca ter tido uma experiência fora da Universidade para isso contribuiu certamente.

«Isso é uma das coisas que falta no ensino em Portugal, também haver empresas que estejam dispostas a aceitar pessoas para estágios quando ainda estão a fazer o curso; nunca tive um estágio fora da universidade e acho que isso me fez muita falta.»

Contudo, entre fazer investigação e ser admitida numa empresa, foi consolidando aspirações que culminaram em expetativas específicas no final do curso: passar seis meses em Portugal a fazer investigação, após o que emigraria para a Holanda, graças à relação afetiva que criou lá, ao mercado de trabalho mais alargado e às relações amicais desenvolvidas fora da sua cidade natal. Assim, não tendo conseguido obter nenhuma bolsa de investigação, decidiu realmente emigrar: «Tinha mais a perder em lá ficar [em Portugal] do que vir para cá [Holanda]».

Ana considera que o seu percurso académico está muito associado à mobilidade que realizou e que esta teve um papel fundamental na decisão planeada de emigrar. Aos motivos profissionais, económicos e de prosseguimento de estudos acresce ainda a relação afetiva com o namorado. A experiência vivida em Leeuwarden foi crucial em termos pessoais, tendo-a marcado positivamente. O ambiente internacional que encontrou, e que marca particularmente o Instituto, fê-la sentir-se com mais confiança e deu-lhe a possibilidade de se «reinventar», no sentido em que «não há tanta pressão social de como agir; aqui senti que finalmente podia ser a pessoa em que me tinha tornado, mas que não tinha sido capaz de se mostrar porque achava que não havia espaço para ela lá».

No entanto, subjaz àqueles motivos uma predisposição para emigrar que se prende ao seu passado pessoal: «a maneira como cresci, o facto de também ter mudado de casa algumas vezes durante a minha infância, perdendo sempre amigos no processo, acho que me ajudou a ter um sentido de não pertencer a uma comunidade».

Ana vive há precisamente ano e meio em Delft, na Holanda, para onde emigrou após a conclusão do Mestrado, tendo sido admitida no programa PDEng, que considera ser «uma ótima maneira de completar a [sua] formação». Trata-se de um curso de dois anos que comporta uma vertente académica, passada na universidade e também implica um vínculo de trabalho, passado numa empresa. Assim, Ana está empregada com contrato a termo e descreve a sua profissão como «Estagiária na Universidade Técnica de Delft, para adquirir o grau de Profissional Doctorate in Engineering (PDEng)»:

> «Temos o estatuto de *trainees*, portanto, somos funcionários da universidade. São dois anos, no primeiro ano temos cursos, disciplinas como um mestrado normal, um bocadinho mais do que eles e no segundo temos um trabalho em grupo que, sempre que possível, é patrocinado por uma empresa. A empresa tem que ter mesmo um problema para resolver. Portanto, não é um curso, não é um projeto que eles patrocinam por patrocinar; é mesmo um serviço que eles precisam e contactam a universidade.»

Segundo Ana, este tipo de programas aumenta significativamente as oportunidades na procura de emprego. E porque se aproxima o final do programa, está, lentamente, a dar início a um processo mais ativo de fazer o *follow up*. A procura inicia-se precisamente na Holanda, incidindo mais em «empresas que me deixem crescer um bocadinho na área que quero crescer». Ter sido admitida naquele programa há um ano e meio fá-la sentir «muito mais independente do que me sentia antes (...) porque até agora tenho estado numa bolhinha internacional em que nada acontece».

Como fatores subjacentes à sua decisão de emigrar indica o facto de ter gostado do país e da «ótima experiência Erasmus» vivida, de ter constatado conseguir sobreviver num país estrangeiro, de se ter divertido, ter conhecido o namorado e ter contado com o apoio da família. Para além disso «as perspetivas de emprego cá [Holanda] eram muito maiores que as de lá [Portugal]».

A experiência migratória do pai ressoou sempre nas memórias de infância e de adolescência de Ana com nota bastante positiva, o que terá *naturalizado* não só a sua própria decisão de emigrar como também a abertura e apoio dos pais relativamente à sua decisão de emigrar. Ana lembra-se que «quando estava a acabar o curso a situação já não estava muito bem e eles disseram: "se tens que ir para o estrangeiro, vai, nem penses duas vezes".»

Ainda em Portugal, durante a frequência do curso, obteve uma bolsa remunerada de um ano para auxiliar uma investigação. Foi o seu primeiro emprego, a ganhar 140€ por mês, num trabalho de 12 horas semanais.

Atualmente, a atividade profissional que desenvolve no âmbito do programa de estudos da Universidade Técnica de Delft consiste na elaboração de um «modelo para simular um processo de uma empresa de compostagem». A sua experiência é um misto de empresa e universidade, sendo acompanhada de perto por professores universitários e estando «a trabalhar quase como se fosse uma *freelancer*, [como se a] tivessem contratado para fazer isto». A empresa em que trabalha é pequena e o departamento de investigação que coordena o seu trabalho conta com apenas quatro pessoas: «para fazer investigação contratam outras pessoas, são mais gestores do que investigadores». Entre conferências, *workshops* e visitas a empresas, Ana considera que o programa dá aos estudantes muitas oportunidades. Desenvolvem-se, assim, e ampliam-se redes de contactos que, eventualmente, possam vir a abrir perspetivas futuras de trabalho. Todavia, ficará desempregada em março próximo, o que a obriga, desde já, a procurar emprego. Embora se sinta apreensiva, acalenta a perspetiva de permanecer na empresa em que desenvolve o seu projeto:

> «Vejo colegas que vêm de outros países que tendo este PDEng, e a TUDelft no currículo, as empresas ficam automaticamente mais interessadas; alguns convidam-nos a saber mais sobre este programa e os que acabaram agora em setembro, todos ficaram empregados, todos exceto um têm emprego, por isso as perspetivas são boas.»

Durante o programa Erasmus, em Leeuwarden, conheceu o namorado, de nacionalidade holandesa e natural de uma pequena cidade. Encontrando-se no mesmo instituto a fazer um estágio, viriam a desenvolver laços afetivos que se foram consolidando. As visitas aos respetivos países e o conhecimento das famílias contribuíram para que o relacionamento se consolidasse. Encontrando-se ele a fazer doutoramento e a viver em Eindhoven, e ela a viver em Delft, só lhes é possível encontrarem-se aos fins de semana. Tendo a relação evoluído, decidiram que ela iria procurar trabalho na zona de residência do namorado e, em caso de sucesso, vão viver juntos, pelo que projetam o futuro próximo partilhado. Contudo, Ana põe no primeiro plano o emprego e a sua realização profissional: «ainda assim a minha satisfação profissional toma prioridade, por isso, se tiver que ir para um lugar afastado dele, vou». Por conseguinte, ainda não dialogaram sobre a constituição de um agregado familiar e a decisão tem sido intencionalmente adiada: «isso é uma questão que nós os dois evitamos falar; não somos muito abertos nisso, porque acho que ambos gostamos da situação em que estamos e não queremos pensar nos problemas, porque vai haver problemas», destacando-se o fator religioso – ele é protestante praticante –, e a própria língua, que se reflete na questão identitária.

«Estou a tentar aprender holandês mas com este trabalho e com isto tudo não tem sido tarefa fácil e também começo a chegar ao ponto em que não me sinto holandesa, mas quando vou a Portugal também já não me sinto totalmente portuguesa. Então estou a começar a aperceber-me desta faca de dois gumes em que deixamos de ter pontos de referência.»

O trabalho e os valores atribuídos ao trabalho assumem importância capital para Ana. Sem «aspirações a chegar ao topo da carreira», considera que o trabalho é fundamental na vida, principalmente quando se está num país estrangeiro. Fruto de uma socialização familiar que defende os valores inerentes ao exercício profissional, Ana não se identifica com a tradicional dona de casa.

«Os meus pais sempre trabalharam e sempre deixaram claro que é pelo trabalho que se atinge alguma coisa na vida. Eu própria cresci para me aperceber que realmente gosto de ter um propósito, gosto de estar envolvida. E agora que estou no estrangeiro apercebo-me que, não tendo grandes teias de amizade, é importante ter um trabalho. Mais do que no próprio país.»

Em Delft partilha uma casa com mais quatro pessoas de nacionalidades e idades variadas: «um holandês, um búlgaro, uma espanhola e um turco», com quem partilha momentos e jantares. Nesta experiência já construiu relações de amizade, sobretudo internacionais, tal como o contexto onde se move que tem também características multinacionais. A consequência de uma rede deste tipo é a flutuação da esfera amical: muitos dos novos amigos regressam ao país natal devido a «relações afetivas muito fortes [nos respetivos países de origem]». Na sua maioria são relacionamentos transitórios, que não perdurarão depois da conclusão do programa. Salvaguardam-se um ou dois casos, cujo relacionamento está mais sedimentado. Todavia, Ana naturaliza essa circunstância.

«Quanto a esse ciclo de criar laços e desenlaçar rápido e não olhar para trás, isso já tem feito parte da minha vida desde que me conheço. Por isso não é um sentimento a que não esteja habituada. Até acho que sou muito assim, perco facilmente o contacto se não houver um quotidiano que me envolva com a pessoa, com algumas exceções que são mesmo os meus amigos. Mas a maior parte dos laços que criei cá foram desses temporários, com a exceção de uma ou duas pessoas.»

No que respeita ao estilo de vida considera que os seus hábitos continuam a ser portugueses. Contudo, já sente alguma estranheza quando visita o país de origem:

«Os meus hábitos continuam a ser portugueses, mas já consigo fazer um almoço mais rápido, embora não seja muito produtiva entre a uma e as duas (risos). Embora viva com um holandês, ele não é esquisito nos hábitos alimentares; por isso continuamos a jantar a horas portuguesas. Mas já me faz impressão voltar a Portugal e ter de pegar no carro para ir a todo o lado; gosto tanto que aqui seja tudo tão perto, ou se vai de comboio ou se vai de bicicleta. Nesse aspeto já me adaptei completamente.»

No país de acolhimento, os tempos de lazer são passados com o grupo de amigos para «um copo», conversam, jogam dardos, jantam juntos, passeiam. As saídas com o namorado têm outro propósito, muito mais de âmbito cultural propriamente dito: idas a museus, concertos, cinema.

No que respeita à experiência migratória entre os amigos do país de origem, Ana refere que a sua experiência é das melhores. Alguns dos amigos não tiveram experiências muito positivas, tendo regressado a Portugal rapidamente, quer por motivos afetivos e familiares, quer por motivos profissionais, destacando-se aqui o facto de não terem encontrado a concretização das aspirações traçadas previamente.

Em termos de projetos futuros, pensa ficar mais de 10 anos no país de residência. Todavia, ainda não traçou planos a longo prazo, não tendo decidido ainda se regressará ou não a Portugal. Relativamente a esta indecisão específica, acrescem algumas incertezas mais do foro identitário:

> «Quando no último ano comecei a pensar no futuro, a minha perspetiva tem mudado porque o futuro está mais próximo do que estava quando comecei a trabalhar; portanto, agora começo a ter dúvidas se alguma vez pertencerei completamente aqui e se é aqui que quero estabelecer uma família. Começo a ter algumas dúvidas mas são coisas que ainda estão em processo de reflexão e ainda não me decidi, mas são coisas que me têm vindo à cabeça, com cada vez mais frequência desde há meio ano.»

Quanto à situação atualmente vivida em Portugal, Ana atribui o elevado volume de emigração qualificada à crise económica e à crise de perspetivas; contudo, indica, também, os projetos profissionais como um impulso importante na melhoria da experiência dos que optam pela emigração. É de opinião que o mercado de trabalho português, constituído maioritariamente por pequenas e médias empresas, não se compadece nem valoriza jovens graduados sem experiência, o que se reflete na alternativa emigratória para boa parte dos jovens recém-formados. Segundo a sua própria perspetiva,

> «hoje em dia vem muita gente que não quer vir, muita gente que preferia ficar, mas que está com dificuldades em começar

uma vida. Mas tenho visto também muita gente que vem porque quer ou porque criam relações cá e querem continuá-las.»

Com a cultura de saídas migratórias, e tendo em conta o investimento feito pelo Estado e pelas famílias num graduado, seja qual for o seu grau académico, «o país fica a perder em termos económicos». Em contrapartida, os jovens emigrantes qualificados «dão uma boa imagem do país, [e os] que voltam, voltam geralmente com boas ideias, se estivermos a falar de emigração qualificada e (...) acho que é melhor ter pessoas felizes no estrangeiro do que desesperadas em Portugal».

Uma das formas do Estado português reverter esta situação de cultura de saídas, seria apostar mais na fiscalização de forma a garantir que as empresas não andem «sempre a arranjar uma maneira de andar à volta da lei e de contratar pessoas com as regras que eles querem» e a impedir que «quem trabalha [esteja] a trabalhar por três».

«A receita que o Estado é capaz de arrecadar com pessoas a ganhar um bom ordenado, felizes e com uma vida útil, pode ser muito maior no longo prazo do que pôr estas pessoas no desemprego e ter outras pessoas a trabalhar mais do que devem.»

Para Ana a emigração tem reflexos a nível pessoal, mudando, inclusivamente, a perspetiva de si e do mundo:

«Sou filha do mundo global, por isso já vejo o mundo como um todo; acho que o país onde se nasce deve ajudar as pessoas a ter a educação que querem e as pessoas devem ter a liberdade de poderem viver onde querem e crescer e exercer o que aprenderam onde quiserem. Acho que o Estado não se deve preocupar apenas com questões económicas, deve também preocupar-se com algumas questões sociais.»

CIRCULANDO POR VÁRIOS PAÍSES EUROPEUS

Ana Almeida:
"Tenho em mim a vontade de ir para fora, conhecer outras coisas, ver outras formas de trabalhar e de viver"

Ana Almeida tem 33 anos e, atualmente, vive em Portugal com a mãe, licenciada em ciências da comunicação, embora desempregada. Na sua família mais próxima, abundam as experiências migratórias, desde as aventuras e desventuras do pai no continente africano até à partida do irmão mais velho para Inglaterra. Ela própria soube desde muito cedo o que era mudar de casa constantemente, acompanhando ora o pai, ora a mãe, entretanto divorciados, nas suas mudanças de cidade em Portugal.

Sendo licenciada em línguas, literaturas e culturas, variante inglês-francês, Ana matriculou-se neste curso depois ter experimentado contabilidade. A sua passagem pela universidade foi sempre conciliada com uma atividade profissional; aliás, terminado o ensino secundário, não continuou imediatamente os estudos, ficando a trabalhar durante algum tempo.

A sua primeira saída de Portugal para viver num país estrangeiro foi enquadrada pelo programa Erasmus e teve Paris como destino. Viver e estudar na capital francesa revelou-se uma experiência marcante na sua vida, e despertou definitivamente a vontade, que já existia, de partir à descoberta de outros países e outras culturas. Confrontada com a precariedade no trabalho em Portugal, e aproveitando sempre os diferentes programas inter-

nacionais de apoio à mobilidade, Ana viveu depois em Liubliana (Eslovénia) e, posteriormente, em Montpellier (França). As passagens pelo estrangeiro são sempre recordadas como experiências muito enriquecedoras e transformadoras, ao mesmo tempo que lhe permitiram olhar para Portugal de outra forma, identificando melhor as suas virtudes, mas também os seus defeitos.

Vivendo num constante vaivém entre o trabalho e os estudos, entre Portugal e o estrangeiro, entre a casa da mãe, *hostels* e residências de estudantes, Ana encontra-se agora mais uma vez numa encruzilhada da vida, hesitando entre um mestrado em Portugal ou nova saída para outro país enquanto leva a cabo uma procura alargada de emprego.

Ana Almeida nasceu no Porto, em 1982. A mãe, portuense e licenciada em comunicação social, está atualmente desempregada. O pai, um transmontano reformado, tem a 4.ª classe e um percurso de vida serpenteante, em termos profissionais e de mobilidade geográfica, e de certo modo aventureiro: depois de ter sido mobilizado para a Guerra Colonial, decidiu permanecer em África após o fim dos combates, trabalhando como barbeiro e motorista de pesados. Esteve primeiro em Angola e depois na Namíbia, procurando chegar à África do Sul. Passou por zonas em conflito e esteve detido num campo de refugiados, onde lhe foram retirados todos os documentos. No entanto, conseguiu escapar e, graças à ajuda de conhecidos, fez a viagem de regresso a Portugal numa traineira. Ainda voltou a África por um breve período para trabalhar, antes de se fixar definitivamente em Portugal. O irmão mais velho de Ana é licenciado em história da arte e encontra-se emigrado em Londres com a sua própria família. Ela tem ainda outro irmão, filho do pai e de outra mulher, e fala dos dois filhos da atual companheira do pai igualmente como irmãos.

Ana residiu em Ermesinde, na periferia portuense, até ao divórcio dos pais. Desde então, e juntamente com o irmão mais velho, iniciou um percurso de vida que a levou a conhecer diversas cidades do país, acompanhando a mãe, ou por vezes o pai, nas suas trocas de residência. Inicialmente, depois do divórcio, continuou a viver algum tempo em Ermesinde, mas deixou esta cidade para ir morar com o pai em Vila Real durante dois anos. De seguida, viveu outros dois anos no Porto e depois mais quatro em Guifões, na freguesia de Matosinhos. Foi apenas a partir dos 16 anos que encontrou alguma estabilidade geográfica, ficando a residir em Santa Cruz do Bispo até sair do país. Considera esta espécie de nomadismo constante como um obstáculo à criação de laços fortes, a que se associa um sentimento de ausência de raízes:

«Nós tínhamos amigos, acabávamos por criar amigos, mas de repente tínhamos de partir, eu e o meu irmão mais velho, e tínhamos de os deixar. Principalmente em Vila Real, porque viemos para longe. Quando fomos para o Porto, estivemos dois anos a viver no centro, não conhecíamos ninguém. Fizemos novos amigos e depois perdemo-los. Viemos para Guifões, estivemos lá quatro anos, mais ou menos, e fizemos muitos bons amigos – ainda temos alguns dessa altura, só um ou dois –, e fomos outra vez desenraizados.»

Terminado o ensino secundário, na área de humanidades, Ana não ingressou imediatamente no ensino superior, optando por trabalhar durante algum tempo. Apesar de referir que sempre gostou de ler e estudar, tal como o irmão mais velho, reconhece na mãe, igualmente licenciada fora do período mais habitual para a frequência de estudos superiores, uma influência importante para a sua vontade de entrar na faculdade:

«A minha mãe é licenciada em ciências da comunicação. Sempre gostei de ler, de conhecer, mas tem a ver com ela, principalmente com a influência dela, de a ver estudar. Ela também estudou mais tarde, e víamo-la a estudar e a ir para a faculdade.»

Ana entrou na universidade algum tempo mais tarde, e numa área que não estava diretamente relacionada com os seus estudos anteriores: contabilidade. Esta reconversão implicou alguma preparação suplementar. No entanto, no final da licenciatura, percebeu que a opção tomada não era a que mais a satisfazia e decidiu mudar para o curso de línguas, literaturas e cultura, variante inglês-francês, na Faculdade de Letras da Universidade do Porto, que concluiu aos 28 anos. Reconhece que o primeiro curso lhe daria mais hipóteses de empregabilidade, mas conclui que não lhe permitiria sentir-se realizada; por isso, vê a sua primeira passagem pelo ensino superior como um «acidente de percurso». Ao longo da licenciatura em línguas, ganhou preferência pela área da investigação, embora considere que em Portugal a opção por essa carreira é uma coisa quase «fantasiosa», acrescentando que, neste país como noutros, será sempre mais viável enveredar pela área do ensino.

No final da licenciatura em línguas, literaturas e cultura, Ana decidiu passar o ano letivo em Paris, ao abrigo do programa Erasmus. Os seus objetivos iniciais eram três: valorizar o currículo com uma experiência de mobilidade estudantil internacional, aceder a uma universidade reconhecida pela sua qualidade, a Sorbonne, e melhorar as suas competências em francês, uma vez que achava dominar menos este idioma do que o inglês. Embora considere que a realização de um programa Erasmus ainda não é devidamente valorizada pelos empregadores portugueses, tal experiência, mesmo não estando isenta de dificuldades, acabou por se revelar extremamente enriquecedora:

«Conheci muita, muita gente. Foi mesmo *eye opening*; foi muito interessante, apesar de eu ser um pouco mais velha, mas não muito. Acho que as diferenças acabaram por se esbater. Também houve um choque muito grande ao nível da universidade, porque a forma de trabalhar, de apresentar trabalhos académicos, é muito diferente. Tive dificuldades de adaptação a nível académico, mas depois acabei por ter algum sucesso.»

O período de mobilidade Erasmus é descrito como um momento fundamental de aquisição de novas competências, mas também de multiplicação de laços interpessoais fracos, conquista de autonomia, contacto com o multiculturalismo, e de fruição cultural numa cidade europeia cosmopolita e de grandes dimensões, como é Paris. Assim, o Erasmus representou uma fase de alargamento das redes sociais e de consolidação de práticas culturais: se as visitas a museus já faziam parte das suas atividades de tempos livres em Portugal, em Paris, Ana aproveitou para visitar os diversos museus famosos que aí se encontram.

De regresso a Portugal, e já com a licenciatura terminada, começou a trabalhar num centro de estudos. Este não foi o seu primeiro contacto com o mundo do trabalho, pois antes de ingressar no ensino superior tinha já trabalhado como *babysitter*. A sua passagem pelo ensino superior, aliás, foi conciliada com um trabalho a tempo parcial num *call center*, que teve a duração de nove anos. Nesta atividade, iniciada ainda antes de entrar na universidade, beneficiou de bons horários, boa remuneração e de um contrato de trabalho por tempo indeterminado. Mesmo assim, a sua relação com o trabalho era de carácter vincadamente instrumental: servia apenas para conquistar alguma autonomia financeira, e o salário era usado para pagar estudos e lazeres. Por isso, quando decidiu partir para Paris, perspetivando o Erasmus como uma potencial experiência marcante na sua vida – o que viria a confirmar-se –, despediu-se do *call center* «sem olhar para trás».

Porém, no regresso ao mundo laboral com o trabalho no centro de estudos, Ana viu-se perante condições vincadamente distintas daquelas que tinha conhecido durante os nove anos de *call center*. Trabalhou a recibos verdes pela primeira vez na vida e não gostou da experiência, sentindo que «precisava de algo mais». O período de residência em Paris tinha semeado em si a vontade de sair novamente do país, pelo que se candidatou ao programa de estágios europeus Leonardo da Vinci. A candidatura foi aceite, mas não se tornou possível concretizar o estágio, uma vez que a Universidade do Porto tinha perdido o financiamento necessário. Ana optou, então, por recorrer a outro programa de mobilidade europeia: o Comenius, ao abrigo do qual se realizam intercâmbios de professores assistentes. Mais uma vez, a candidatura conheceu um desfecho favorável, e ela foi colocada como assistente de inglês em Liubliana. A capital eslovena não era uma das preferências indicadas na candidatura; ainda assim, a sua experiência numa cidade de que nunca tinha ouvido falar, com um clima rigoroso que lhe criou dificuldades de adaptação e uma cultura que lhe era estranha, é avaliada como extremamente positiva, tendo-lhe permitido contactar com modelos organizacionais e tipos de relação no trabalho diferentes daqueles que conhecia em Portugal, e que lhe agradaram:

> «Não estou a criticar [o ensino] aqui em Portugal, nós temos coisas boas a nível do ensino, mas a nível organizacional, de tratamento dos professores e dos assistentes convidados, é diferente. Eles têm outra mentalidade, uma mentalidade mais de Europa Central.»

Para lá das funções como assistente de inglês, Ana teve também a possibilidade, decorrente de uma proposta sua, de ministrar um curso anual de português para estrangeiros, apresentando a adolescentes eslovenos a língua e a cultura portuguesas. Embora em contexto de trabalho, a estada em Liubliana quase que replicou, em certos aspetos, a experiência Erasmus em Paris: residia num *hostel*, rodeada de pessoas de múltiplas nacionalidades, algumas em permanência por períodos mais prolongados, muitas outras em trânsito. Foi também uma experiência que a transformou profundamente, criando novas disposições para práticas de lazer até então nunca consideradas, e que reorganizou os seus ritmos quotidianos e diversificou as suas práticas alimentares, ao acrescentar novos ingredientes nunca antes saboreados.

A cultura de contacto com a natureza que encontrou na Eslovénia despertou em si o gosto pela caminhada ao ar livre. Por outro lado, os horários de trabalho madrugadores praticados naquele país, onde as aulas podiam começar às sete da manhã, transformaram-na numa pessoa mais matutina. Da Eslovénia, guarda ainda na memória a relação estabelecida com a professora eslovena que foi sua tutora, de quem recebeu um apoio muito importante, quase familiar, e com quem ainda mantém o contacto.

De novo em Portugal, Ana encontrou outro programa internacional que lhe permitiu sair do país pela terceira vez, a segunda num contexto profissional. Para isso, aproveitou um programa de intercâmbio de assistentes entre Portugal e França, envolvendo os ministérios da educação dos dois países, e partiu para Montpellier como assistente de Português. A experiência, tal como a anterior, foi amplamente positiva, ainda que com maior dificuldade de integração e adaptação à realidade francesa. Se o sol do Sul de França é descrito como mais amigável do que a neve e o nevoeiro de Liubliana, o mesmo não aconteceu relativamente ao clima organizacional com que Ana se deparou na escola, muito marcado pelo peso da hierarquia. No entanto, a diferente estratificação dos graus de ensino em França facultou-lhe a hipótese de trabalhar, pela primeira vez, com alunos do ensino superior, o que conferiu uma motivação suplementar. Por outro lado, teve de lidar com dois grupos de alunos diferentes:

alguns, com um conhecimento muito rudimentar da língua, estavam a começar a aprender português, enquanto os outros eram nativos de países de língua portuguesa. Isto obrigou-a a diversificar os materiais e as estratégias de abordagem, permitindo-lhe ensinar, mas também aprender com aqueles com quem trabalhava:

> «De um lado, ensinava a língua, do outro lado, mais a cultura, não só de Portugal mas também do Brasil, de Angola. E também aprendi muito com eles, porque nunca estive no Brasil nem em Angola, e eles também me ensinavam coisas.»

Em Montpellier, começou por viver com uma família francesa, mas depois mudou-se para uma residência universitária, inserindo-se mais uma vez num ambiente multicultural, potenciador de abertura espiritual e de sociabilidades cosmopolitas: o quotidiano era partilhado com diversos estudantes de todos os ciclos do ensino superior e com estagiários, franceses e estrangeiros. Contudo, e apesar de a passagem pela residência ter corrido bem, Ana descobriu que já não tinha a mesma disponibilidade para partilhar o seu espaço privado com pessoas mais ou menos desconhecidas:

> «Foi ótimo, mas achei que já não tinha idade para viver na residência universitária. Às vezes, sentia falta da minha sala, para me esticar no sofá, porque só tinha o quarto. Em Paris, tive sorte, estava numa espécie de apartamento com dois quartos, tinha a *kitchenette*, casa de banho e *hall* de entrada; enquanto ali só tinha o meu quarto, com a minha casa de banho. A cozinha era partilhada e, claro, quando partilhamos a cozinha com um piso inteiro, às vezes chegamos lá e as coisas não estão propriamente... Mas foi engraçado.»

As boas condições climatéricas e a proximidade da montanha permitiram-lhe dar continuidade à prática da caminhada. A menor oferta cultural, quando comparada com a de outras cidades onde viveu, combinada com o bom tempo com que foi brindada durante toda a estada, implicou uma maior prevalência de passeios e práticas conviviais no centro de Montpellier nos seus tempos livres. Ainda assim, a cidade está inserida numa região que ela considera muito interessante e que aproveitou para visitar extensivamente.

Regressada de Montpellier, Ana vive atualmente com a mãe em Portugal e encontra-se desempregada. Está inscrita num mestrado e à procura de emprego, não só na área do ensino de línguas, mas também no turismo, em trabalho de receção e até administrativo. Face às dificuldades enfrentadas no mercado laboral, no qual considera ser fácil encontrar atividades pouco qualificadas, precárias e mal remuneradas, mas difícil descobrir um emprego compatível com as suas qualificações e expetativas, admite existir uma probabilidade considerável de voltar a sair do país. No entanto, os seus projetos de futuro surgem rodeados de um elevado grau de indefinição: diz-nos que não quer viver fora de Portugal o resto da vida, mas também não quer viver em Portugal até ao fim dos seus dias. Pretende ficar no país para desenvolver os estudos de mestrado, mas ao mesmo tempo revela a sua vontade de partir, ao abrigo de outro programa de mobilidade europeu, desta vez vocacionado para o ensino de adultos.

Esta indefinição face ao futuro não pode ser separada do sinuoso percurso de vida de Ana Almeida, pleno de idas e voltas. Os seus passos parecem encerrados numa espécie de labirinto situado algures entre o final da adolescência e a autonomia da vida adulta, do qual tarda em encontrar uma saída definitiva: do ensino secundário para o mercado de trabalho, do mercado de trabalho para o ensino superior, do ensino superior para um trabalho precário, do trabalho precário para sucessivos programas de mobilidade a prazo na União Europeia, e depois novamente a casa da mãe. Esta trajetória não linear reflete o modo como a transição para a vida adulta se prolongou e complexificou nas sociedades contemporâneas, o que não é alheio ao prolongamento das carreiras escolares nem à precarização dos vínculos laborais. Mostra também como, neste contexto, os projetos de vida dos jovens se tornam complexos e difíceis de imaginar a longo prazo, obrigando simultaneamente ao encurtamento temporal dos horizontes e à multiplicação dos caminhos possíveis.

A maior parte das relações de amizade que mantinha antes das suas saídas para o estrangeiro, aquilo que podemos designar de laços sociais fortes, sobreviveu às suas ausências, em boa parte com a ajuda das redes sociais. A disposição para determinadas práticas culturais, adquirida em Portugal e reforçada de cada vez que saiu do país, mantém-se: com uma preferência pelas artes visuais, Ana vai a um museu pelo menos uma vez por mês, e quando visita o irmão em Londres aproveita a oferta cultural mais vasta e mais «democrática», porque gratuita, da capital britânica.

Reconhece que o enquadramento institucional das suas experiências de mobilidade foi fundamental para ganhar a coragem de partir, proporcionando-lhe um apoio e um sentido de segurança que não existiram, por exemplo, na forma como o irmão emigrou com a sua família para Londres, sem ter sequer um trabalho em perspetiva quando deixou Portugal. Mas a experiência de sucesso do irmão, que, depois de um período a trabalhar abaixo das suas qualificações, conseguiu um trabalho na Igreja de Inglaterra compatível com a sua licenciatura em história da arte, ajuda-a a ponderar a hipótese de um dia emigrar sem essa rede de segurança. As razões que a levaram a sair do país por diversas vezes e que a fazem admitir voltar a fazê-lo são múltiplas. Por um lado, revela que desde cedo aproveitou os períodos de férias para viajar e que, ainda na adolescência, tinha a fantasia de viver em vários países diferentes. Os programas de mobilidade europeia permitiram-lhe a concretização desse sonho:

«Como sou da classe média, embora gostasse de viajar, e sempre o fiz porque o dinheiro que sobrava era para viajar, imaginava-me a sair do país, mas de uma forma fantasiosa. Nunca pensei que efetivamente fosse fazer isso, porque não havia assim grandes possibilidades. Mas a vida agraciou-me, e, com essa possibilidade, acabaram por se abrir certas portas e outros programas, e a minha mentalidade também mudou. Ganhei coragem e fui.»

A experiência Erasmus foi particularmente importante, tendo fortalecido de modo muito considerável esta disposição que já existia para sair de Portugal e experimentar viver noutros locais do mundo. Mas a sua vontade de sair do país está também relacionada com a situação profissional precária que experimentou após a conclusão da licenciatura. Mais do que um problema individual, a precariedade é representada como um mal geral do país:

«Naquele ano em Portugal, estive a trabalhar num centro de estudos, mas nestas situações não há respeito. Não é que não haja respeito, mas as empresas não têm capacidade de ficar com as pessoas, e temos de estar numa situação precária, a recibos verdes. Foi a minha única experiência a recibos verdes, não gostei e achei que precisava de mais.»

A exposição a ambientes culturais distintos permitida pela mobilidade internacional é representada como algo que torna as pessoas mais abertas e esclarecidas e, por isso, mais conhecedoras da cultura do seu próprio país, tanto nos seus aspetos luminosos como naqueles mais sombrios:

«Neste tempo em que estive fora, percebi que temos coisas excelentes em Portugal, que não vi em mais lado nenhum. E acho que o português está bem e consegue aguentar certas situações porque temos coisas efetivamente muito boas, mas há outras que são inaceitáveis. Há situações em Portugal que são inaceitáveis. Acho que é importante experimentarmos outras coisas e não nos enclausurarmos aqui em Portugal.»

Além da questão da precariedade generalizada nas relações laborais, as críticas mais veementes que Ana Almeida lança ao país estão relacionadas com as assimetrias profundas que vincam a distância entre as elites económicas e políticas da generalidade das pessoas, que ela designa por «classe média», detetando não só um fosso inerente às condições materiais de vida, mas também disparidades face à justiça e mesmo um tratamento geral diferenciado de acordo com o estatuto social de cada um. Para Ana, a precariedade e os salários baixos não decorrem apenas de razões económicas, mas também culturais. Segundo ela, o contexto económico negativo, por vezes, não é mais do que um pretexto utilizado para impor decisões que agravam a situação dos indivíduos que ocupam posições desprivilegiadas do espaço social, reproduzindo e agravando as assimetrias existentes. Na sua opinião, a melhoria da situação de Portugal passaria sobretudo pela correção destas desigualdades.

«Para a situação melhorar, era preciso haver justiça social. Infelizmente, aqui, temos sempre de bater na primeira questão que se coloca, que é haver sempre uma discrepância enorme a nível financeiro e económico, e também a nível tributário, e nas próprias relações entre patrões e empregados, ou entre o Estado e os próprios cidadãos. Não estou aqui a fazer apologia política, política no sentido partidário, nada disso. Acho que há uma discrepância muito grande entre quem está acima e quem está abaixo, e quem está abaixo é sempre sacrificado em detrimento de quem está acima, e tem de se mudar isso.»

Outro problema a que aponta o dedo é a promiscuidade entre decisores políticos e interesses económicos, que resulta na submissão, sempre impune, do interesse público a poderosos interesses económicos privados. Este problema surge associado a outro, que consiste na reduzida consciência coletiva dos portugueses e, consequentemente, no modo como permitem que o interesse comum seja, uma e outra vez, prejudicado pelos interesses privados das elites. Trata-se de um território fértil para a corrupção e o tráfico de influências, duas nódoas que mancham Portugal e que para Ana se tornaram mais evidentes quando vistas a partir do estrangeiro.

> «Quando estamos fora daqui, quando estamos fora da bolha e vemos as notícias e vamos falando com as pessoas de cá, então é que percebemos o nível de corrupção que há aqui, desde a pequena e média empresa até ao governo, até ao Estado. Há um nível de corrupção enorme.»

E é a partir deste olhar de fora para dentro que Ana Almeida consegue ver aquilo que considera serem os grandes problemas de Portugal, um país onde gostaria de permanecer, mas do qual, paradoxalmente, também sente uma grande vontade de sair, pelo menos mais uma vez.

Cristina Nunes:
"Emigrar, sim! Mas para longe não!

Não emigrou por amor, mas é o amor que melhor explica a atual condição de emigrante de Cristina Nunes. Também não emigrou para longe, mas a sua trajetória já a fez atravessar o Atlântico. Como os pais, que se mudaram um pouco para cima, do Algarve para Lisboa, Cristina mudou-se mais para o lado, passando a fronteira para se fixar em Madrid.

Cresceu em Lisboa e sempre viveu com os pais até ter terminado a licenciatura em Gestão de Lazer e Animação Turística. Teve uma primeira experiência de mobilidade a fazer voluntariado durante nove meses na Alemanha. Filha de dois bacharéis em contabilidade (o pai licenciou-se mais tarde em história), sempre foi motivada para estudar, mas também contrariada na sua vontade precoce de querer sair para o estrangeiro. Só depois de concluir a formação académica saiu de Portugal, sem compromisso de regresso, para estudar e trabalhar. Antes de ir para Espanha, experimentou ainda várias oportunidades de inserção profissional em Lisboa, mas as condições de precarização que enfrentou e sobretudo as baixas remunerações levaram-na a querer partir. Terminou a pós-graduação em Espanha, passou três meses pelo Brasil e voltou a Lisboa apenas para encontrar mais do mesmo. Entretanto, regressou a Espanha por razões afetivas.

Procura emprego em Madrid, mas ambiciona fazer uma nova licenciatura e não descarta a possibilidade de emigrar para outro destino, desde que não seja longe. Provavelmente, a França, pois tem familiares diretos há longa data emigrados e fixados nesse país, o mesmo se passando com o seu namorado, que nasceu em França. A nova licenciatura que pretende fazer aproxima-a mais do perfil de formação dos pais e da irmã. Em Portugal, Cristina teve empregos marcados pela precarização, mas na sua área de formação. Em Espanha, as experiências de trabalho têm sido igualmente precárias e marcadas pelo facto de o fator determinante de acesso ser o domínio de línguas, incluindo o português.

A ligação à família, sobretudo ao pai e à irmã, que residem em Lisboa, justifica essa opção de uma emigração de proximidade. Cristina deseja constituir família e ter filhos, mas não voltaria a Portugal por causa disso. Voltar não está nos seus horizontes. A sua rede de amigos está ancorada em vários pontos do mundo; muitos são pessoas que saíram para estudar e foram ficando.

Atualmente, Cristina Nunes reside em Madrid. Chegou aí para fazer um mestrado, que entretanto já concluiu. Pelo meio, deixou a capital espanhola. Mas acabou por regressar, uma vez que, já no final da sua estada, conheceu o seu companheiro. Não enjeita a possibilidade de ficar em Madrid para toda a vida, mas, à beira dos 30 anos, vê como muito provável dar continuidade à experiência migratória noutras paragens, pois tanto a sua condição laboral como a do parceiro estão longe de ser as desejadas.

Cristina emigrou pela primeira vez para virar as costas a uma situação que do ponto de vista pessoal, familiar e profissional acarretava alguma fadiga. Tendo já ensaiado uma oportunidade de mobilidade, a opção por Espanha decorre da vontade sentida quando regressou a Portugal depois dessa primeira experiência de mobilidade, com o regresso a deixar-lhe a sensação de que voltava às origens, mas não por muito tempo (ainda que tenha sido mais do que inicialmente imaginara). A última década da sua vida parece ser dominada pela convicção resumida no título deste retrato: «Emigrar, sim! Mas para longe não!»

Cristina Nunes nasceu e cresceu em Lisboa. Não saiu de casa para fazer o seu curso superior, concluindo em 2007 a licenciatura em gestão de lazer e animação turística na Escola Superior de Hotelaria e Turismo, no Estoril. Aproveitou o facto de a licenciatura conter duas fases, com a necessidade de realizar um estágio, para vencer a resistência da mãe em deixá-la sair de Portugal, desejo que sempre acalentara e que, de certo modo, motivou a escolha da sua formação superior. Juntando a isso a vontade de aprender línguas, foi nove meses para a Alemanha (Hamburgo) no âmbito do programa Serviço Voluntário Europeu, regressando depois para concluir a licenciatura. Mas voltou convicta de que não tardaria a sair de novo: «Quando voltei, já estava com aquela sensação de que me ia embora outra vez, muito rápido».

Reconhecendo o valor da sua formação académica, Cristina sempre foi boa aluna e conseguiu seguir as opções que fez, embora os pais tivessem preferido outras escolhas. Admite que o que encontrou como oferta formativa não era bem o que pretendia, uma vez que se focava demasiado no desporto, quando o seu interesse era a cultura. À distância, confessa que deveria ter parado e mudado; contudo, por via da sua inserção profissional inicial e dos estudos posteriores, viria a ser capaz de se concentrar na sua área específica de interesse.

A primeira experiência profissional concretizou-se numa agência de organização de eventos. Na sequência de um estágio, acaba por ficar um ano a trabalhar nessa empresa com contrato de trabalho, mas a ganhar um salário que qualifica de «absolutamente horrível». Racionaliza essa sua condição de mal remunerada com a explicação de se tratar do primeiro emprego, o que de algum modo justificaria a aceitação do salário. Nesse período, de outubro de 2007 a outubro de 2008, faz em regime pós-laboral um curso de produção de espetáculos no Forum Dança, aproveitando então o estágio que o curso lhe proporcionou na Fundação Calouste Gulbenkian para deixar o primeiro emprego. Antes, porém, fez um mês de voluntariado no DOC Lisboa. Permanece na Gulbenkian de finais de 2008 até setembro de 2011, altura em que experimenta as habituais condições do chamado precariado: bolseira, estagiária, colaboradora... acabando contratada por uma empresa de trabalho temporário para continuar a fazer o que fazia.

> «Fui para a Gulbenkian. Depois houve uma altura um pouco como a vida de bolseira. Tens aqui estes contratos; depois é o estágio profissional; depois acaba o estágio profissional; depois podes estar (...) não sei quanto tempo. Mas depois já não dá, porque blá-blá-blá e vais para uma empresa exterior. E toda a gente faz isso neste país, não é?»

Finda a experiência laboral na Gulbenkian, quatro anos após a conclusão do curso superior e uma sucessão de experiências laborais pouco promissoras, Cristina sente que tem de mudar de ares, e o apelo para sair de Portugal acorda da letargia em que se encontrava desde que regressara, com vontade de partir, de Hamburgo.

Dar continuidade aos estudos mediante um mestrado apresentou-se como uma solução óbvia. Equacionou a Inglaterra, que seria uma solução natural, dado dominar bem a língua inglesa, mas escolheu Madrid, mesmo que só tenha começado a falar castelhano quando seguiu alguns cursos durante o período em que trabalhou na Gulbenkian. A proximidade geográfica ao seu meio de origem, a par com as características do mestrado, acabaram por ser determinantes na escolha do destino.

Inscreveu-se num curso de mestrado na Universidade Complutense de Madrid (Instituto Complutense de Ciências Musicais). Como se tratava de um curso em horário pós-laboral, Cristina pôs a hipótese de trabalhar e estudar ao mesmo tempo. Porém, de outubro de 2011, data da sua chegada, a março de 2012, não pôde ingressar no mercado de trabalho, vendo-se obrigada a aguardar pela regularização da sua situação fiscal, já que para trabalhar precisava do NIE (Número de Identificación de Extranjero). Enfrentou então as primeiras agruras burocráticas da experiência migratória, mas assinala outras, como por exemplo a dificuldade em concretizar o reconhecimento do grau académico obtido em Portugal, ou a impossibilidade de se inscrever numa nova licenciatura não tendo passado pelo processo pré-universitário que enquadra a seleção de candidatos no ensino superior espanhol. Nesse período, enquanto frequentava os primeiros meses de mestrado, fez alguns estágios em teatros.

De junho de 2012 a junho de 2013, trabalhou a tempo inteiro, em tarefas administrativas, numa empresa de distribuição de refeições prontas, acabando assim por encontrar um emprego através de uma agência de trabalho temporário, em que, além das suas competências linguísticas, beneficiou do facto de ser portuguesa. Contratada para substituir uma funcionária em licença de maternidade, o seu perfil encaixava na estratégia de uma empresa que pretendia expandir a sua área de negócio para Portugal. A ocupação que Cristina encontrou é que não encaixava especificamente na sua área de formação. Mas não abandonou o curso de mestrado, ficando com duas sextas-feiras livres por mês para poder frequentar as aulas.

Terminado o mestrado, em meados de 2013, foi-lhe oferecido um estágio de três meses em Brasília. Contudo, um mês antes de deixar Madrid, começa a namorar com o seu atual companheiro. Mudou-se então de Madrid para Lisboa sob a perspetiva de que, muito provavelmente, acabaria por prolongar a estada na América do Sul. Até porque o namorado se juntou a ela, aproveitando para fazer férias, e a possibilidade de emigrar para essas paragens transatlânticas chegou a ser equacionada por ambos.

No entanto, findo o estágio, Cristina voltou para Portugal, acreditando que seria mais uma passagem rápida. Porém, passada uma semana, encontrou emprego. O regresso a Lisboa, uma vez mais, parecia querer sujeitá-la à mesma situação de permanência inusitada que tinha experimentado ao voltar de Hamburgo. Só que desta vez não ficou muito tempo e a sensação de que sairia de novo do país muito rapidamente acabou mesmo por se concretizar. Se alguma coisa há de parecido com o primeiro momento de regresso, quando voltou do voluntariado em Hamburgo, mais do que a sensação de que a passagem por Portugal seria breve, foi a sujeição a uma inserção profissional pouco gratificante quanto a perspetivas de futuro.

No último trimestre de 2013, trabalhou portanto em Lisboa com uma coreógrafa na área da produção de espetáculos, a recibos verdes. Mas o facto de ter o namorado em Madrid e ter de finalizar e defender a sua dissertação (*tesina*), mesmo sem horizontes de inserção profissional no país vizinho, era mais forte do que o apelo das expetativas da sua nova ocupação. Nem a promessa de um contrato de trabalho a impediu de tomar a decisão de emigrar de novo para Madrid, o que aconteceu em fevereiro de 2014.

Defendeu a dissertação em junho de 2014, mas até agora a procura de emprego tem sido infrutífera. O que já conseguiu é algo que abomina: dez dias a trabalhar para um centro de estudos clínicos, fazendo inquéritos por telefone a médicos que receitam determinados medicamentos. Mais uma vez, a competência mais valorizada para garantir essa ocupação foi o domínio da língua e não a sua área de formação.

Cristina desenha o seu futuro próximo entre a procura ativa de emprego, a possibilidade de fazer uma nova formação académica (licenciatura em gestão) e a eventualidade de emigrar com o namorado. Tal como o pai, que foi mais bem-sucedido tirando tardiamente uma licenciatura que juntou ao bacharelato, e a irmã («uma colecionadora de pós-graduações»), que sendo mais nova obteve maior reconhecimento profissional, Cristina acredita que será a formação académica a abrir-lhe as portas ainda fechadas. Sofre com a angústia do desemprego, mas o dinheiro que juntou no passado, o facto de não ter filhos nem escola para pagar, levar uma vida parcimoniosa e, sobretudo, não pagar renda de casa em Madrid, são bases para um certo desafogo.

O namorado, que é tradutor e encontrou trabalho há pouco tempo, é atualmente o fiel da balança de uma trajetória, por ora, indefinida. Por um lado, porque, apesar de ser cidadão espanhol e viver em Madrid há mais de quinze anos, não gosta da cidade. Por outro, tendo nascido em França, filho de mãe francesa e pai espanhol, equaciona a possibilidade de valorizar as suas competências num país francófono. Acresce que a casa onde ambos vivem gratuitamente, afastada do centro da cidade, é de um irmão seu que, por ser mais velho, teve oportunidades de inserção profissional mais vantajosas.

Cristina tem também tios e dois primos em França, pelo que não põe de lado a possibilidade de se mudar para lá. Ela e o namorado já pensaram no Quebeque, mas não seria suficientemente perto. O pai, já viúvo, sentiu a angústia da curta estada da filha no Brasil, enquanto aceitou bem a mudança para Madrid por ser «aqui ao lado»:

> «Quando fui para a Alemanha, ia com prazo. Sempre foi aquela coisa de... Ela vai e volta. Nove meses... A minha irmã também. Foi com o Erasmus. Ela vai e volta. Quando fui para Espanha, a minha mãe já tinha morrido. (...) Depois de fazer o estágio no Brasil, voltei e tomei a decisão de voltar para Madrid. E o meu pai disse: "Madrid é aqui ao lado." Admito que o Brasil lhe estava a fazer confusão.»

Diz estranhar um pouco Lisboa, sobretudo porque quando volta sente que o seu círculo de amigos já se desagregou por via das trajetórias que cada um seguiu. Sente-se integrada em Madrid, mas sempre valorizou a decisão de não ter emigrado para longe. Enfatiza no seu discurso a vantagem de ser emigrante e de, ao mesmo tempo, poder estar rapidamente junto da família, em caso de necessidade. Não se imaginaria longe quando a mãe viveu um período de doença. Gosta de saber que está perto e que, se for preciso, pode vir rapidamente ver o pai, que tem mais de 70 anos. Na iminência de ser tia de um filho da irmã, que vive também em Lisboa, Cristina encontra uma justificação adicional para a sua permanência em Madrid, mesmo que não encontre a situação desejada do ponto de vista profissional. E confessa mesmo o receio de ter de emigrar para outro lado.

> «Quando a minha mãe esteve doente, foi bom nós estarmos todos cá. E não consigo imaginar uma situação em que eu estivesse no Brasil. (...) Madrid tem essa vantagem: consigo vir de carro, de autocarro. E não tenho de pagar quinhentos euros por um voo.»

Nesse contexto, sente que tem de gerir as angústias do namorado, sob risco de ter de enfrentar uma nova experiência migratória (possibilidade em muito perspetivada por ele) que a leve para longe. Admite que consideraria essa opção há uns anos, mas, atualmente, restringe-se mais a possíveis deslocações dentro da Europa («transcontinental, não me apanham. Eu antes dizia mesmo: vou para o Quebeque. Agora já não»).

Gostaria de ser mãe, mas põe de lado essa possibilidade sem ver garantida uma situação profissional que lhe assegure condições mínimas. De certo modo, antecipa que o preço a pagar para que os seus desejos se concretizem seja ter de procurar emprego fora da sua área de formação.

Cristina viaja pouco, mas os seus amigos estão espalhados pelo mundo. Muitos deles saíram para estudar e foram ficando:

«É aquela sensação de que conheces gente em todo o lado. Tenho amigos no Qatar. Tenho muitos amigos na Europa, obviamente. E nos Estados Unidos. Tenho os que ficaram. Às vezes, faz-me um bocado confusão.»

Essa experiência, a rede de contactos que mantém e a proximidade a Portugal levam-na a ter a certeza de que a atual situação não convida a um regresso ao país. Nem a ela nem àqueles que fazem parte da sua rede de amigos. Se, em geral, o contexto já não é razoável, na sua área específica tudo se torna mais difícil, seja em Portugal ou em Espanha. A única situação que a faz pensar em regressar é uma eventual rutura na relação amorosa que a fez voltar para Madrid. Mas hoje, tal como quando saiu de Portugal pela primeira vez, regressar será sempre para pensar: «Para onde é que vou a seguir?»

Eleonora Rodrigues:
Circular pelo mundo em busca de estabilidade

Eleonora Rodrigues, de 31 anos, nasceu em Lisboa, reside em Espinho e pelo meio já experimentou o mundo. Filha e neta de retornados, emigrou aos três meses de idade com a família para «tentar a sorte» no Brasil. De volta a Portugal, viveu e estudou em Coimbra, transitando precocemente para a idade adulta devido à falência financeira e emocional da família nuclear.

Convencida de que o seu currículo sairia valorizado com experiências internacionais, Eleonora faz o Erasmus em Istambul, onde descobre o gosto pelo turismo cultural e desperta para a mobilidade. De regresso a Portugal, mesmo antes de terminar a licenciatura, enceta contactos com organizações como a AIESEC, com o objetivo de realizar um estágio internacional. Inicialmente sem grande sucesso, consegue então ser colocada numa organização no Rio de Janeiro, em janeiro de 2010, por intermédio do INOV Contacto. É no Brasil e, no final do estágio, noutros países sul-americanos que investe no seu gosto pelas viagens, pelas pessoas e suas histórias e culturas como estratégia de formação pessoal.

Novamente de volta a Portugal, conhece o atual companheiro, ao mesmo tempo que procura estabilidade profissional que lhe permita constituir família. Oscilando entre o desemprego e o trabalho precário, o casal, impulsionado pelas experiências positivas de Eleonora, decide emigrar para Londres no final de

2012. Ainda que ela tenha obtido um trabalho equivalente à sua formação na capital britânica, o companheiro não consegue adaptar-se e, face a uma possível rutura da relação amorosa, decidem ambos regressar a Portugal.

De novo no país natal, recorrem ao apoio da família num primeiro momento, alcançando uma certa autonomia ao fim de três meses. Porém, Eleonora vê as suas expetativas frustradas: depois de acumular anos de experiência profissional, inclusive internacional, encontra-se a fazer um estágio e sem perspetivas de contratação. Em agosto de 2014, com a ambição de ser mãe jovem e depois de ter circulado pelo mundo em busca de estabilidade financeira e emocional, Eleonora está na iminência de partir mais uma vez.

Eleonora nasceu em Lisboa, em 1984, e emigrou com a família para o Brasil com apenas três meses, país onde viveu até aos três anos. Filha e neta dos «famosos retornados», tem circulado pelo mundo em busca de estabilidade financeira e emocional.

Os seus avós paternos, originários de Terras do Bouro, no distrito de Braga, emigraram para Angola, uma vez que o avô era missionário. Já os avós maternos – o avô era militar –, emigraram dos Açores para o mesmo país. Os pais de Eleonora, sendo de origens familiares distintas – enquanto a família paterna cresceu com dificuldades em África, a mãe, em contrapartida, era hospedeira da Transportadora Aérea Portuguesa (TAP) – conheceram-se, casaram-se e tiveram a primeira filha em Angola, em 1974.

Tanto o pai – bacharel da escola de comércio – como a mãe – com o 12.º ano –trabalhavam numa agência de viagens e, quando regressaram a Portugal em 1975, decidiram criar uma empresa, capitalizando as suas experiências profissionais. Contudo, «a empresa não deu certo» e a família decidiu «ir tentar a sorte» no Brasil, três meses depois de Eleonora nascer.

Ao fim de três anos, a família regressou a Portugal face ao contexto de violência que assolava o Brasil, formando então uma empresa de importação/exportação sediada em Coimbra, e «deixaram-se de viagens» durante vários anos. No entanto, «por conta das circunstâncias e da crise e afins», a empresa faliu e levou com ela a estabilidade financeira e emocional da família, tinha Eleonora 14 anos:

> «Foi aí que a minha vida deu a tal cambalhota, não é? Porque passei de uma estabilidade financeira que os meus pais na altura me proporcionavam para o não ter nada.»

Aos 16 anos, Eleonora fica a viver em Coimbra com a irmã, enquanto os pais, que entretanto arranjaram trabalho, se mudam para Leiria. A irmã estava então a tirar a licenciatura em Psicologia e ela frequentava o ensino secundário. Este momento de rutura da família desencadeia precocemente a sua transição para a vida adulta («sempre fui independente, desde muito cedo»), ainda que apoiada pela irmã, descrita como uma «segunda mãe». As ruturas continuarão a surgir, com outros momentos «desestruturadores», como o divórcio dos pais, a depressão pela qual a mãe passou e a morte do pai, com cancro, em 2008. Durante todo este período, Eleonora vive em Coimbra com a irmã:

> «A minha mãe afastou-se um pouco. Pronto, tudo aquilo que aconteceu foi muito complicado. E depois retorna para aí em 2007, talvez. Não tenho muita noção do *timing*, mas voltou e nós voltámos a estar como família. (...) Havia sempre a base que era Coimbra. (...) Ou então a casa da minha irmã, que passou a ser também um bocadinho porto seguro.»

A irmã é psicóloga e trabalha também com as medicinas alternativas, nunca tendo saído do país. Eleonora é tia de uma menina e afirma que para a irmã, mesmo antes de ser mãe, emigrar «nunca foi opção».

Em 2003, começa a fazer a licenciatura em comunicação organizacional, na Escola Superior de Educação de Coimbra (2003-2008). Face à sua situação familiar, opta por não viver numa residência de estudantes, uma vez que posteriormente ficaria sem ter para onde ir. Assim, além da bolsa da Ação Social Escolar, tem de ir acumulando trabalhos precários e não declarados para conseguir pagar um quarto.

A meio da licenciatura, e por influência do coordenador e da madrinha de curso, Eleonora decide fazer o Erasmus, convicta de que semelhante experiência internacional valorizaria o seu currículo. A opção recai sobre Istambul (Turquia), mais particularmente na Bilgi University, uma universidade privada ao estilo norte-americano: «Uma das melhores universidades, na altura, na Turquia». Usufruindo de uma bolsa do programa Erasmus, que acumula com a da Ação Social e o alojamento e transporte gratuitos providenciados pela universidade, é neste contexto de acumulação de apoios sociais que Eleonora vê reunidas as condições para ter uma experiência de mobilidade. Para tal, também não foi despiciente o facto de o euro ter uma posição privilegiada face à lira turca.

Todo o período de Erasmus é um processo positivo de constantes aprendizagens académicas («deu para ficar à frente, entre aspas, dos colegas») e pessoais, muito facilitado pela estratégia de integração desenhada pela Associação de Estudantes da Bilgi University, desde o acolhimento no aeroporto, passando pelo quotidiano na residência de estudantes, até à organização da esfera social da comunidade académica, com propostas de viagens e festas que Eleonora não deixou escapar. Aproveitou, assim, para alargar as suas redes sociais e dar largas aos seus interesses culturais, muito particularmente ao turismo cultural:

> «Juntávamo-nos sempre, tínhamos uma série de cafezinhos ao pé do dormitório, portanto, começámos a explorar um bocadinho o narguilé, o jogar o *tavla* e a aprender a cultura

> e as tradições dos turcos. E depois, a pouco e pouco, fomos começando a explorar a cidade. Fomos conhecendo outras pessoas, outros turcos (...) Atravessámos em linha reta, de Istambul até cá abaixo. Fizemos uma viagem, conhecemos toda a parte costeira, fomos à parte antiga de Éfeso, também. Fizemos a parte toda cultural e histórica. O nosso grupo era interessante, porque partilhava os mesmos interesses.»

A experiência de Erasmus espoletou em Eleonora o gosto pelo conhecimento do mundo que a rodeava, além de estar já ciente das vantagens que a internacionalização podia ter. Todavia, é o sentido menos instrumental da circulação que ressalta do seu percurso de vida:

> «Obviamente que a partir daí as coisas alteraram-se todas. Primeiro, já tinha o historial de emigração na família (...) E foi aí que tudo começou, porque aquele bichinho de que nós falamos de conhecer, sair, explorar, apareceu aí.»

Ainda enquanto estudante, não perde de vista o seu sonho: «Tinha a certeza de que queria ter uma experiência profissional internacional». Para tal, procura o apoio da AIESEC na Faculdade de Economia de Coimbra, mas o *match* com um estágio em Quito não se concretiza por não ser fluente em espanhol – requisito para o desempenho das tarefas de estágio.

Terminada a licenciatura e perdida a ligação com a AIESEC, Eleonora oscila entre estágios não remunerados, trabalhos precários e o desemprego, mantendo sempre vivo o desejo de ter uma experiência de trabalho internacional. Por fim, consegue acolhimento no âmbito no programa INOV Contacto (Estágios Internacionais para Jovens Quadros):

> «Foi o processo mais difícil em que já estive. Éramos três mil ou quatro mil pessoas e ficámos quinhentas. Portanto, foi bom, não é? É um orgulho.»

Após uma breve preparação em Lisboa, partiu para o Rio de Janeiro em janeiro de 2010 para fazer um estágio remunerado de nove meses, com o objetivo de preparar o Dow Live Earth Run For Water – uma corrida de cinco quilómetros, a distância média percorrida em África para ir buscar um ou dois litros de água –, com o propósito de consciencializar as pessoas para o problema da escassez da água, especialmente nos países mais pobres, causa com que Eleonora se identifica. Esta experiência profissional, da qual se valerá ao longo da sua carreira, «permitiu evoluir um pouco e trabalhar na área de assessoria e organização de eventos».

Apesar de pretender continuar no mesmo contexto de trabalho, tal não lhe foi proposto, uma vez que a empresa não tinha condições financeiras para isso: a bolsa que auferia era equivalente ao salário da sua superior hierárquica. Por outro lado, usufruía de outra bolsa, esta de alojamento, que lhe permitia viver na zona sul da cidade, onde se sentia segura.

Mais uma vez, esta experiência internacional foi conciliada com o investimento na sua formação pessoal no âmbito do turismo cultural, com destaque para o Carnaval do Rio. Além de visitar as zonas turísticas circundantes, Eleonora organiza viagens com os amigos a São Paulo, mobilizando as redes de contactos entretanto criadas com o INOV Contacto, e visita localidades históricas, como Minas Gerais, Ouro Preto ou Mariã.

Para ela, viajar é uma parte inquestionável da sua formação como pessoa. Conhecer lugares, pessoas, histórias e culturas «prepara para tudo na vida» e «abre-nos os horizontes». Assim, *mochilar* pela América do Sul afigurou-se, ao fim de nove meses de bom salário, como uma possibilidade nova. Ativando as suas competências de relacionamento interpessoal, desenha um trajeto pelo «percurso dos incas», com Machu Picchu como destino final. Independente desde sempre, Eleonora procura tecer os laços certos e tirar o melhor partido possível das situações em que se encontra, disposição que abrange múltiplas esferas da sua vida:

«Mal entrámos na camioneta, conhecemos um grupo de sete ou oito israelitas, mais umas quantas portuguesas. Foram dois dias até chegar à fronteira da Bolívia. Quando chegámos à Bolívia, (...) fui com os israelitas. Não sei, identifiquei-me muito com eles. (...) Partilhei toda a parte cultural deles. Tentei também perceber um bocadinho o que é que os movia, o que é que não movia. Pronto, tudo gente pacífica igual a nós, com outra cultura. E com outra história.»

Em 2010, após voltar do Rio de Janeiro, Eleonora conhece o atual companheiro e, nesse mesmo ano, optam por partilhar casa. Porém, neste regresso a Portugal, ela encontra um país mergulhado em plena crise económica. Começa então a procurar emprego, na Lousã, mas encontra apenas ocupações precárias, a recibos verdes, por vezes a tempo parcial e fora das suas áreas de formação.

Embora não cheguem a ficar desempregados, ela e o companheiro não exercem atividades profissionais que lhes permitam uma vida estável e, no final de 2011, decidem ir viver para Espinho, terra natal da família dele, para tentar encontrar trabalho no «mercado do Norte». Com efeito, Eleonora é contratada por nove meses como assistente de *marketing* e direção na Saint Gobain, na Glass Drive; porém, no fim do contrato, em meados de 2012, não consegue emprego na sua área de formação e dedica-se a uma curta experiência como vendedora de máquinas *Bimby*, conciliando o seu perfil mais comercial com o gosto pela cozinha. Perante esta situação precária, partilhada pelo companheiro, a opção pela emigração começa a desenhar-se:

«Porque lá fora é que vamos conseguir. Portanto, eu associava sempre o "lá fora" a coisas muito positivas. Porque, realmente, sempre que estive fora, para além de ter sido muito feliz, de ter feito muitas coisas, trabalhei e tive alguma estabilidade.»

Assim, a sua disposição para emigrar é ativada pelo desemprego, pela necessidade de estabilidade, que não consegue encontrar em Portugal, e pela associação que faz entre emigração e sucesso, validada pelas suas próprias experiências fora do país.

Contudo, a decisão de emigrar é recebida com alguma relutância pelo companheiro, que apenas tinha saído do país em situações de lazer, e que, além disso, é alguém «muito agarrado à família». Apesar desta resistência inicial, ele acaba por ceder à ideia quando o casal começa a sentir dificuldades económicas, vivenciando um retrocesso na sua independência e um revés nos planos de constituir família, vendo-se forçados a sair de casa e a escolher entre viver com os pais dele ou emigrar.

É neste quadro que iniciam os preparativos para saírem do país, em junho de 2012, começando por vender todos os bens que lhes permitissem juntar dinheiro. Selecionam o destino de acordo com o seu domínio de idiomas estrangeiros, optando então por Londres, onde residia um casal amigo da família dele, pessoas mais idosas que tinham construído a sua vida fora de Portugal. Após a partida, em janeiro de 2013, foram estes amigos o primeiro suporte na chegada à capital britânica, ajudando-os com os trâmites burocráticos e a elaboração de currículos adaptados ao mercado de trabalho inglês.

O companheiro de Eleonora, professor do 1.º ciclo, na variante de educação física, deparou-se com a impossibilidade de trabalhar na sua área, devido ao complexo processo burocrático que isso implicaria. Por isso, procurou colocação numa área comercial que não lhe fosse completamente estranha, como uma loja de desporto. Porém, «a adaptação não foi de todo positiva».

Em parte graças à sua experiência de mobilidade no Brasil, Eleonora conseguiu trabalho na sua área como *Advertising Sales Executive*, vendendo publicidade para o mercado brasileiro. Apesar de desempenhar funções compatíveis com a sua formação académica, acabou contudo por perceber que auferia uma remuneração inferior aos seus colegas ingleses:

> «É incrível; numa cidade em que eu achava que havia igualdade e que o cidadão da União Europeia seria igual a um inglês, não era. Não era, porque pura e simplesmente a equipa que nos estava a chefiar tinha sido feita por um português que levou a ideia de que, como nós estamos aflitos e há (...) muitos jovens portugueses e brasileiros à procura de emprego, (...) então, faz-se um sistema não de salário base, que é uma coisa normal no Reino Unido, (...) mas imita-se aquilo que se faz em Portugal: a comissão.»

Assim, tendo emigrado para fugir à precariedade, Eleonora reencontra-a em Londres, aparentemente promovida por uma chefia portuguesa:

> «É incrível como um português, em vez de ajudar os conterrâneos, estava a deturpar completamente o mercado de trabalho, ou aquela empresa. E conseguiu estender isso não só a portugueses e brasileiros, mas também aos espanhóis. Havia uma equipa da América Latina para o mercado espanhol que também estava a ser afetada exatamente nessa mesma lógica. Foi muito triste.»

Eleonora não encontrou em Londres a esperada saída da precariedade. Isso, em conjugação com outros fatores, como ter de dividir a casa com um estudante que não tinha os seus padrões de limpeza ou a não adaptação do companheiro, com o consequente mal-estar emocional, conduziu a que o casal decidisse regressar ao fim de três meses. Ainda que ela considerasse que estava bem, a realizar o seu desejo de ter uma experiência profissional internacional, optou, face a uma iminente rutura da relação amorosa, por regressar a Portugal com o companheiro:

> «Eu estava feliz, porque era uma cidade que queria conhecer há algum tempo. E tive mais uma vez a experiência profissional que queria a nível internacional, o que também era bom para o meu currículo. Mas a nível pessoal a coisa estava catastrófica, e não, não dava. Então pensei: "Eh pá, nem tudo vale dinheiro, nem tudo vale o sacrifício." E decidimos: "Não, vamos voltar."»

Ao analisar esta experiência migratória, Eleonora não a coloca no mesmo registo de aventura e ganho, mas antes num plano bem diferente, uma vez que emigrou acompanhada por alguém sem as disposições para a mobilidade, sem ter firmado qualquer tipo de vínculo laboral à partida, optando finalmente por uma capital mundial, mas pagando o preço dessa opção:

> «O Reino Unido é um país muito escuro, [Londres é uma] cidade completamente cosmopolita, movida por ambição, dinheiro, trabalho, onde ou se tem ou não se tem. E, realmente, digo que foi um erro termos escolhido Londres porque podíamos ter ido, se calhar, para uma cidade mais calma, onde era tudo mais barato. A nossa integração teria sido mais fácil e teríamos conseguido dar um salto diferente. (...) Ou tu te adaptas a Londres ou Londres come-te.»

Em abril de 2013, três meses depois da partida, o casal estava de regresso a Espinho, à casa da família dele, sem trabalho, a fim de «organizar as finanças» e recomeçar a vida em Portugal. Eleonora reativa o subsídio de desemprego, enquanto o companheiro, sem colocação como professor, começa a trabalhar como administrativo. Ela, porém, só volta ao ativo em novembro de 2013, quando consegue um estágio profissional de um ano, novamente a trabalhar orientada para o mercado brasileiro, mas sem quaisquer possibilidades de contratação no final. Assim, em agosto de 2014, Eleonora repõe a hipótese de emigrar face a uma iminente situação de desemprego. Contudo, esses planos são refreados pelo desejo de ser mãe: «Das duas uma: ou voltamos à aventura; ou então arriscamos, porque também queremos ser pais.»

O trajeto de Eleonora reflete as agruras de uma pretensa igualdade de oportunidades educativas mitigada, uma vez que tais oportunidades, ou «o futuro e os saltos que as pessoas podem dar a nível profissional», estiveram à partida sempre limitadas pelo difícil contexto familiar. Não só não conseguiu fazer a licenciatura em Lisboa, numa escola que considerava mais prestigiada, como não teve possibilidades de estagiar em agências de comunicação no Porto, porque a família não podia apoiá-la financeiramente. Desde logo, o percurso de vida de Eleonora coloca a nu as fragilidades do sistema educativo português, reiterando ela que «o país está muito mal organizado nesse sentido, está cada vez mais elitista» e que as oportunidades geradas só são acessíveis àqueles que têm o necessário suporte familiar:

> «Se eu tivesse pensado melhor, nunca teria tirado o meu curso, comunicação organizacional, na Escola Superior de Educação de Coimbra. Se tivesse ido para Lisboa, como existe outra reputação das faculdades a nível de comunicação e *marketing*, se calhar, a minha vida não teria sido assim. Porque vejo que muitas das vezes alguns processos de recrutamento limitam-me logo à partida, independentemente de eu

ter muita experiência ou de ter espírito internacional ou de ter feito mil e uma coisas, devido ao meu percurso pessoal, da minha família. E sinto-me muito limitada, precisamente por isso. Porque ou é a Católica, ou é a Nova ou é o ISCTE ou... mas eu, neste momento, penso assim: "ok, na altura eu não podia". Sinto que há um elitismo completo. Só quem tem dinheiro é que consegue estudar. E mais do que isso: quando terminei o curso, tive algumas ofertas de estágio, os famosos estágios não remunerados ilegais de meio ano, em agências de comunicação em que eu queria muito trabalhar, inclusivamente aqui no Porto. E não pude aceitar porque não tinha como me sustentar, porque eram seis meses de estágio não remunerados, nem sequer para despesas de alimentação e transportes.»

Para ela, Portugal não é um país para jovens, já que não lhes dá oportunidades e nem sequer reconhece as competências profissionais e pessoais geradas através dos programas que financia. Regressada a Portugal aos 31 anos, depois de ter feito o Erasmus em Istambul, o INOV Contacto no Rio de Janeiro e de ter trabalhado em Londres, Eleonora vê-se limitada a um estágio profissional, que maquilha os números do desemprego, sem espaço para crescer como profissional ou jovem adulta:

«As experiências todas que tive lá fora valorizaram o meu currículo, (...) o meu percurso profissional, a minha experiência. Deram-me a oportunidade de fazer algo diferente. Cá, é tudo muito castrador. É estagiária, porque é estagiária (...) Ou então está uma pessoa a receber quinhentos euros e a fazer mil e uma coisas (...) Não há uma valorização de competências, não há um "OK, olha, fizeste bem; olha, propõe algo diferente." Não. Portanto, é sempre tudo muito castrador.»

Frustrados tanto no plano profissional como no pessoal, Eleonora e o companheiro ponderam emigrar novamente, visto terem como objetivo a estabilidade financeira necessária para constituir família:

«Quero ter muita estabilidade, quero muito conseguir criar esta estabilidade. Até porque agora estou com o meu namorado e queremos ter filhos, queremos ser pais novos. E não estamos a conseguir porque não temos possibilidades financeiras.»

Para Eleonora, se as políticas públicas não sofrerem uma alteração drástica, «o país vai ser mesmo de velhos». Salienta a necessidade de remodelar o ensino superior, essencialmente no que se relaciona com a regulação dos estágios não remunerados, de forma a impedir que sejam usados como expediente para obter mão de obra qualificada a custo zero, dando origem a um mercado de estágios, em vez de um mercado de trabalho. Do mesmo modo, considera imperioso alargar a duração do subsídio de desemprego e o período em que outros apoios sociais são atribuídos (por exemplo, o Porta 65) até, pelo menos, aos 35 anos, sob pena de graves consequências sociais. A emigração é vista como outro problema social, seja pela perda de «talento», seja pelo impacte que tem na diminuição da população ativa – passível de contribuir para o atual modelo de Estado social –, seja ainda pela não renovação das gerações através da natalidade:

«Fazemos parte da União Europeia. Somos um país que também tem ambições, e acho que temos de estar ao nível dos outros. Temos de querer ser melhores e aproveitar o talento, porque existe muito talento e muita competência em Portugal. E a prova é que, em todo o mundo, há pessoas-
-chave em várias empresas, e até mesmo no poder local, que são portuguesas.»

Ao mesmo tempo que aponta sugestões, tais como uma política de formação profissional bem orientada, o aumento do salário mínimo nacional e mesmo incentivos públicos ao empreendedorismo jovem, Eleonora não perde a esperança nem o empenho nos seus objetivos:

> «Espero que o nosso país ande e nos traga coisas melhores. Realmente, eu gostava muito de cá ficar, mas, se as coisas não melhorarem, não vou deixar de concretizar os meus objetivos só porque o país não me dá aquilo que quero. Portanto, se tiver de sair outra vez... saio.»

Eleonora podia não ter «dinheiro para fazer a viagem que queria», mas fez a viagem que podia. O seu percurso de vida parece atravessado pela aspiração à mobilidade social, sem contudo perder de vista que as circunstâncias de vida podem não ser aquelas que desejaria, mas apenas as possíveis, e é no reino do possível que ela procura concretizar as suas aspirações:

> «Aliás, às vezes pergunto-me como é que eu consegui. Como é que consegui fazer tanta coisa (...) ir de Erasmus, ter dinheiro para aqui, ter a minha casa, como é que consegui... Acho que, quando uma pessoa quer, as coisas acontecem. E o que é importante em todas estas vivências é a experiência, aquilo que vamos ganhando, a riqueza interior que vamos adquirindo. E, ao fim e ao cabo, eu nunca desisti daquilo que queria e sempre persegui, como se diz, os meus sonhos. É uma coisa mais poética, mas a verdade é mesmo esta. Nunca desisti de fazer o que queria nem de alcançar os meus objetivos. Bem ou mal.»

Hugo Meneses:
Emigrante sem fronteiras

Hugo Meneses não tem uma explicação óbvia e evidente para a sua primeira saída para o estrangeiro, mas, aos 32 anos, já possui uma trajetória migratória diversificada. O futuro que projeta, abrindo várias possibilidades, reforça ainda mais esse perfil e o potencial de emigrante sem fronteiras.

Nasceu nos Açores, onde fez o seu percurso escolar até chegar ao ensino superior, indo então estudar para Coimbra, onde concluiu o bacharelato. Voltou aos Açores, embora não à sua ilha, para trabalhar durante um ano, mas não se sentiu em casa. Depois de regressar a Coimbra para dar continuidade aos estudos, a porta do programa Erasmus abriu-lhe caminho para a condição de emigrante.

Hugo passou por vários países, mas vive na Alemanha por razões afetivas. Na sua trajetória internacional de formação académica, conheceu a namorada, o que o levou a fixar-se em Heidelberga. Atualmente, vive em Hamburgo por razões profissionais, pelo que a sua mobilidade geográfica é também sinónimo de uma mobilidade profissional ascendente.

A sua rede de amigos está estruturada, sobretudo, na sua ilha de origem e na Alemanha. Aí, não se relaciona com outros portugueses e o nível de integração na realidade local é elevado, principalmente por ter uma namorada alemã. Mantém uma forte ligação afetiva com as suas origens, visitando os Açores pelo menos uma vez por ano. Não é oriundo de uma família de emigrantes, mas o seu único irmão, mais novo, também emigrou, para Londres.

O facto de a namorada, que conheceu em Portugal quando, também ela, fazia Erasmus, falar perfeitamente português abre a possibilidade de um futuro regresso, ainda que temporário. Mas essa eventualidade é limitada pela consciência de que muito dificilmente encontrará em Portugal as mesmas oportunidades laborais e remuneratórias de que usufrui em Hamburgo. Hugo imagina-se em Lisboa, como próxima possibilidade para a sua trajetória de emigrante, mas também facilmente se imagina do outro lado do mundo, seja na Ásia ou na América Latina.

Hugo Meneses nasceu nos Açores há 32 anos. Fez o seu percurso escolar pré-universitário de forma discreta, na ilha Terceira, ingressando depois no ensino politécnico em Coimbra, numa licenciatura em duas fases de contabilidade e auditoria. Com o bacharelato concluído, regressou aos Açores para trabalhar, radicando-se em São Miguel, mas «era outra ilha» e não se sentiu em casa. Ter vivido em Coimbra tornou a experiência em São Miguel redutora e impessoal. O meio era pequeno e ele não conhecia ninguém. Por outro lado, a contabilidade não o realizava. Já se tinha apercebido disso quando frequentava os primeiros anos de formação, mas achou melhor completar a primeira etapa da licenciatura (bacharelato) e fazer-se à vida.

No entanto, ao fim de um ano a trabalhar, decidiu que não queria ficar nos Açores e que tinha de fugir da contabilidade. Uma vez que a experiência profissional não lhe preencheu as expetativas, Hugo voltou a Coimbra, ingressando na licenciatura em gestão da Faculdade de Economia. Para acabar a formação académica mais depressa e beneficiar de mecanismos de reconhecimento de equivalências mais expeditos, mudou-se para a escola politécnica onde tinha obtido formação em contabilidade e auditoria e concluiu uma licenciatura em gestão de empresas e *marketing*. O ano passado em São Miguel foi a única experiência profissional que teve até agora em Portugal.

Hugo conheceu a namorada, que é alemã, em Coimbra, quando ela própria vivia uma experiência de mobilidade académica. Isso mudou a sua vida e explica a situação em que se encontra atualmente. Mas viver e trabalhar no estrangeiro faria parte do seu futuro mesmo que não se tivesse cruzado com a namorada. Identifica o programa Erasmus como a chave que o despertou e lhe abriu as portas para uma trajetória de emigrante, condição na qual não se revê quando coteja a sua situação e experiência com as dos seus conterrâneos que formam a diáspora açoreana, ou com a realidade vivida pelos portugueses que emigraram para a Europa a partir da década de 1960.

Tendo feito o Erasmus na Polónia, considera que essa experiência lhe mudou a vida, embora não o rumo (sair de Portugal), que seria certo.

«Acho que a experiência Erasmus foi efetivamente aquilo que me mudou. E que me fez perceber que existem outras culturas superinteressantes. Outras pessoas, de outros países, tão iguais e tão diferentes ao mesmo tempo entre si. Foi algo de fascinante. E, a partir desse momento, acho que foi a questão-
-chave que fez com que eu dissesse: "Quero sair de Portugal; quero experimentar outros países." Esse foi o momento-chave que mudou a minha forma de ver o mundo e de pensar.»

A experiência de mobilidade Erasmus apareceu quase inexplicavelmente. Hugo ainda hoje se pergunta: «O que é que me levou efetivamente a fazer o Erasmus? A inscrever-me no programa e a tentar essa oportunidade? Ainda não percebi (...) porque é que decidi experimentar.» Considera, contudo, que o constrangimento da experiência pessoal e profissional enfrentado em São Miguel foi um importante catalisador que impulsionou a partida para a Polónia.

Hugo destaca o Erasmus porque atribui uma importância muito significativa à dimensão cultural da experiência de viver no estrangeiro. O estágio de seis meses que fez depois em Barcelona só valeu a pena pela «experiência de viver noutro país. Porque a nível profissional acabei por não aprender aquilo que desejava». Entre Barcelona e Heidelberga, passou ainda por uma experiência profissional de um ano na Letónia. Tendo trabalhado sempre na sua área de formação, na Letónia fê-lo no setor farmacêutico, como gestor de produto. Daí, voltou para Portugal, onde ficou seis meses, mais para pensar que passos lhe apetecia dar na vida do que propriamente para encontrar emprego, pois já tinha decidido que a sua experiência profissional se desenvolveria no estrangeiro. Foi assim, que há quatro anos, fez as malas rumo a Heidelberga, a cidade natal da namorada.

> «Vim aqui parar por causa da namorada. Foi o motivo que me fez escolher a Alemanha. Mas a verdade é que já tinha planeado, de alguma forma, começar a minha experiência profissional fora de Portugal. É algo que começou, digamos, com a primeira experiência internacional enquanto estudante.»

Considera Heidelberga a sua segunda casa, embora Coimbra ainda lhe diga muito. A namorada e o bom relacionamento com a família dela foram fatores de integração que lhe permitiram conhecer muitos alemães que nasceram e sempre viveram naquela cidade. Sente-se em casa, mas entre os seus melhores amigos contam-se também filhos de emigrantes com trajetórias de integração igualmente bem-sucedidas. Porém, mantém laços de afeto ao seu meio de origem, e o seu melhor amigo reside nos Açores.

Em setembro de 2014, mudou-se para Hamburgo por razões profissionais. Considera que estava na altura de deixar Heidelberga, mas foi uma razão concreta (um emprego mais gratificante e promissor) que o fez mudar. O facto de a namorada estar ainda em formação académica e sujeita a mobilidade transcontinental constitui um certo fator de desenraizamento que permite explorar oportunidades e delinear caminhos alternativos para mobilidades futuras. Em Hamburgo, enquanto não consolida a sua situação, aluga uma casa que partilha com outro rapaz. O emprego não o satisfaz completamente, embora não imagine alternativas num futuro próximo. Mas trabalha numa empresa sólida, que conhece um rápido crescimento, é bem remunerado, consegue poupar e enviar remessas para Portugal e sente que beneficia de uma boa qualidade de vida. Tem tempo livre e usa-o em atividades culturais, de lazer e desportivas.

Em Heidelberga, mas mais ainda em Hamburgo, trabalhando na sua área de formação, as funções desempenhadas revelam uma forte ligação ao seu etos. Na primeira cidade, trabalhando numa empresa de materiais para impressão, Hugo era responsável pelo mercado latino-americano e por países do Sul da Europa (Espanha, Portugal e Itália). Em Hamburgo, trabalha numa empresa de videojogos (jogos de computador e de telemóvel), sendo responsável pelo mercado brasileiro.

Hugo Meneses encaixa bem no perfil de um hedonista ponderado e confiante, e é isso que o torna disponível para novas experiências de mobilidade. Trocou um emprego com contrato sem termo, em Heidelberga, por outro com contrato a termo por dois anos, em Hamburgo. Aos 32 anos, não se deixa fascinar pelo emprego para toda a vida.

«Era necessário uma mudança. Era necessário ter um novo desafio. E apesar de ser arriscado [trocar um contrato sem termo por um a termo], acho que, sinceramente, no meu tipo de trabalho, tem muito a ver contigo. Acho que não é risco nenhum. Porque eu sei do que sou capaz. Sei o que posso fazer por eles. E sei que ao fim dos dois anos eles vão querer renovar o contrato. E, sinceramente, a minha ambição é daqui a três ou quatro meses estar a renegociar o meu contrato. Na minha área, acho que é um pouco isso. Claro, se calhar, há áreas em que o trabalho é mais técnico, em que há muita oferta de mão de obra, em que não depende tanto se és bom ou não. Então, claro que nessa situação o risco existe. Mas no meu caso não pensei duas vezes.»

Os planos que faz situam-se no imediato. Talvez mudar de empresa ou tentar renegociar o contrato com a empresa, ou mudar a sua condição. Os planos pessoais estão também pendentes da conclusão do mestrado por parte da namorada. Até porque, residindo ela em Heidelberga e estando prestes a terminar o mestrado, a possibilidade de ambos deixarem a Alemanha para uma experiência de um ano já foi equacionada.

«Tento não fazer isso. Tento desfrutar do meu dia a dia. Porque acho que, quando se fazem muitos planos, acaba tudo por não correr como planeado. Acho que estar sempre a planear é estar sempre à procura de algo. Estamos constantemente a planear e sempre à espera de que algo aconteça, e acabamos por nos esquecer de viver o dia a dia. E por isso não imagino. Acho que, a nível pessoal, estarei feliz, ou gostaria de estar feliz, com a mesma pessoa. E, se calhar, daqui a três anos já ponderamos ter um filho ou algo assim. Se calhar, esse é o plano mais certo. Mas não tão certo assim, porque nunca depende só de mim, não é?»

Além disso, aponta como uma das principais razões para ter mudado de emprego, e ter ido para uma cidade a mais de quinhentos quilómetros de Heidelberga, o facto de ter entrado numa área empresarial que está em franco desenvolvimento. Contudo, não deixa de enfatizar que essa opção lhe traz muitas oportunidades e lhe abre várias possibilidades. «Dá-me muitas oportunidades. Mesmo fora de Portugal. Possibilidades de mudar entre a China, o Japão, os Estados Unidos e até a própria América Latina», já que ele e a namorada têm falado na possibilidade de ir para o Rio de Janeiro.

Como ela fala muito bem português, já viveu em Portugal e gosta do país, este não deixa de ser equacionado no âmbito das eventuais estratégias de mobilidade. Seria sempre Lisboa. Mas o seu perfil de hedonista ponderado afasta-o dessa possibilidade. O emprego, por si só, não justifica tudo. Hugo já conhece Lisboa e entende que existem «outros sítios fantásticos no mundo». Realça que não anda à procura de uma oportunidade para voltar, mas que voltará, um dia, quando e se lhe apetecer. Até porque, apesar de não manter contacto com grande parte dos colegas com quem fez a formação académica, tem consciência de que dificilmente algum deles, que trabalhe em Portugal, terá alcançado o mesmo patamar profissional.

Oriundo da pequena-burguesia comercial – os pais exploram um comércio de família na Terceira, tendo a mãe, que era professora no ensino secundário, deixado o ensino para ajudar o pai a tomar conta do negócio –, Hugo sente que a sua experiência de mobilidade o transformou profundamente. Profissionalmente, coloca o regresso aos Açores totalmente de parte. Aliás, o seu único irmão, mais novo, emigrou também ele para Londres. O negócio de família, apesar de Hugo e o irmão ajudarem como podem, não terá continuidade com eles. Mas esta rutura com o meio de origem é também destacada no plano das orientações políticas e até cívicas, sobressaindo um forte sentido de integração no país de acolhimento.

> «Aqui, sou totalmente diferente. Desde preocupar-me com a eletricidade, com o consumo de eletricidade, com o consumo

de água dentro de casa, com reciclar e divulgar determinado tipo de mensagens. Informar-me mais sobre esses temas. Acho que isso tem a ver um pouco com a educação que recebi por parte da família da minha namorada e também dela. Acho que isso teve uma grande influência. E também por causa de todos os meus amigos. Acho que aqui as pessoas, de alguma forma, estão mais despertas para outros temas.»

Hugo sente que beneficiou de condições particulares para garantir uma boa integração. Em casa, fala português com a namorada, pois não consegue discutir determinados assuntos em alemão. Nos quatro primeiros meses em que esteve na Alemanha, sem ter ainda emprego, frequentou um curso de alemão por dois meses, que o ajudou. Mas foi o dia a dia e a sua vivência profissional que mais lhe permitiram melhorar o domínio da língua. Considera que qualquer português com qualificações académicas que queira trabalhar na Alemanha e fazer uso das suas qualificações, valorizando-as no mercado, tem obrigatoriamente de falar alemão. Porém, deixa claro que não é fácil chegar e conseguir um emprego.

A pergunta a que Hugo não sabe responder em consciência é talvez aquela que ainda hoje mais lhe formata a vida, a um ponto que ele racionalmente nem sequer se dá conta. Pergunta-se por que razão fez o Erasmus porque, de certo modo, não se apercebe de que antes de ir já tinha ido. E repete a pergunta porque não se dá conta de que depois de ter saído ainda continua lá. Reconhece que o Erasmus lhe mudou a vida, que a namorada o levou para a Alemanha e que a Alemanha o transformou.

Até certo ponto, Hugo Meneses vive um longo Erasmus, no qual sabe que entrou e do qual pensa ter saído. E é essa condição que o vocaciona para ser um emigrante sem fronteiras. O espírito dessa mobilidade, que lhe confere um perfil marcadamente hedonista, terá começado antes de ele entrar no programa Erasmus e encontra raízes na sua deslocação para Coimbra, não uma, mas duas vezes; em ambas, deixando os Açores. E continuou com as suas experiências de mobilidade na Polónia, em Barcelona e na Letónia. Mas esse espírito esteve igualmente presente quando conheceu a namorada, estando ela em Erasmus e ele, por essa via, também. A própria situação que vive atualmente na Alemanha, trabalhando numa cidade para alcançar uma maior realização profissional, e com a namorada a viver e a estudar noutra, é reveladora de que ele ainda não saiu completamente do Erasmus. Isso, em sintonia com o nível de integração alcançado na Alemanha, acaba por tornar natural que Hugo não se veja como um emigrante.

Susana Vieira:
Emigrar por vocação

Aos 40 anos, Susana Vieira possui uma experiência migratória diversificada. Atualmente, vive e trabalha na Bélgica, mas já passou pela Holanda e pela Alemanha, quer como estudante quer inserida no mercado de trabalho.
Licenciou-se na Universidade do Porto, com especialização em tradução. Fez uma pós-graduação em Coimbra e o mestrado na Holanda, ambos na sua área de formação, acumulando cursos de formação curta, designadamente na Escócia e na Inglaterra. O seu percurso académico estruturado na mobilidade desviou--a da realização do doutoramento, objetivo que foi adiando em virtude das oportunidades profissionais que se lhe apresentaram e das que lhe escaparam.
Sem antecedentes migratórios na família direta, Susana sempre teve, pelo menos desde os 15 anos, vontade de sair de Portugal. A primeira oportunidade surgiu por via do programa Erasmus, em meados da década de 1990, e constitui uma experiência que ela considera fundamental para o percurso migratório que se seguiu. A sua trajetória, reforçada com a realização de um estágio final de licenciatura na Alemanha, consolida-se gradualmente, com saídas regulares para vários países europeus. Finda a licenciatura, fixa-se em Portugal, onde trabalha como *freelancer*. É neste período que deixa a casa dos pais e se envolve num relacionamento afetivo, que não perdurou. A situação

profissional periclitante e incerta, a ausência de compromissos familiares e a vontade de conhecer novas paragens levam-na para a Holanda. Aí, estuda e ensaia pouco a pouco a inserção na sua área de profissionalização atual.

Susana Vieira não fixa um cenário futuro possível ou desejável, nem a médio nem a longo prazo, seja no plano pessoal ou no profissional. Atualmente, depara-se com várias janelas abertas: não fechando a porta ao regresso a Portugal, embora o equacione como improvável, ir viver para a Dinamarca ou continuar a trabalhar na Bélgica na área da tradução são cenários mais verosímeis. A mobilidade que tem formatado a sua vida, ancorada na vontade de conhecer novos países e facilitada pela ausência de compromissos familiares, afigura-se como um eixo estruturante dos próximos anos.

Susana Vieira tem 40 anos. Atualmente, reside em Antuérpia e trabalha em Bruxelas. Susana não emigrou, foi emigrando. Não saiu de Portugal para não voltar, mas vai ficando pelo estrangeiro, desde que há cerca de vinte anos saiu pela primeira vez, para a Alemanha, no âmbito do programa Erasmus. Primeiro, com estadas mais curtas, foi indo e voltando. Depois, em 2005, instalou-se na Holanda, e Portugal foi sendo cada vez mais o país onde nasceu e tem família e para onde pode eventualmente regressar um dia, embora essa possibilidade não faça por enquanto parte dos seus planos.

Nasceu no Porto, oriunda de uma família de classe média. Os pais desenvolveram carreiras profissionais estáveis: a mãe completou um curso médio de secretariado e trabalhou numa empresa importadora de máquinas de costura; o pai fez um curso técnico na área da engenharia e trabalhou na indústria farmacêutica, tendo sido responsável pelo departamento de produção de antibióticos da empresa a que se vinculou. Susana tem um irmão mais velho, que fez um curso profissional e que mais tarde ingressou no ensino superior, embora não concluindo nenhum grau académico. Ela é a mais nova e a mais graduada da sua família nuclear.

Não se pode dizer que provenha de uma família com fortes antecedentes migratórios. Um dos avôs emigrou quando jovem, mas regressou. Além dele, só alguns primos afastados, que mal conhece, emigraram. Considera que a sua situação profissional atual é boa e confessa-se realizada. Contudo, deixa transparecer que, se os membros da sua família nuclear conseguiram gradualmente alcançar em Portugal uma condição muito satisfatória na profissão, no seu caso seria difícil assegurar o nível de independência e realização que um emprego pode permitir. Tinha uma ocupação profissional precária quando emigrou e Portugal dificilmente lhe garantiria as mesmas condições que possibilitou aos seus familiares diretos.

> «Sempre, desde a minha adolescência, tive gosto em conhecer outras culturas e ir para fora e viajar. Desde muito cedo que tinha uma vontade enorme de ir para fora. Não [era] ir de férias, mas [sim] ter a minha vida fora, e o meu dia a dia, e a minha rotina, e amigos de outras culturas. Portanto, esse gosto esteve sempre presente.»

Todavia, a emigração não é encarada como uma fatalidade, já que Susana manteve desde cedo uma vontade assumida de cruzar fronteiras. Não obstante a sua vocação para emigrar, viveu em casa dos pais até aos 26 anos. Antes de iniciar a formação de nível superior, equacionou candidatar-se a uma universidade inglesa. Na altura, porém, não se sentiu preparada. O facto de os pais não se entusiasmarem com essa possibilidade de saída de Portugal, acrescido da sensação de que os obrigaria a um esforço financeiro incomportável, e ainda a contingência de, mesmo depois de licenciada, não ganhar o suficiente para ser autónoma adiaram a saída de casa dos pais. Ingressou no curso superior que pretendia, mas reconhece ter optado pela universidade que lhe permitia permanecer na sua área de residência. Mesmo depois de terminar o curso e de trabalhar em Portugal, continuou a viver em casa dos pais, sentimento que se traduz num misto de inevitabilidade e resignação. Os proveitos gerados com a sua atividade profissional não lhe garantiam a autonomia necessária para adquirir mais independência. Foi o programa Erasmus que lhe abriu as portas de concretização da sua vocação.

> «Senti [essa vontade] antes, quando era mais nova. Tinha uns 20 anos quando fui fazer Erasmus, mas tinha vontade de sair com 15. E aí, sim. Aí, senti alguma limitação. Porque senão teria saído permanentemente. Tinha vontade de fazer cursos fora. E assim acabei por fazer isso mais tarde. Penso que, por um lado, era aquele receio da minha mãe de ver a filha longe... Portanto, não me deixaram ir durante uns anos. Mas também porque essas coisas eram caras, não é? E eu tinha consciência de que seria um peso financeiro grande deixar ir um adolescente durante um mês para fora. Essas coisas são muito caras. Portanto, também nunca insisti muito nessa fase em que me retraíram mais. Mas depois, mais tarde, não.»

A escolha da Alemanha como país de destino para fazer o Erasmus foi racional, já que na altura tirava um curso de inglês-alemão e tinha consciência das suas limitações no domínio da língua alemã. Se a vontade de sair para o estrangeiro já estava presente, o Erasmus catalisou essa vontade: «Superou as minhas expetativas. Por ser uma coisa que sempre quis fazer e de sempre ter achado que ia ser uma experiência positiva. Nunca hesitei. Idealizei e acabou por ser melhor ainda do que a minha idealização». A experiência é ainda mais positiva porque teve a oportunidade de, nesse âmbito, viver a primeira experiência profissional, dando aulas de português para estrangeiros na universidade alemã que a acolheu.

Ao terminar a licenciatura, que obrigava à realização de um estágio, Susana, baseada na sua primeira experiência de saída de Portugal, não teve dúvidas: voltou à Alemanha. «O facto de ter saído a primeira vez e ter corrido tão bem, e de me ter adaptado tão bem (é evidente que tinha algumas saudades de casa, mas correu tão bem), acho que só foi benéfico para depois querer voltar». Mais uma vez, tratou-se de uma escolha consciente e proativa, uma vez que Susana fez o que pôde para encontrar uma empresa alemã disposta a recebê-la. E foi uma escolha assumida, pois duas empresas alemãs estabelecidas em território português queriam oferecer-lhe a possibilidade de estagiar em Portugal.

Uma vez terminado o estágio, hesitou em ficar na Alemanha, pois a cidade onde trabalhava e vivia não era particularmente atrativa. Quis regressar. Também porque tinha a ambição de ir para Inglaterra. Contudo, conheceu um rapaz português com quem se envolveu amorosamente e a Inglaterra teve de esperar. Essa relação e as oportunidades que se lhe apresentaram como *freelancer* na área da tradução fizeram tardar a nova experiência migratória. Nesse momento da sua vida, poderia ter encontrado bases sólidas para se enraizar em Portugal e pôr termo à sua vocação para emigrar. Chegou até a comprar casa com o companheiro.

Mas as experiências profissionais, que muitas vezes passavam por colaborações precárias e mal pagas, não permitiram a solidez necessária para que o cenário da emigração se desvanecesse. Entretanto, a relação com o companheiro terminou. Por outro lado, uma das colaborações que tinha, na universidade onde se licenciou, evidenciava que uma das suas ambições (fazer carreira no ensino superior), acarinhada desde que ensaiou essa experiência na sua primeira saída para a Alemanha, não oferecia perspetivas de futuro. Enquanto *freelancer*, trabalhava cada vez mais, mas era mal paga. O último ano que antecedeu nova saída para o estrangeiro foi vivido numa casa partilhada com outras raparigas. Não era a casa dos pais, mas a situação não lhe oferecia a autonomia desejada e estava muito longe de ser o que pretendia para a sua vida.

«E saí nessa altura [de casa dos pais] porque tinha o tal namorado. Entretanto, enfim, em termos profissionais, a coisa estava a correr mais ou menos. Ele também estava a começar a vida profissional dele. De certa forma, lá conseguimos os dois em conjunto ir pagando as despesas. Mas mesmo assim não foi muito fácil nos primeiros anos. Saí mais tarde do que queria, porque não ganhava o suficiente para me sustentar sozinha. Portanto, fui fazer o Erasmus. Depois voltei e vim viver com eles. Estava a estudar, não é? E depois voltei a sair para fazer estágio. Quando voltei, com 22 anos, a minha vontade não era com certeza voltar a viver em casa dos meus pais. Mas foi nessa altura que comecei a trabalhar no dicionário e a dar explicações. Portanto, já ganhava algum dinheiro para mim, para as minhas despesas. Mas não chegava para pagar uma renda de casa e as minhas despesas. Não dava para viver sozinha. Portanto, só saí de casa dos meus pais aos 26 anos. Portanto, dos 22 aos 26, estive a viver em casa deles e a trabalhar, mas sem possibilidades de sair.»

Em 2005, Susana vai para a Holanda. Antes, entre 2003 e 2005, tinha feito uma pós-graduação em Coimbra, em Estudos Neerlandeses. Trabalhava muito, vivia em Matosinhos e ia uma vez por semana a Coimbra. Tinha 29 anos. A sua vocação para emigrar e conhecer novos lugares é gémea siamesa da vocação para estudar. Uma não se explica sem a outra. Foi sempre investindo na sua formação, especializando-se na área da tradução, consciente de que a licenciatura lhe dava uma bagagem muito significativa, mas que nunca seria suficiente. Na Holanda, adquiriu o seu grau académico mais elevado: o mestrado.

Foi um período de relativo desafogo financeiro, pois obteve uma bolsa do governo holandês. Apesar de ter voltado a estudar a tempo inteiro, não deixou de responder a algumas solicitações profissionais que foram surgindo, ao mesmo tempo que fazia cursos de formação curta no Reino Unido. Foi para a Holanda sabendo que o mestrado duraria um ano, mas foi convicta de que ficaria mais tempo. À falta de planos e oportunidades, o doutoramento nesse país desenhou-se no horizonte. Já com o mestrado concluído, quando equacionava a possibilidade de concorrer a uma bolsa de doutoramento, na Holanda, onde era *freelancer*, surge um convite para ir trabalhar para a Bélgica.

Por força do seu percurso e formação, o mundo de Susana foi encolhendo à medida que ela ia conhecendo cada vez mais os especialistas em cultura e tradução neerlandesa, o que lhe valeu o convite para ir trabalhar para o Instituto Superior de Tradutores e Intérpretes, em Antuérpia. Aproximava-se, uma vez mais, de algo que gostava muito de fazer e que já tinha experimentado por duas vezes: dar aulas no ensino superior.

No entanto, apesar de continuar a viver em Antuérpia, a sua trajetória profissional levá-la-ia em breve para outro lado e para outro ambiente profissional. Essa experiência profissional durou quatro anos. Nesse período, Susana voltou a ser tradutora e a dar aulas. Nada de muito diferente do que tinha feito em Portugal. «No fundo, no fundo, estava a fazer a mesma coisa que em Portugal. Mas senti que conseguia, que tinha conseguido dar um salto em relação a Portugal». Densificou a sua rede de conhecimentos, dando aulas em várias escolas da Flandres e, no final de 2008, candidata--se a um concurso para tradutores nas instituições europeias. Nesse momento da sua vida, a experiência profissional de Antuérpia não enchia já as suas ambições, além de que a eventual continuidade na instituição dependia, a médio prazo, da realização do doutoramento. Susana, sempre envolta no espírito de aventura que a sua vocação irradia, equacionou primeiro instalar-se na Dinamarca, mas acabou por ganhar o concurso para tradutora em Bruxelas. Embora não veja a situação atual como o fim do seu percurso, Susana faz uma avaliação extremamente positiva.

«Acho que tive muita sorte. Faço aquilo de que realmente gosto. E tudo aquilo que tenho feito para investir no meu trabalho, na minha carreira, tem sido essencialmente por gosto pessoal. Não faço sacrifícios por achar que vou ganhar mais dinheiro ou que vai ser melhor. Porque é evidente que nem todos os dias acordamos com vontade de fazer coisas. Portanto, também me queixo como todos os outros. Às vezes. Mas tudo o que tenho feito, todo o investimento que tenho feito, tem sido por gosto pessoal, por realização pessoal e porque realmente são coisas que gosto de fazer.»

Num olhar retrospetivo e reflexivo, encontra razões de sobra para racionalizar a saída de Portugal e para justificar as suas opções e trajetória. Tanto mais que, segundo ela, a situação que lhe condicionou as expetativas se agravou desde que deixou o país. Na sua justificação, encontra as razões objetivas que muitas vezes fazem com que as vocações se concretizem. Rejeitando a ideia de que tenha saído de Portugal numa situação de desespero, sobretudo porque, dos colegas de curso da sua geração, foi a única a tomar essa opção, não deixa de reconhecer a falta de oportunidades para se realizar profissionalmente no nosso país.

«Senti que se continuasse em Portugal continuaria sempre na mesma. Iria ter trabalho, mas imagino que agora, com a crise, talvez tivesse menos. Quero dizer, iria continuar a dar os meus cursos de formação, a fazer as minhas traduções, de que gostava muito, a trabalhar imenso sem fins de semana, sem noites, e ter um nível de vida relativamente bom. Mas estava precária. No fundo, não tinha salário fixo, não tinha férias pagas. E, portanto, senti que, apesar de estar bem, não estava muito feliz com a situação e que também não ia conseguir evoluir muito mais a partir daí. Senti que estava a começar a estagnar um bocadinho. Estagnar, estagnar, talvez não, porque a gente vai-se desenvolvendo sempre. Mas não iria subir muito mais. Portanto, também foi outro motivo que me levou a sair. Foi sentir que lá fora havia todo um mundo de oportunidades. Sempre tive trabalho precário. Sempre ganhei pouco. Sempre tive de trabalhar muito. E aqui, não falo só da minha experiência pessoal, olho à volta e vejo que as pessoas têm outras condições. Há outras regalias. Há mais estabilidade.»

As condições laborais e a facilidade em estabelecer redes de contactos profissionais são dois aspetos que Susana enfatiza como particularmente vantajosos no contexto da sua trajetória e da sua condição laboral atual. Mas é também essa estabilidade desejada que, aos 40 anos, coloca esta «aventureira» numa encruzilhada. Tendo o emprego que deseja, vivendo a sua relação laboral mais longa, residindo no mesmo lugar há oito anos, recorda «a liberdade de ser independente, de poder fazer as minhas escolhas, evoluir e escolher o meu próprio caminho», para concluir: «Aqui, estou muito mais limitada nesse aspeto». Mas, pesando os prós e os contras, afirma:

«Foi uma escolha que fiz e estou contente com ela. Mas pela estabilidade. E porque é um trabalho interessante. No fundo, agora trabalho menos, tenho mais tempo livre, ganho mais dinheiro e tenho uma série de regalias em termos de seguro de saúde. Também pago menos impostos e, portanto, pesando bem as coisas, se calhar, também cheguei a uma altura da minha vida em que precisava de alguma estabilidade, de algum sossego e fins de semana livres para poder viajar.»

Isso significa que a aventura de ir para a Dinamarca, pela curiosidade em conhecer e aprender dinamarquês, ou a vontade de fazer o doutoramento, opções que, por oposição à situação atual de tradutora nas instituições europeias, configurariam duas vias possíveis de dar continuidade à sua vocação de emigrante em busca de novas realidades podem não ser mais do que escapes racionais para quem finalmente criou raízes.

Sem uma relação amorosa que aumente a probabilidade de ser mãe, Susana encontra-se também nessa encruzilhada da vida em que tem de tomar uma decisão cuja janela de abertura é limitada pela idade. Não pôs de parte o desejo de ser mãe, nem enjeita a possibilidade de poder sê-lo de forma independente. No seu discurso, torna-se visível que não tem dificuldade em identificar o seu lugar e os seus amigos de referência. Após dez anos de mobilidade intensa, em que procurou condições para se realizar profissionalmente, tem consciência de que, nesse plano, os seus objetivos foram alcançados. Quando fala da sua realidade presente, é no sentido da busca progressiva de um hedonismo caucionado pelo salário que aufere e pela sua condição de solteira que vive só.

«A minha casa é aqui, é aqui que tenho as minhas coisas, o meu canto, é aqui que pago as minhas contas. É evidente que vou a Portugal e me identifico com muitas coisas, tenho lá as minhas recordações, tenho lá as minhas raízes. Mas acho que de facto passamos aqui tanto tempo, que isto acaba por ser a nossa casa, pelo menos para mim é assim quando nos adaptamos. Portanto, em relação aos amigos, também tenho dois ou três amigos em Portugal, que considero os meus melhores amigos, mas quando precisar de uma coisa talvez seja com estes que vou falar em primeiro lugar, porque é com estes que estou mais regularmente.»

Não deixa de colocar a possibilidade de mudar de país e até de profissão, pois não se imagina a passar o resto da vida na Bélgica. Mas voltar para Portugal não faz parte dos seus planos, até porque quando fala do país não é em termos profissionais.

«Voltar para Portugal não está nos meus planos. Não quer dizer que não volte daqui um ano, dois. Posso começar a pensar no sol e numa praia, quem sabe, e me dê vontade de voltar. Mas não está nos meus planos. Ficar cá, para já, sim. Mas também não posso dizer que tenciono ficar cá nos próximos vinte anos. Portanto, há a possibilidade de ir para outro lado. Já estive a pensar em ir para a Dinamarca. A coisa está assim mais ou menos em *standby*. Pode ser que volte a pensar nisso e até procure oportunidades por lá. Ou pode surgir outro país qualquer. Para já, sinto que estou bem aqui e penso ficar aqui nos próximos tempos. Não tenho propriamente um plano a médio e longo prazo.»

Pedro Barros:
Emigrar depois dos 40 anos, sem vontade de voltar

Pedro Barros tem 44 anos, é solteiro e emigra para a Noruega em 2012. Licenciado (1993) e mestre (1997) em engenharia mecânica pelo Instituto Superior Técnico, começa a trabalhar em 1990, ainda estudante, num laboratório do instituto. Antes de defender a tese de mestrado, vai trabalhar em 1996 na área da aeronáutica da TAP, mas conclui ao fim de um ano que prefere o trabalho técnico de projeto e muda-se para a Sorefame. Continua depois a trabalhar na Bombardier, a empresa que sucede ao encerramento da Sorefame em 2001, até que, em 2008, em plena crise do setor ferroviário, cria uma empresa de projeto e apoio à gestão empresarial na área ferroviária e de equipamento mecânico de centrais hidroelétricas.

Durante o período em que trabalha na Bombardier, é deslocado durante seis meses para Inglaterra, integrando uma estrutura matricial europeia da empresa. Esta vivência de mobilidade profissional soma-se à mobilidade académica que já tivera durante o mestrado, em Varsóvia, para continuar os estudos com professores visitantes polacos em Portugal. Da experiência de mobilidade académica e de outras visitas à Alemanha ainda adolescente para fazer cursos de verão de alemão, aproveitando o apoio dos tios que tinham emigrado nos anos oitenta, fica-lhe o gosto pela «diferença e pelo conhecimento de outras culturas».

Pedro vai para a Noruega num momento de procura ativa de emprego, depois de encerrar a sua empresa, que fica com pouco trabalho e deixa de corresponder às expetativas iniciais. Toma contacto com alguns programas europeus de mobilidade e visita a feira da rede europeia de serviços de emprego (Eures), realizada em Lisboa em 2012, na qual é recrutado, juntamente com outros engenheiros portugueses, para trabalhar numa empresa global de origem norueguesa cujo principal negócio é a certificação e classificação marítimas. Exerce funções na verificação de estruturas e no apoio técnico à indústria do gás e petróleo. Ao fim de dois anos, faz uma avaliação muito positiva do seu trabalho, sentindo que usa as competências que já possuía e é desafiado muitas vezes a desenvolver outras menos exercitadas.

Não pensa regressar a Portugal, que visita frequentemente e onde tem casa própria, e se chegar a sair da Noruega procurará outro país europeu para prosseguir a sua carreira. Sente liberdade plena para o fazer, já que «não tenho dependentes».

Pedro Barros vive em Lisboa com os pais e uma irmã, mais nova seis anos, até ao momento em que compra a sua própria casa alguns anos depois de começar a trabalhar. O pai tirou um curso superior na Escola Náutica, tendo trabalhado no planeamento de cruzeiros e de recursos humanos depois de abandonar o mar, reformando-se como diretor de recursos humanos e da área financeira da empresa de transportes em que sempre trabalhou. A mãe frequentou o curso de germânicas e trabalhou até à reforma no estudo de mercados e análise de rotas da TAP.

Tanto a infância como a juventude são passadas num ambiente típico da classe média da década de 1980: Pedro tem acesso a televisão, rádio, vídeo e livros, e a enciclopédia tem um papel-chave no acesso à informação. Aos 16 anos, faz um curso de informática e obtém o primeiro *Spectrum*. Quando começa a ter mesada e depois, já na faculdade, quando começa a ganhar dinheiro, compra regularmente revistas de aviação, o seu passatempo preferido.

Pedro conclui a licenciatura e o mestrado em engenharia mecânica no Instituto Superior Técnico, depois de um percurso de grande sucesso, na sequência do que sucedera no ensino secundário. Termina o curso com uma das melhores médias desse ano e integra-se desde 1990 num laboratório do IST, ganhando experiência de programação e o seu primeiro salário a recibos verdes. Embora a engenharia aeronáutica o tenha seduzido desde a adolescência e a entrada para a Academia da Força Aérea tenha sido equacionada, a ambição de fazer o ensino superior foi sempre mais forte. A única hesitação surge apenas no final do curso, quando coloca a possibilidade de fazer o doutoramento como alternativa à entrada imediata no mercado de trabalho. Esta última opção acaba por vingar, pois permite-lhe atingir a sua principal aspiração: acabar com uma boa média e ter o primeiro emprego para alcançar a autonomia económica.

Pedro considera que o curso o preparou bem para o trabalho, desenvolvendo especialmente a capacidade de resolução de problemas. Embora nunca tenha sentido desadequação entre as suas competências e as exigências do mercado de trabalho, reconhece, contudo, que o IST não estava muito orientado para a indústria.

> «Tinha essa perceção de que o Técnico me dava alguma capacidade de perceber os problemas, de uma forma geral, e capacidade depois para procurar resolvê-los com documentação. (...) Havia muitas coisas em que o Técnico não estava virado para a indústria, pelo menos nas áreas em que eu trabalhei. A nível de avaliação da qualidade, na altura, não tínhamos formação nenhuma. Foi preciso andar ali um pouquinho a desbravar.»

A primeira experiência profissional com um contrato decorre durante um ano na TAP, no domínio da aeronáutica. Não por acaso, tenta associar as competências de projeto da mecânica com o sonho juvenil da aeronáutica. Porém, o trabalho só o satisfaz «do lado da aeronáutica, mas não do lado técnico, de projeto», e sai para começar a trabalhar na Sorefame no final de 1996. Inicia-se na engenharia de projeto e, a partir de 2000, assume a chefia da secção de projetos de estruturas. É a primeira vez que tem a sensação de realização profissional.

Entretanto, a Sorefame é extinta em 2004, passando depois por sucessivas transformações e aquisições (primeiro, ABB e depois Bombardier), e Pedro tem a oportunidade de trabalhar em Inglaterra numa estrutura matricial europeia da nova empresa. Mas a crise instala-se de tal forma no setor ferroviário, que decide construir com um colega da Bombardier uma pequena empresa dedicada a projetos ferroviários e ao equipamento de equipamento mecânico para centrais hidroelétricas. Sente-se pela primeira vez patrão de si mesmo, sensação de autonomia e liberdade que permanece até 2012, ano em que decidem encerrar.

> «Decidimos fechar a atividade e, embora houvesse sempre trabalho, não era de acordo com as nossas ambições. Em alguns períodos, tínhamos equipas de três pessoas a trabalhar connosco, noutros éramos só nós os dois. E não se perspetivava grande atividade no futuro.»

A crise entra em força na vida de Pedro, que decide portanto procurar soluções fora do país. Confessa aliás que começa a fazê-lo logo a partir de 2010, tomando contacto com o programa europeu de mobilidade (Eures), gerido em Portugal pelo IEFP, consultando o portal com ofertas de emprego em diversos países e visitando feiras de emprego. Inicia o processo de candidatura em vários países, incluindo a Noruega. Entra em conversações com duas empresas e, no momento em que se prepara para viajar para a Noruega, para uma entrevista presencial, acaba por ser recrutado numa feira de emprego organizada pelo IEFP em Lisboa. A decisão é tomada com a serenidade e a leveza próprias da sua condição de solteiro.

> «O facto de ser solteiro também facilitou tomar a decisão [de emigrar], por estar mais livre para o fazer. Quando senti menos segurança em Portugal, e na perspetiva de estar mais livre, tentei arranjar uma coisa para mim.»

A escolha da Noruega não é feita ao acaso. No passado, Pedro já tinha trabalhado com escandinavos e visitado a Suécia, a Dinamarca e a Noruega. A possibilidade de trabalhar falando inglês, sem ter de aprender norueguês, constitui no início a principal vantagem comparativa. Mas acrescenta outros fatores, como a curiosidade em experimentar outras sociedades, os bons salários, o acolhimento afável do estrangeiro e a qualidade de vida. Refere, no entanto, que construiu expetativas demasiado elevadas quanto a este último aspeto, assinalando «coisas básicas de serviços de urgência que não funcionam tão bem como poderíamos imaginar». Também a questão linguística se alterou com o decorrer do tempo, pois tem verificado que, embora seja possível trabalhar só falando inglês, «há alguma pressão para se aprender o norueguês, (...) para se poder evoluir internamente na carreira».

Ao fim de dois anos, Pedro avalia muito positivamente a sua ida para Oslo. Desde logo, porque sente que «há uma aprendizagem contínua e motivação para essa aprendizagem». Para quem elege a realização profissional como um aspeto essencial da vida, percebe--se a razão por que o seu nível de satisfação é alto. Mas a questão salarial também é importante, estimando ele que terá duplicado o salário, mesmo considerando a paridade do poder de compra.

Finalmente, a compatibilidade entre trabalho, lazer e vida pessoal também é mais fácil. A cultura organizacional assente na flexibilidade e na obtenção de resultados permite ter mais tempo para a família e para as atividades da esfera individual.

> «Consegue-se ter mais tempo, pelo menos dentro da empresa onde eu trabalho, em que há mais respeito pela vida pessoal. Há muita flexibilidade para os valores de família e os valores sociais. Se tivermos necessidade de sair mais cedo e estar menos tempo na empresa, podemos trabalhar em casa, para compatibilizar por exemplo com filhos ou outras atividades. (...) As empresas norueguesas funcionam mais pelo resultado do trabalho, e desde que os resultados apareçam não é questionado o tempo que se está no escritório.»

Os amigos de Oslo são sobretudo portugueses, localizados nas redes sociais. O encontro com um antigo colega de liceu mais novo contribui para o introduzir nas redes da capital norueguesa. O grupo de oito engenheiros que emigraram ao mesmo tempo e trabalham na mesma empresa e um outro grupo de veteranos que já estão na Noruega há quinze ou vinte anos constituem o núcleo principal das suas sociabilidades. Os estrangeiros que também estão fora do seu país formam um segundo círculo e, finalmente, estão os noruegueses, com relações estáveis mais difíceis, também devido às barreiras linguísticas. As práticas culturais de Pedro alteraram-se significativamente, também por força dos hábitos noruegueses a que se vai adaptando. Sai bastante menos para jantar fora e as saídas para passear, fazer um churrasco no parque ou ir para a neve são mais frequentes.

As amizades são importantes para o processo de integração e estabilidade emocional, mas não serão decisivas para a decisão de ficar ou voltar. Já a possibilidade de constituir família na Noruega, «se gostar de alguém aqui», é considerado como um fator determinante na sua trajetória futura. Pedro começa agora a fazer esforços mais evidentes de integração nos grupos noruegueses, quer através da aprendizagem mais sistemática da língua durante o inverno, quer circulando entre a comunidade brasileira, que tem crescido e facilita o contacto com noruegueses «já expostos a outros estrangeiros».

Embora as características especializadas da sua profissão pudessem favorecer a existência de redes profissionais e a circulação de conhecimento entre Portugal e outros países europeus, Pedro reconhece que não integra nem conhece qualquer movimento nesse sentido.

> «A informação técnica dentro da empresa flui bastante bem, porque há uma grande rede, ampla, de conhecimento técnico, e é suposto ser fácil dentro da empresa encontrar-se resposta para os diferentes problemas que possam aparecer. Noutras redes, não vejo esta mobilidade de informação técnica. (...) Não vejo isso [circulação de conhecimento para Portugal]. Não vi nada ser feito nesse sentido, e as coisas não são propriamente assim.»

Quando reflete sobre os fatores que podem alterar o mercado de trabalho português na área da engenharia, não consegue identificar forças endógenas capazes de o fazer. Reconhece que apenas a instalação de multinacionais poderia fazer alguma diferença. Sabe que algumas empresas norueguesas «estão a abrir gabinetes de engenharia como um passo intermédio entre a Europa e o Brasil», mas não lhe parece que constituam por agora uma alternativa interessante, quer do ponto de vista das áreas profissionais, quer do ponto de vista salarial. Vê com preocupação que Portugal se transforme numa economia baseada no turismo e com pouco valor industrial e tecnológico.

Pedro sabe que faz parte de um fluxo mais vasto de saída de recursos humanos qualificados do país e concorda com o argumento segundo o qual, «quando as pessoas saem, há um desperdício do investimento feito na educação dessas pessoas e uma perda para o desenvolvimento do país». Contudo, discorda abertamente de qualquer política de desinvestimento na educação superior em Portugal. Constata que existe por vezes alguma desadequação entre a oferta de cursos e as necessidades do mercado de trabalho, mas também reconhece que a formação está sempre aquém ou além das necessidades do mercado e que não é possível planear e obter de modo centralizado a harmonia entre procura e oferta de recursos humanos.

> «Penso que durante algum tempo houve muitos cursos que não tinham saída profissional, mas é importante haver sempre massa crítica para haver hipótese de desenvolvimento futuro e, se calhar, de mil há um que pode vir a ter uma boa ideia e que compense o investimento. Tenho a sensação de que em algumas áreas é capaz de haver licenciados a mais; mas no global talvez não. Talvez não esteja equilibrado, mas o sistema educativo anda sempre um bocadinho atrás do que se chama inércia natural. É um bocadinho o que está a acontecer com a Noruega, que está a recrutar muitos emigrantes porque o sistema educativo deles também não conseguiu acompanhar a economia. Portanto, andava desviado, e depois precisaram de recrutar.»

A expetativa de regresso a Portugal é ainda longínqua e nunca antes de seis anos, projetando Pedro passar por outro país antes de regressar. A crise constituiu o principal fator que o afastou de Portugal e, sem que a situação melhore, nem sequer põe a possibilidade de reverter a decisão. A avaliação da empregabilidade em engenharia é feita a partir dos contactos que mantém com colegas de profissão que permanecem em Portugal. Sabe de alguns que recuperaram o trabalho, mas em condições inferiores às existentes antes da crise. Em qualquer caso, não pensa vender o apartamento que tem em Portugal e envia metade das suas poupanças para o país, porque «há o problema de [a coroa] ser uma moeda independente e ter uma grande desvalorização. No final do primeiro ano, estava a ganhar menos dez por cento do que quando vim, comparando com o euro».

Pedro revela uma distância calculada da realidade portuguesa, não acompanhando regularmente a situação do país. Sublinha aliás que no primeiro ano se desligou completamente e apenas mantinha alguma comunicação através das redes sociais: «Foi uma forma de me isolar e de ficar com uma perspetiva talvez melhor do mundo. (...) Foi uma forma de limpeza». Continua a não ver televisão portuguesa nem a ler jornais portugueses, filtrando tudo através dos comentários dos amigos portugueses nas redes sociais e do contacto diário com familiares e amigos: «Quando percebo que está a acontecer qualquer coisa, então vou investigar, vou procurar. (...) Acompanhei agora o caso do BES.»

Os laços afetivos com Portugal são atualizados por intermédio de símbolos da cultura popular e de massas que trouxe consigo. O galo de Barcelos e o cachecol do futebol marcam presença na sua casa, mais como referências banais, quase irónicas, do que enquanto objetos de rememoração. Na verdade, Pedro não manifesta angústias identitárias, porque «pertenço sempre ao sítio em que não estou. (...) Sinto-me completamente livre». A condição de mobilidade parece adequar-se bem às decisões que tomou, concluindo que agora está na Noruega, mas não tem de estar sempre: «Se quiser, posso partir.»

Mafalda Costa:
Empurrada a emigrar... mas desejando regressar a Lisboa

Mafalda Costa nasceu e estudou em Lisboa. A sua primeira experiência no estrangeiro ocorreu ainda durante a formação de nível superior. Já atravessou o Atlântico como emigrante, mas mora atualmente na Bélgica. Com 30 anos e três países estrangeiros no percurso, depois de uma tentativa frustrada de se fixar na Suíça, sente que foi empurrada para emigrar. A sua experiência laboral está ancorada em empresas multinacionais. E ainda que o seu desejo seja voltar a Portugal, de preferência à cidade natal, encara essa possibilidade como sendo de muito difícil concretização.

Filha de pais licenciados – o pai em engenharia e a mãe em economia –, Mafalda obteve o mestrado integrado em engenharia biológica no Instituto Superior Técnico. Tem uma irmã, que faz agora o doutoramento na área das células estaminais. Oriunda de um meio social que acumula capital escolar, privilegiou critérios de empregabilidade quando escolheu o curso e, pelo esforço que desenvolveu no período de formação universitária, não recorda esses anos como os melhores da sua vida. Fez, pode dizer-se, o percurso natural para quem acredita que um diploma faz a diferença na vida, ainda que emigrar não fizesse parte dos horizontes iniciais.

A primeira experiência de emprego teve lugar em Portugal, no Porto, cidade onde não se sentiu verdadeiramente em casa.

Mas foi a circunstância de a empresa ter encerrado a sua delegação na Invicta que a levou a sair do país, de modo a poder manter o emprego na área em que sempre trabalhou e que não encara como domínio nuclear da sua formação, uma vez que tem desempenhado funções de bióloga e não de engenheira.

A sua condição de emigrante forçada contrasta com a insatisfação de não ter conseguido emprego na Suíça, situação que convictamente perseguiu no mesmo período em que encontrou emprego no Porto. Estavam em causa fatores de realização profissional, pois o objetivo era empregar-se na empresa em que, no âmbito do estágio que realizou no estrangeiro, tinha concluído a sua dissertação.

Sem antecedentes migratórios na sua família direta, Mafalda foi também aconselhada a emigrar pelos pais, que acharam preferível essa opção a ficar desempregada em Portugal. Mas não tem dúvidas em identificar «a crise» como o fator determinante da sua condição de emigrante.

Mafalda Costa ingressou no ensino superior em 2002 e, em 2007, concluiu o mestrado integrado em engenharia biológica no Instituto Superior Técnico. A sua trajetória de inserção profissional e de migração é reveladora dos efeitos da crise na primeira década do século. Terminada a formação académica, Mafalda encontrou emprego em Portugal na área desejada, mas o encerramento da empresa, uma multinacional, tornou-a uma emigrante forçada. Em 2012, sem perspetivas de poder ter um emprego em Portugal na sua área de formação, mudou-se para Gent, na Bélgica, para trabalhar na mesma empresa em que trabalhava no Porto.

Descontando um curso de curta duração de inglês, feito em Inglaterra quando tinha 17 anos, a primeira saída para o estrangeiro teve a duração de seis meses, passados em Basileia, na Suíça, e concretizou-se sob a forma de estágio profissional remunerado, visando a elaboração da dissertação final de conclusão do diploma de ensino superior. No mês seguinte ao regresso da Suíça, em novembro de 2007, Mafalda beneficia do INOV Contacto para fazer um estágio profissional numa empresa farmacêutica localizada em Palo Alto, na Califórnia. Permanece aí oito meses. Regressa a Portugal em julho de 2008 e em setembro desse mesmo ano, ingressa no Instituto Gulbenkian de Ciência com o estatuto de bolseira de investigação científica, onde fica nove meses até conseguir emprego na filial, localizada no Porto, da multinacional para a qual trabalha atualmente. Durante aproximadamente três anos, residiu e trabalhou no Porto até ao encerramento da filial portuguesa da empresa, tendo-se mudado então para Gent de modo a dar continuidade à sua profissão e à relação laboral.

Curso, estágio, bolsa, emprego, experiência migratória, constituem na prática etapas de uma trajetória quase transversal que Mafalda partilha com outros portugueses da sua geração e condição. Ainda que os desvios a esta linearidade, os hiatos sem ocupação entre cada uma das situações, a passagem pelo desemprego, o recurso a formação adicional e a acumulação de situações precárias marquem, de um modo que Mafalda não viveu, a vida de muitos dos diplomados que se encontram na condição de emigrantes.

Sendo os pais licenciados, a posse de um curso superior sempre foi, naturalmente, assumida como incontornável no seio do ambiente familiar. Também por isso, a questão do emprego marca desde cedo as escolhas e a trajetória de Mafalda. Quando frequentava o 9.º ano de escolaridade, realizou testes de orientação profissional que a colocavam entre as ciências e a história. Escolheu a primeira das áreas, porque «tinha mais saídas». Mas vê-se a si própria noutra situação, talvez porque isso lhe alimenta o imaginário do regresso e lhe assegura simbolicamente a ligação a Portugal, embora esteja consciente de que as opções que tomou, ao contrário daquelas de que abdicou, lhe garantem o emprego, ainda que além-fronteiras.

«Mas eu gosto muito de línguas e de história. E hoje tenho pena de não ter seguido essa carreira. Mas, se me ponho a pensar, provavelmente, estaria desempregada. Ao menos, agora tenho um emprego. Mas gosto muito de história de Portugal. O meu sonho, se voltasse atrás no tempo, era ser guia num museu. Mas não sempre o mesmo [museu]. Gostaria (...) de conseguir juntar as línguas com a história de Portugal, andar pelo país, conhecer pessoas de outras nacionalidades, outras culturas, outras religiões. É algo que gosto imenso, e faz-me abrir muito os olhos para a diferença e aceitar também os outros como são.»

Enquanto não «anda pelo país», vai-se fazendo portuguesa como pode. E, para lá do imaginário do regresso, mantém fortes ligações a Portugal e com o seu entorno familiar e o círculo de amigos que constituiu quando frequentou o ensino superior. Como tantos outros portugueses que se encontram na mesma situação, Mafalda enfrenta atualmente o desconforto e a ambivalência da experiência migratória. Sente que, pessoal e profissionalmente, está numa situação reconfortante. Todavia, ao mesmo tempo, está dividida entre os projetos não realizados e o cenário do regresso a Lisboa, que deseja, mas que equaciona quase como uma quimera. Combina a vertente da realização profissional com a busca de uma satisfação pessoal que a traz a Portugal de dois em dois meses. E não tem dúvidas em afirmar que a sua rede de amigos está ancorada no seu país de origem.

«Continuam lá [em Portugal]. Esses continuam a ser os meus amigos. Aqui conheço muita gente. Tenho algumas pessoas que considero amigas. Amigas com quem falaria, (...) mas, se tiver um problema, é para Portugal que eu ligo e é com essas pessoas, ou com o Rogério, que agora está na Holanda, [que falo]. Mas não são estes conhecidos com quem vou desabafar. Apesar de ter aqui amigos portugueses, não é a mesma coisa. Todos os anos de convivência não se apagam de um dia para o outro. E passávamos muito tempo no Técnico. Portanto, é normal. No IGC, também passei muito tempo, porque não havia feriados nem fins de semana, nem nada. Por isso é que aquilo também não dava para mim.»

A convicção de que «não nasci para ser emigrante» materializa-se por via de dois sentimentos complementares. Por um lado, a perceção de ter sido empurrada a sair; por outro, a aspiração do regresso. Revela, porém, consciência das condições que limitam essa convicção. Tem aprendido a ser emigrante, integrando-se no país de acolhimento, mas mantendo uma distância e uma reserva crítica que lhe permitem não se resignar a uma espécie de fatalismo emigrante.

«Acho que fui empurrada, como quase todos os portugueses, para emigrar. No meu caso, fecharam a empresa no Porto. Era o desemprego ou vir para cá. O que me fez decidir foi (...) que um dia ia a caminho do trabalho, a ouvir rádio, e falaram sobre a crise. E depois, no dia a seguir, ainda pior. Cada vez se agravava mais e eu pensei: "Não, não posso ficar cá, tenho de ir." Até porque mandei alguns currículos e não estava a ser fácil. Soubemos uns meses antes que a empresa ia fechar, quatro ou cinco meses. Eu achava que já tinha fechado o meu capítulo no estrangeiro quando fui para o Porto, achava que iria lá estar algum tempo, porque já tinha estado na Suíça, nos Estados Unidos. Portanto, já tinha tido as minhas experiências internacionais.»

Mas essa convicção de não ter nascido para ser emigrante é também fruto da sua trajetória pessoal, pois é uma convicção reforçada sobretudo pela experiência. Aliada ao desejo de «andar pelo país» e «conhecer outras pessoas», subsiste a ideia de que Mafalda se tem sentido emigrante fora do seu contexto de origem. Que, por exemplo, não se sente mais emigrante na Bélgica, onde vive e trabalha, do que no Porto, onde viveu e trabalhou o mesmo número de anos. De certo modo, apraz-lhe a viagem, mas não a estada prolongada. Gosta de usufruir da experiência, mas só até ao momento em que começa a trazer-lhe frustrações. Pode «estar na condição de emigrante», mas não quer «ser e tornar-se emigrante». Reconhece que há quem goste de o ser, mas enfatiza que não é o seu caso.

Quis sair de Lisboa para frequentar o ensino superior no Minho, embora não o tenha feito por opção familiar. Essa decisão teve consequências que reforçaram a ligação a um universo simbólico que formata indelevelmente o quadro das suas expetativas. Viajou para a Suíça, ficou seis meses e até quis voltar. Mas a experiência, um pouco mais longa nos Estados Unidos, na costa oeste, já a afastou em demasia, evidenciando as frustrações da distância. «Nunca me senti em casa no Porto, não consegui adaptar-me (...) e no trabalho só me dava com pessoas de Lisboa». Quando se fixou na Bélgica, «no primeiro ano, estava feliz da vida, tudo era novo» e havia muito para «explorar». Porém, «já passaram dois anos e meio, e já mudou um bocadinho o sentimento. Gostava muito de voltar para Portugal, obviamente para Lisboa, se possível».

Não gostando de ser emigrante, prefere claramente ser emigrante na Bélgica do que sê-lo num país mais longe de Portugal, que lhe dificultasse a prática de ir a casa repetidas vezes. Declara perentoriamente que, quando diz querer voltar para Portugal, isso significa querer regressar a Lisboa, já que, para voltar ao Porto, prefere ficar na Bélgica. Mafalda não diaboliza nem endeusa a prática e o destino migratório. Reconhecer e enumerar as vantagens e desvantagens da sua múltipla experiência migratória faz parte dessa equação que lhe mostra o desejo inequívoco do regresso. Admite que o nível de vida era melhor no Porto, pois a relação entre salário e custo de vida era mais compensatória. Mas sente-se integrada na Bélgica e suficientemente perto de casa, ou seja, perto de Lisboa. Vive uma relação estável com um namorado belga, com quem partilha a experiência migratória, pois também ele já viveu no estrangeiro e entende que essa experiência partilhada sustém o casal. Desenvolve outras atividades além das estritamente ligadas ao emprego e tem um círculo de amigos constituído maioritariamente por outros estrangeiros que também residem na Bélgica. Mas o que a divide é claramente a relação com o emprego e com as suas raízes. Sente falta delas, mas não se vê sem o emprego.

> «Estou aqui e praticamente não falo a minha língua. Portanto, sinto que a cada dia que passa estou a perder a minha cultura. Eu sou uma pessoa muito apegada, não só aos amigos e à família, mas também à minha cidade. À minha cultura, ao que nós somos, ao tempo, à comida, a tudo. Sinto falta de tudo. Gostava muito de voltar para (...) Lisboa (...) e idealmente o Laurent [o namorado] iria comigo.»

Mafalda sente o peso de se ver cada vez mais na condição de não pertencer nem ao meio de onde saiu nem ao meio onde vive. Sente sobretudo estar a perder oportunidades que poderá não voltar a ter. Mas o mercado de oportunidades em que está mergulhada leva-a a uma certa resignação, uma vez que não lhe oferece perspetivas sólidas de regresso. De um lado da balança, pesa a vontade de estar mais com a família, querer ser mãe em Portugal e a disponibilidade para sacrificar a carreira, desde que garanta um emprego em Lisboa. Do outro lado, estão o emprego, a estabilidade que tem no país que a acolhe e a facilidade com que se desloca a Portugal.

> «Estaria disposta a ir, mesmo que descesse em termos de carreira. Porque a saudade é tão grande neste momento, que,

confesso, atingi um ponto em que quero mesmo voltar. (...) Mas também tenho a noção de que lá, sem emprego, não seria feliz.»

Reconhece que não vê o regresso «a acontecer num futuro próximo». Até porque tem consciência de que seria ainda mais difícil para o namorado inserir-se profissionalmente em Portugal, pois teria de sujeitar-se a um emprego menos prestigiante e muito mais mal pago do que aquele que tem na Bélgica. Além disso, a realidade próxima revela-lhe um contexto precário, pouco promissor à mudança de situação que deseja para a sua vida pessoal e profissional.

«Aconteceu a uma amiga minha, que não quis vir e depois ficou sem nada. Ainda recebeu [subsídio de desemprego] durante uns meses (...) e ainda está desempregada. (...) Já tentou muita coisa. Primeiro, acreditou no país e quis ficar. Depois tomou consciência de que não conseguia emprego. Embora continue a tentar, embora nunca tenha parado. Foi para a Suíça tentar a sorte, porque tem lá família, mas se calhar foi numa altura má, pois foi no fim do ano. Só se pode estar três meses fora. E na Suíça até para ser caixa de supermercado é preciso um curso. Foi o que ficámos a saber com a experiência dela. Não que tenha estado completamente parada. Estava a fazer uma pós-graduação (...) e entretanto terminou-a. Depois esteve envolvida num projeto, mas por falta de condições económicas e físicas no laboratório, etc., não pôde pô-lo em prática. (...) Desde então, começa a roçar o desespero, porque vai a entrevista atrás de entrevista e alguma coisa corre mal, porque nunca fica.»

A este quadro, Mafalda acrescenta um cenário de anomia que observou em Portugal depois de ter estado seis meses ausente do país. A sensação de que as coisas não estão a melhorar e que o desânimo das pessoas é grande traz-lhe uma preocupação adicional, considerando as suas expetativas. Reconhece ter abandonado os «sonhos de menina», mas, aos 30 anos, pensa poder realizar parte deles. Planeia casar, embora tenha sonhado que o teria feito aos 23 anos e que, até aos 30 anos, teria três filhos. Confessa que andar a saltitar de um lado para o outro é uma máquina que tritura os sonhos; no seu caso, constituir família. Sente-se preparada para isso, mas precisa de «assentar num sítio». E sabe que, no quadro atual, o desejo de constituir família e ser mãe não está próximo. Racionaliza a sua situação admitindo que não chegará a ser mãe de três filhos, mas «gostaria de ter pelo menos um».

Mafalda chegou a um momento da vida em que compaginar os sonhos com a realidade obriga a decisões consequentes que não deixam muito tempo para serem tomadas. Sente o apelo da carreira profissional e antecipa o estatuto desejado nesse plano. Mas isso significa, mais do que provavelmente, permanecer na Bélgica. Equaciona voltar a estudar para se tornar guia intérprete, mas rapidamente classifica a ideia como «maluca», reconhecendo ser muito complicado largar um salário para voltar aos estudos.

Aspira a que uma oportunidade lhe possa aparecer em Portugal para voltar de imediato, mas não deixa de reconhecer que teriam de ser duas, pois desenha o futuro com o atual namorado, e em Lisboa. Tem menos dois anos do que a mãe dela quando deu à luz pela primeira vez, mas adivinha que, ao contrário do que sonhou, será mãe muito mais tarde. Incomoda-a a ideia de ter filhos a crescer na Bélgica, sobretudo porque sabe que, se crescerem lá, será impossível «arrastá-los» mais tarde. As condições objetivas que enfrenta e enquadram o seu quotidiano configuram um cenário que tornam provável a manutenção da atual condição de emigrada. Mas a aspiração assumida de regresso é, no caso de Mafalda, algo mais do que uma mera fantasia. A tal oportunidade, que não a faria pensar duas vezes, ainda não se apresentou, nem ela a procurou desalmadamente. Mas o fogo que alimenta a esperança de fazer algo acontecer arde ainda intensamente na alma desta lisboeta.

www.ingramcontent.com/pod-product-compliance
Lightning Source LLC
Chambersburg PA
CBHW070228230426
43664CB00014B/2242